CORPO, PSIQUISMO E LINGUAGEM

Blucher

CORPO, PSIQUISMO E LINGUAGEM

Bebês e crianças com autismo

Myriam Boubli

Tradução

Pedro Marky Sobral

Revisão da tradução

Viviane Veras

Organização da edição brasileira

Eloisa Tavares de Lacerda

Corps, psyché et langage. Chez le bébé et l'enfant autiste by Myriam BOUBLI

Corpo, psiquismo e linguagem: bebês e crianças com autismo
Myriam Boubli

Publisher Edgard Blücher
Editores Eduardo Blücher e Jonatas Eliakim
Coordenação editorial Andressa Lira
Organização da tradução Eloisa Tavares de Lacerda
Tradução Pedro Marky Sobral
Revisão da tradução Viviane Veras
Preparação e revisão de texto Bárbara Waida
Diagramação Joyce Rosa
Capa Leandro Cunha
Arte da capa Paul Klee. *The Beginnings of a Smile*. Oil transfer drawing and watercolour on paper, spot-glued onto cardboard, 1921.

Blucher

Rua Pedroso Alvarenga, 1245, 4° andar
04531-934 – São Paulo – SP – Brasil
Tel.: 55 11 3078-5366
contato@blucher.com.br
www.blucher.com.br

Segundo o Novo Acordo Ortográfico, conforme 5. ed. do *Vocabulário Ortográfico da Língua Portuguesa*, Academia Brasileira de Letras, março de 2009.

Dados Internacionais de Catalogação na Publicação (CIP)
Angélica Ilacqua CRB-8/7057

Boubli, Myriam

Corpo, psiquismo e linguagem : bebês e crianças com autismo / Myriam Boubli ; tradução de Pedro Sobral. - São Paulo : Blucher, 2023.

344 p.

Bibliografia
ISBN 978-65-5506-677-7

Título original: Corps, psyché et langage : Chez le bébé et l'enfant autiste

1. Crianças autistas - Cuidado e tratamento 2. Psicanálise da primeira infância 3. Lactentes – Linguagem I. Título II. Sobral, Pedro

23-2141 CDD 618.9285882

Índices para catálogo sistemático:
1. Crianças autistas - Cuidado e tratamento

Prefácio
Por uma clínica que se disponha à escuta da música e do ritmo corporal de crianças autistas e psicóticas

Eloisa Tavares de Lacerda

> *Ao escutar a música corporal de cada criança, seu ritmo, suas modalidades de evitação ou de interpelação do objeto presente, eu descobria, agindo em mim, funcionamentos que tendiam a ser evitados quando comparados ao meu funcionamento psíquico geral.*
>
> *(...) o trabalho de pesquisa, sobretudo em psicanálise, nunca se restringe ao trabalho intelectual, incluindo sempre um percurso emocional e "transformativo", uma modalidade de construção que age sobre si e sobre o objeto de pesquisa (Boubli, p. 17).*

Não é tarefa simples escrever um prefácio. Descubro de saída que não basta a disposição de apontar um percurso, muito menos de interpretá-lo, uma vez que não posso dizer que se trate aqui de uma leitura imparcial, mas de uma leitura movida e projetada por lembranças e afetos. É com essas palavras, *emoção* e *projeção*, que Myriam Boubli nos convida a entrar em relação com a complexidade de uma clínica que é a sua, e que pode ser também a nossa. Penso então que é de suma importância apresentá-la e ao seu 1º livro em português aos profissionais de diferentes áreas que têm como ofício trabalhar com os muito pequenos na clínica, na formação e na pesquisa. Crianças que, segundo Myriam, "*eram apresentadas como a-relacionais, a-emocionais e a-projetivas*", e não era assim que ela as percebia em sua prática clínica. Essa psicanalista francesa – e psicossomaticista que também é – vai nos mostrando, ao longo do livro, a importância de o clínico se abrir para a compreensão da pulsionalização via narratividade, associações e do investimento. Tudo isso pela via do jogo relacional-intersubjetivo que possibilita a constituição da subjetividade do bebê que pode ir se desenvolvendo num registro intrapsíquico com sua mãe ou com quem a substitua.

Começo, então, pelas lembranças, pelo que retomo agora, a posteriori. Em 2018, em um encontro do Grupo de Psicossomática da SBPSP, apresentei o caso clínico de uma bebê de três meses, atendida junto com sua mãe, e que envolvia questões de corpo, linguagem e psiquismo. Myriam, que primeiramente apresentou um caso, online, me convidou a apresentar esse caso para ser trabalhado com sua equipe em Aix en Provence, França, e em final de junho de 2019 estive lá com ela, com Jean Claude Elbez, com Alberto Konicheckis e com sua equipe. Nesse encontro, ela me presenteou com o livro *Corps, psyché et langage: chez le bébé et l'enfant autiste*, agora traduzido em português.

Com uma escrita acurada e tenaz, Myriam Boubli tece nesse livro uma instigante reflexão sobre a clínica psicossomática psicanalítica, e nos instiga a seguir com ela pelas veredas de suas intrigas teóricas, de suas hesitações e escolhas, de seus apontamentos e comentários das obras de seus pares. Nesse percurso – que não se apresenta como um método, mas como um modo de relação com seu objeto de estudo –, revela-se a trajetória em parte oblíqua, certamente inconclusa, e que, por isso mesmo, se oferece para ser debatida e estudada.

Myriam Boubli nos apresenta uma forte implicação com sua prática clínica que dialoga com autores de linhas teóricas diversas, buscando acrescentar mais elementos a esse fazer. Essa clínica, que sempre nos traz tantas questões, remete-nos à interlocução com autores da tradição e outros mais contemporâneos, no passo a passo dos capítulos deste importante livro para essa área de atuação. Não tive a menor intenção – por não ter achado viável – de elencar aqui neste breve texto as formas de se movimentar clínica e teoricamente levantadas pela autora, embora considere de extrema importância que o leitor possa se enriquecer com tudo o que ela nos oferece. À medida que busca conceitualizar seus achados clínicos, dialoga com muitos autores, cujos conceitos já se encontram incorporados à clínica, e também a teorias psicanalíticas e linguísticas: Freud, Ferenczi, Winnicott, Klein, Bollas, Piñol-Douriez, Green, Roussillon, Ogden, Piaget, Kornichecks, Guignard, B. Golse, Fonagy, M. Fain, Fraiberg, Brauschweig, A. Ciccone, Chomsky, Bruner, Anzieu, Aulagnier, Bergeret, E. Bick, Bettelheim, Foucault, Haag, C. David, J. Hochmann, Jakobson, Kanner, D. Meltzer, M. Milner, Spitz, C. Smadja, D. Stern, G. Szwec, F. Tustin, Tomasello, Trevarthen, Rosolato, Victor Guerra, entre outros.

É com sua fina escuta voltada para a contratransferência do psicanalista que Myriam nos convida a nos atermos à sua forma singular de lidar tanto com seus próprios afetos como com os do bebê e os de sua mãe e de seu pai na transferência, ao longo de cada sessão. É na via do trabalho psíquico do psicanalista (e dos profissionais de campos diferentes que também se ocupam dos muito pequenos), que precisa estar sempre aberta a uma vasta criatividade e flexibilidade, que a autora põe em destaque sua compreensão da emoção "*como o polo mais somático da pulsão*" (Boubli, Elbez, 2008).

A possibilidade de esse livro de Myriam Boubli ser traduzido e publicado no Brasil pela Editora Blucher nasceu do reconhecimento do "*choque de um encontro clínico com bebês e crianças pequenas autistas ou psicóticas*" revelado pela autora, e também, acrescento eu, do choque de outros encontros com bebês e crianças pequenas com problemas neurológicos/sindrômicos que movimentam nos clínicos uma contratransferência muitas vezes maciça e, consequentemente, difícil de lidar. Para Myriam, creio que posso dizer que esse *choque* a mobilizou para a pesquisa. Já para mim, com a diversidade de meu encontro com os bebês e com crianças ditas autistas acompanhados de seus pais, fui me voltando diretamente, e num caminho sem volta, para a psicanálise e para a psicossomática – já que iniciei meu percurso profissional como fonoaudióloga dentro da neurologia infantil. Aquilo de que me dava conta, antes de apelar a quaisquer técnicas fonoaudiológicas para possibilitar tanto a alimentação e a respiração quanto a fala/linguagem, era de um enorme desejo de me relacionar com ambos, uma vez que percebia um vazio no encontro da mãe com seu bebê.

Ao longo de todo o livro, Myriam Boubli vai nos mostrando que muitas vezes, já no primeiro encontro, algumas das mães deixam ali, com o clínico, um enorme quantum de angústias, tristezas, raivas, enquanto outras deixam um excesso de excitação que acarretava um tipo de fechamento do bebê. Pode passar a ser surpresa para alguns clínicos esses bebês voltarem para o segundo encontro, com a mãe relatando que seu bebê já estava diferente e, portanto, muito melhor, e que ela estava mais calma em relação às suas preocupações e medos. Nas palavras da autora: "*O contraste notável entre o rápido progresso dos bebês na direção da relação e da comunicação e o percurso dificultoso e sempre caótico (ou até mesmo impossível) das crianças 'com dificuldades no desenvolvimento' rumo à comunicação oral...".* Essas mudanças de um encontro para o outro, segundo Boubli, sinalizam a urgência de se ter mostrado a essas mães a importância delas nessa troca intersubjetiva, possibilitando a constituição subjetiva dos seus bebês. Na direção dos bebês, sabemos que o cérebro ainda não está completamente maduro ao nascimento e que é nesse jogo intersubjetivo, quando a funcionalidade dos bebês vem se dando, que o processo de mielinização vai acontecendo a partir das funções neuro-sensório-perceptivo-motoras na relação com suas mães...

A forma como Myriam relata as sessões/casos clínicos é surpreendente, assim como a interlocução entre a teoria e os acontecimentos clínicos que movimentam as pequenas crianças e ela própria. Impressiona também a forma como a autora articula os conceitos e as teorias de vários autores num consistente contraponto com a linguística, com a fonoaudiologia e com as artes, a maneira como relata as sessões e as interpreta do ponto de vista tanto da psicanálise quanto da aquisição/construção da linguagem. Ilustra suas constatações das observações clínicas com poetisas contemporâneas e com pintores... Myriam usou e/ou ousou ligar funções expressivas e representativas para criar as primeiras denominações constantes de um mesmo objeto e trabalhou profundamente para relacionar o desenvolvimento que constitui a construção da linguagem, as produções fonatórias e as representações que nos indicam os níveis da organização psíquica no jogo inter-subjetivo com a mãe ou quem a represente.

Abrindo-se a teorias que dialogam com seu trabalho, a analista traz também para a cena de sua escrita pesquisadores de outras áreas, estilos diversos e, a partir desses fragmentos de narrativas recolhidas metodologicamente e enxertadas na trama que tece sua clínica, torna sensíveis as cenas e montagens que constituem esse (im)possível trabalho de transmissão. E, assim, mostra ao leitor a importância da compreensão de que o corpo, o psiquismo e a linguagem nascem juntos nessa dinâmica interrelacional.

Na Parte 1, "Sensações, excitações e modulações da atenção", retoma o que há de específico e desafiante no autismo – seu reconhecimento, sua etiologia e sintomatologia – em pesquisas no campo da psicanálise, dos estudos neuropsicológicos e semiológicos, sem deixar de lado as controvérsias que envolvem a genética, as neurociências e as psicodinâmicas. Mantendo-se sempre no fio da tradição, a autora abre um precedente e se pergunta: "*nos primórdios da organização do self do bebê, o que se passa com ele?*" Entre excertos de relatos clínicos e discussões de conceitos como o de "identificação adesiva", como distinguir, nas trocas sensoriais primitivas entre mãe, criança e analista, o surgimento de uma "pulsão recíproca"?

É das produções sonoras ligadas às atividades motoras que trata a Parte 2, "O som: uma matéria corpodinâmica intersubjetivante". No seu percurso entremeado de perguntas, Myriam Boubli reflete sobre sua escuta, e se pergunta que mensagens seriam aquelas, *percebidas, mas não ouvidas, devido à dissociação de sons emitidos e mímicas visualizadas e à evitação de certas sensorialidades sonoras?* Seu diálogo se desloca para questões referentes às primeiras produções sonoras do bebê, aos balbucios, a sons que produzem estranhamentos inquietantes, ao mal-estar que se supõe no bebê e que pode encontrar eco na escuta analítica. No que se repete, procura abrir a possibilidade de uma escuta do ritmo, da prosódia, das entonações, enfim, formas de reconhecer o que há de "*potencialidade mensageira*" nessa matéria sonora.

Eis o ponto em que demarca sua proposta: tomar essas produções sonoras como "*uma matéria dinâmica subjetivante*". Se antes buscou inserir-se no fio da tradição, nesse momento situa-se no que nomeia "fio da navalha": talvez haja aí o perigo de se projetar demais na atribuição de sentidos. Volta-se, então, para a criança, para o mamar, para a observação do bebê na clínica, para as tensões que nela experimenta, para o material da linguagem privada entre mãe e bebê. Que espécie de vínculo se constrói aí? O que se escuta nessas cenas e o que escuta a mãe nessa interrelação?

À medida que escuto as perguntas levantadas por Myriam Boubli, vai se tornando inevitável reafirmar o fato de que, no que aqui ensaio, revela-se uma perspectiva pessoal que ouso chamar de crítico-afetiva, uma vez que me remete aos relatos de casos que conduziram ao que se fez presente na França e se traduz em novas experiências de leitura aqui, no Brasil. Encontro afinidade com a urgência de a analista ter mostrado às mães, nas cenas clínicas, a importância de cada uma delas nas trocas intersubjetivas, na possibilidade de tais trocas abrirem espaço para a constituição subjetiva dos seus bebês.

Na última parte do livro, a Parte 3, "Matérias sonora e sensorial como elementos de detecção do funcionamento psíquico", é uma autora perplexa que abre o primeiro capítulo, constatando a presença do medo – demasiado humano – daquilo que nos escapa. Pondo-se à escuta das crianças, a analista se descobre interpelada pelo que julgava distante de seu funcionamento psíquico; *modalidades de funcionamento que um pouco rapidamente consideramos arcaicas.*

Para concluir, espero que cada leitor possa se dar conta da importância e da diversidade da autora em nos contar, de forma tão abrangente e ampla, seu percurso clínico-teórico. Incluo aqui a possibilidade que os leitores podem ter a partir das observações que Myriam nos oferece em seu rico texto sobre as formas de modalidades relacionais com o primeiro objeto, o que fica guardado na memória desses tempos primeiros e a possibilidade de os clínicos poderem avaliar/compreender as processualidades presentes nesses pacientes.

Quero ainda me referir à tradução e à revisão cuidadosas que se deram a partir da possibilidade de me juntar a profissionais interdisciplinares, para juntas apostarmos nesta publicação tão singular. É com muito prazer e emoção que apresento este livro aos leitores brasileiros.

> *Meu postulado de trabalho foi a consideração de que tudo o que vinha da criança tinha uma potencialidade representativa. Para um terapeuta, quando as crianças apresentam comportamentos estereotipados com partes de seus corpos, a questão é, de fato, descobrir como favorecer a transformação dessa zona do corpo utilizada para atrelagens sensoriais em locais de investimento? Como fazer para que essa atrelagem mude de estatuto na interrelação, no vínculo transferência-contratransferência, para se tornar objeto investido, objeto de intricação pulsional, graças à capacidade de atenção e de devaneio aglutinante do progenitor ou do adulto terapeuta? (Boubli, p. 18).*

Conteúdo

Introdução

Este trabalho nasceu do choque de um encontro clínico com bebês e crianças pequenas autistas ou psicóticos. O contraste notável entre o rápido progresso dos bebês na direção da relação e da comunicação e o percurso dificultoso e sempre caótico (ou até mesmo impossível) das crianças "com dificuldades no desenvolvimento" rumo à comunicação oral mobilizou a necessidade de uma pesquisa. Diante do incompreensível, meu olhar de terapeuta não poderia ser senão um olhar carregado de perplexidade e de tentativas de organização, recorrendo a referenciais teóricos que jamais estiveram realmente em conformidade com aquilo que mobilizavam em mim contratransferencialmente.

Entrar em relação pressupõe dois processos indispensáveis: emoção e projeção. Ora, segundo o meu referencial teórico, essas crianças eram apresentadas como a-relacionais, a-emocionais e a-projetivas. Entretanto, isso não correspondia verdadeiramente àquilo que eu sentia na presença delas, mesmo que não expressassem claramente emoções e que seus movimentos direcionados ao outro fossem pouco perceptíveis. Uma vez que a base do conhecimento é o que nos permite ver e pensar, mas também o que limita ou até mesmo enclausura o nosso olhar, encontrei-me diante de um conflito. Como conciliar meu sentimento de que essas crianças percorriam caminhos muito complexos para poder se comunicar enquanto, conscientemente, mantinha a preconcepção de que essas crianças não estavam no campo da comunicação?

Partir da etimologia das palavras emoção e projeção[1] evidenciou que o movimento se encontrava em primeiro plano, como no conceito de pulsão. Trata-se, nos dois casos, de se colocar em movimento para lançar algo de si diante de si. O que é lançado para fora de si pode ou não ser projetado em direção a um objeto, podendo ou não ser recebido por esse objeto, o qual pode ou não estar apto a transformá-lo (estamos no que desenvolverei acerca do conceito de *response-ability* e *response-inability*).[2]

Em crianças tão sensíveis ao mundo sensorial, a partir de sensações geradas por meio do corpo em ação, um campo de possíveis representações pode ser engendrado se alguém não está lá para ver, ouvir, dar sentido? Tomando a emoção como o polo mais somático da pulsão (Boubli & Elbez, 2008), questionei-me quanto àquilo que essas crianças mobilizavam ao utilizar seus corpos como um meio, como possível espaço e como potencial objeto investido sob um modo motor e sensorial. Desse ponto de vista, o agir das crianças autistas e psicóticas, como o agir dos adolescentes, talvez não deva ser pensado apenas como um fracasso do trabalho psíquico e da atividade fantasmática, mas também como uma tentativa de trabalho apoiada no erotismo muscular. Trata-se, segundo M. Piñol-Douriez (1986), de "materiais" próprios à elaboração das proto-representações que tomam forma apoiadas no sensorial, mas também em todos

---

[1] Etimologicamente, a palavra "emoção" significa um movimento provocado por uma excitação. Essa palavra vem do latim *motio*, "movimento", e *e*, "que vem de", bem como o termo projeção: *pro*, "à frente", e *jacere*, "lançar".

[2] Em inglês no texto original [N.T.].

os aspectos relacionais, posturais, motores, sensíveis e temporais da experiência afetiva.

Ao escutar a música corporal de cada criança, seu ritmo, suas modalidades de evitação ou de interpelação do objeto presente, eu descobria, agindo em mim, funcionamentos que tendiam a ser evitados quando comparados ao meu funcionamento psíquico geral. *A posteriori*, nesse trabalho clínico e de reflexão com essas crianças autistas e psicóticas, penso que fui tomada por um duplo movimento de fascinação em conexão e, ao mesmo tempo, por uma espécie de conflito estético no qual eram colocadas as questões do *dentro-fora*, do parecido-não parecido, do mesmo e do semelhante. Aparentemente, houve em mim uma dupla modalidade de atenção: uma referida à questão da construção da interioridade e do desenvolvimento psíquico, e outra mobilizada pelos movimentos de confusão, de fascinação pela desorganização, pelo caos, pela desagregação[3].

Assim, no trabalho psicanalítico, a reflexão (necessária para apreender a situação e determinar nossas opções de formas de comunicação) diz respeito inevitavelmente tanto ao próprio analista quanto ao paciente, pois os processos que concernem ao paciente implicam o analista: a transferência-contratransferência, o "campo" dos Baranger (1969). Trata-se de um "crescimento do continente", das capacidades psíquicas do analista/pesquisador, como resultante da relação estabelecida. Eu não sentia essas crianças como vazias. Pensava que eu lhes emprestava minha própria pulsão *de vida*, mas, com o tempo, me dei conta de que, por esse meio, alguns se reanimaram como se tivessem podido experimentar a sobrevivência do objeto de que fala Winnicott. Contudo, enquanto me interrogava sobre meu posicionamento contratransferencial, o que pouco a pouco ficava aparente para mim era o fato de que aquilo que eu observava neles me remetia ao que havia observado nas díades

---

[3] No original, *délitement* [N.T.].

mãe-bebê: o gestual da criança é interpretado e integrado pela mãe no compartilhamento comunicacional da dupla. Efetivamente, nas interações mãe-bebê, as produções gestuais e sonoras do bebê, mesmo que não sejam inicialmente dirigidas e intencionais, são imediatamente tomadas pelo processo de transformações elaborativas e de ligações pulsionais entre o bebê e a mãe.

A etapa indispensável no caminho "de si a si mesmo" é a resposta do objeto. Com essas crianças, nos situamos em um narcisismo *primário* no qual, paradoxalmente, o objeto ocupa um lugar preponderante, um lugar aparentemente incontornável enquanto objeto transformacional (Bollas, 1989), favorecendo a implementação de qualquer linguagem, de qualquer reflexividade. De certa forma, foi com esse espírito que me posicionei como terapeuta de crianças sem comunicação aparente. Meu postulado de trabalho foi a consideração de que tudo o que vinha da criança tinha uma potencialidade representativa. Para um terapeuta, quando as crianças apresentam comportamentos estereotipados com partes de seus corpos, a questão é, de fato, descobrir: como favorecer a transformação dessa zona do corpo utilizada para atrelagens[4] sensoriais em locais de investimento? Como fazer para que essa atrelagem mude de estatuto na inter-relação, no vínculo transferência-contratransferência, para se tornar objeto investido, objeto *de intricação pulsional*, graças à capacidade de atenção e de devaneio aglutinante do progenitor ou do adulto-terapeuta?

Os psicossomaticistas falam frequentemente da necessidade de dar espessura ao pré-consciente. Ou seja, por meio de um trabalho de libidinização, favorecer a ligação, a transformação em narração, as associações... Ao me apresentar como objeto potencialmente passível de investimento, constatei modificações na tonicidade e

[4] No original, *accrochage*, fricção ou ato de prender algo em alguma superfície (como um quadro), fixar algo, engatar. No vocabulário da psicossomática, a expressão *accrochage au perceptif/au sensoriel* é amplamente utilizada [N.T.].

na excitação motora dos pacientes, bem como transformações das descargas motoras em movimentos pulsionalizados, endereçados ao objeto-terapeuta. É essa dinâmica que abordo com o conceito de interpulsionalização entre uma mãe e seu filho ou entre uma criança que rompe com o objeto e o seu terapeuta, quando esse último consegue se posicionar de maneira a permitir que a criança invista seu espaço de sessão e o que ali acontece, bem como a pessoa que mobiliza a sua atenção. Isso favorece, aos poucos, o direcionamento de uma forma de atenção conjunta, de atenção compartilhada a objetos terceiros (imagens, brinquedos, móveis, partes do corpo...).

Diante da complexidade dessa clínica, deixei de lado durante alguns anos, como que adormecidos, meus questionamentos acerca dos entraves da linguagem nas crianças autistas e psicóticas. Fui retomá-los alguns anos depois, por ocasião da minha pesquisa de doutorado orientada por M. Piñol-Douriez (1995) e da publicação de meu primeiro artigo, "As palavras dentro da boca",[5] em um livro organizado por D. Anzieu: *Os continentes do pensamento* (1993).

O trabalho psicanalítico se faz, segundo Freud (1937), em dois locais (o consultório do analista, durante a sessão, e o espaço de pesquisa, fora da sessão). Isso significa que ele se faz em pelo menos dois tempos. Trata-se de um processo trabalhado ao longo do tempo, de um trabalho psíquico que se formaliza aos poucos, permitindo a emergência de novas hipóteses complementares ou contraditórias graças à reunião dos eventos mentais, o que permite organizar as experiências até então díspares, dando a elas uma maior coerência[6]

---

5 "Les mots dans la bouche" [N.T.].

6 "O lugar do analista é a oficina onde se fabrica a interpretação e onde a construção procede da iniciativa. Freud agora formula a evidência: a interpretação se refere a um fragmento de material ao qual se dá uma significação que torna sua face consciente compreensível; enquanto a construção, a partir das interpretações que a precedem, junta, coloca em ordem, sintetiza e completa, para chegar a uma hipótese que permite reunir os elementos do material em um conteúdo coerente, mas que corre o risco de ser mais racional que real. Há um esquematismo que

(graças, em parte, aos encontros teóricos, aos avanços da pesquisa de outros colegas). Assim, da minha parte, encontrei formalizadas no conceito de pulsão mensageira, de R. Roussillon (2004), respostas para os meus questionamentos quanto ao agir e às produções sonoras não necessariamente endereçadas.

Como todo pesquisador no campo psicanalítico, meu pensamento e minha metodologia de pesquisa foram fortemente coloridos pelas minhas modalidades identificatórias, minhas modalidades transferenciais, minha forma de distanciamento em relação a meus objetos de pesquisa. No "jogo" das identificações e desidentificações, e nos movimentos transferenciais e contratransferenciais, a clínica me confrontou com outra grande surpresa: encontrei essas modalidades de funcionamento ditas arcaicas bem ativas em mim. No início do trabalho analítico com a frequência de três sessões semanais com algumas dessas crianças autistas, psicóticas e sem linguagem articulada, diante dessas crianças que me pareciam estar em "des-errância"[7], alguma coisa do choque desse encontro mergulhou-me em uma grande dificuldade de pensar. Durante algum tempo, perdida e sem dúvida mimetizando a modalidade de funcionamento delas, procurei ajuda no método de Esther Bick, para tentar estabelecer ligações com o que se passava durante as sessões (é importante ressaltar que se trata, aqui, de utilizar um método que favorece a observação, e de forma alguma da ideia de que a criança autista seria como um bebê, com processualidades comparáveis). Durante o período em que tomava notas, senti a necessidade de me ater aos detalhes e de seguir passo a passo cada elemento. Cada sessão era seguida de anotações minuciosas. Tratava-se, provavelmente, tanto de uma identificação quanto de uma defesa diante das

---

opõe sumariamente interpretação e construção. No trabalho analítico, não é raro que uma interpretação comporte uma parte de construção e que, inversamente, uma construção se apoie em um fragmento de interpretação" (Green, 2005, p. 93).

7 No original, *déserrance* [N.T.].

modalidades de funcionamento dessas crianças em identificação adesiva. Seria esse o preço a pagar por penetrar um universo de não linearidade causal? O sentido não é evidente, estando disperso em uma pluralidade de atos, sensações, emoções. É necessário tempo para aprender a observar (a não ser que já desembarquemos com teorias *prêt-à-porter*). No *après-coup* dos encontros clínicos, essas anotações muito precisas, um pouco obsessivas, se revelaram um instrumento de pesquisa de grande riqueza. Pode-se negligenciar facilmente um comportamento que possa ser ou parecer aleatório. Não é cômodo desfazer-nos de nossos hábitos de pensamento para pensar. O fato de estar um pouco perdida diante dessas crianças, não sabendo em que centrar minha atenção, protegeu-me um pouco de selecionar demasiadamente os fatos. Essa trajetória testemunha em que medida a pesquisa e seus objetos são algumas das manifestações da clínica do pesquisador. A pesquisa em psicanálise advém da clínica e é, ela própria, uma clínica. A frustração é que, uma vez terminado o tratamento, não podemos reajustar nossas interpretações com base naquilo que a pesquisa sobre a clínica dessas crianças nos permitiu compreender melhor, *a posteriori*. Elas nos ajudam a avançar na reflexão, mas não podem se beneficiar desses avanços.

Para tentar afinar minha escuta e meu olhar (pois, além do tempo necessário, é preciso se dar os meios de modificar o olhar para perceber, no mínimo), recorri à clínica do bebê e às pesquisas de linguistas que estudam os primórdios da linguagem no bebê. Conforme já assinalei, não seria o caso de fazer a clínica dos bebês e a do autismo coincidirem. Por outro lado, o fato de os linguistas se dedicarem ao estudo dos sons ainda não organizados como linguagem me parece portador de aberturas possíveis.

Dei início, portanto, à minha exploração da questão fundamental do desenvolvimento que constitui a construção da linguagem. Dediquei-me a mostrar as relações entre as produções fonatórias elementares e as proto-representações (Piñol-Douriez, 1984), representações que refletem os níveis de organização psíquica que as inter-relações permitiram alcançar. Trata-se de um olhar particular sobre a apropriação global do corpo, favorecendo ou entravando o desenvolvimento psíquico e a organização de relações de objeto.

Conformei já assinalei, o trabalho terapêutico com as crianças pouco ou mal organizadas me mergulhou em uma forma de confusão quanto à adequação ou à inadequação das respostas dadas a elas, quanto à boa distância e ao ritmo mais adaptado às suas modalidades de funcionamento. Mas a confusão, nessa forma de trabalho, mesmo que seja frequentemente causa de entraves no pensamento, pode também ser portadora de pensamentos ainda não formalizados, favorecendo uma certa receptividade não intelectual aos processos primários. A partir disso, pode-se ver o quanto o trabalho de pesquisa, sobretudo em psicanálise, nunca se restringe ao trabalho intelectual, incluindo sempre um percurso emocional e "transformativo"[8], uma modalidade de construção que age sobre si e sobre o objeto de pesquisa. Poderíamos dizer que o procedimento de pesquisa funciona como uma modalidade de construção que age, simultaneamente, sobre o pesquisador e sobre o objeto de pesquisa, e que a temporalidade da pesquisa se revela bidirecional, articulando o presente ao mesmo tempo ao passado e ao futuro.

Os processos ditos "arcaicos" – processos que, por definição, não deveriam mais estar em uso –, descobri-os muito presentes em mim, rapidamente mobilizáveis, tanto nessa clínica quanto nas clínicas com bebês, mães grávidas e adolescentes. Para mim, uma representação da organização estrutural do psiquismo que passaria do arcaico ao primário e, em seguida, ao secundário, com retornos do tipo puramente regressivo, deixou de ser óbvia. A noção ainda não totalmente formalizada de heterogeneidade de funcionamento (em

---

[8] No original, *transformatif* [N.T.].

quase simultaneidade, eu acrescentaria hoje) começou a se impor. Esses processos estão mais ou menos prontamente disponíveis em cada um de nós. Dada essa prontidão, bem longe de se revelarem regressivos ou representativos de níveis de funcionamento inferiores em termos de complexidade, a capacidade de mobilização dessas sensações em mulheres grávidas, adolescentes, mas também em terapeutas que trabalham com sujeitos mal ou pouco organizados psiquicamente, sinaliza uma propensão à organização mais ampla e mais complexa.

É a partir dessa dinâmica que tento retomar o problema fundamental do desenvolvimento que constitui a construção da linguagem, procurando ressaltar os vínculos entre as produções fonatórias elementares e as representações, reflexos dos níveis de organização psíquica que as inter-relações permitiram atingir. No prosseguimento dessa questão, após fazer uma revisão rigorosa sobre o autismo e a psicose, abordarei os múltiplos componentes da comunicação verbal, mostrando a convergência necessária de diversos processos indissociáveis, mas que a necessidade de inteligibilidade me obrigou a distinguir: conquista do domínio corporal da zona oral, em particular dos órgãos de fonação, evolução das representações e controle emocional necessários para a compreensão das mensagens dos pais, exploração e modulação das produções pulsionais vocais.

Para Lacan, o inconsciente é estruturado como uma linguagem. Meu trabalho, por outro lado, vai me levar a formular que a linguagem está intimamente entrelaçada ao objeto e ao pulsional, estando desde o início da vida infiltrada por essa dinâmica que a constitui.

Parte I
Sensações, excitações e modulações da atenção

1. Psicoses e autismo na infância

O transtorno essencial do autismo incide sobre as capacidades de colocar-se em relação e de conseguir decodificar e comunicar seu próprio estado interno. Quando as crianças autistas dispõem de linguagem, suas particularidades são notáveis. Com efeito, dispor de uma linguagem oral não significa necessariamente comunicar, a não ser que haja condições propícias para retirar essa linguagem de seu hermetismo idiossincrásico. A linguagem pode se tornar um verdadeiro instrumento de decriptação e de organização do mundo interno e externo, favorecendo a comunicação, cuja base essencial consiste na comunicação de estados de espírito e de emoções.

A capacidade de investir os objetos, de organizar suas defesas, de construir ou desconstruir uma linguagem é radicalmente diferente no autismo se comparado às psicoses simbióticas? Como compreender que certas saídas para o autismo são acompanhadas de processos de defesa psicóticos e que crianças psicóticas recorram a processos defensivos autísticos como a aderência à sensorialidade e ao retraimento de tipo autístico?

Outra questão referente a essas duas patologias: como promover, no trabalho terapêutico, a introdução de algo da ordem da atenção compartilhada a serviço do investimento e da diferenciação do mundo externo e do mundo interno?

Especificidade do autismo

A questão da especificidade do autismo foi colocada desde a sua descoberta. Visto que as classificações e descrições clínicas eram muito carregadas de adultomorfismo, as psicoses da criança não eram diferenciadas como tais, mas amalgamadas às teorias da degenerescência, ou mesmo da regressão. Após ter conjecturado que se trataria de uma forma muito precoce de esquizofrenia, o próprio Kanner optou pela hipótese de que se tratava de uma entidade muito distinta, caracterizada pelo isolamento e pela busca da imutabilidade. Seus estudos longitudinais, continuados até 1971, mostraram a ele, na verdade, uma evolução bem diferente daquela da esquizofrenia.

Contudo, a indistinção entre o autismo e a esquizofrenia de início precoce persistiu por muito tempo. Em um livro dedicado à "esquizofrenia infantil", J.-L. Despert (1978) não faz distinção alguma entre as crianças psicóticas descritas por ela e o autismo. Poderíamos imaginar que ela ignorava as publicações de Kanner se ele não tivesse escrito o prefácio de seu livro.

Quando M. Mahler (1952) descreve a psicose simbiótica diferenciada do autismo, ambos são, para ela, formas de esquizofrenia infantil. Em seguida, em sua publicação tardia de textos compilados (1968), o termo esquizofrenia é abandonado. A psicose infantil é descrita como tendo dois polos: o autismo e a patologia simbiótica. Por outro lado, ela não aborda a questão da evolução até a idade adulta, o que desvia do problema da relação com a esquizofrenia.

F. Tustin também considera que o autismo é uma psicose infantil (1997, p. 34) e propõe uma classificação complexa: o autismo da "carapaça"[1] corresponderia à síndrome de Kanner e o autismo regressivo, à esquizofrenia. Pode-se observar que a noção comum a Mahler e a Tustin, no que diz respeito à existência de uma fase de autismo normal no bebê, é o elemento que determina as escolhas de suas nomenclaturas na época. Mas elas modificarão essa concepção. Nós retornaremos a esse ponto.

Atualmente, o autismo infantil é mais frequentemente considerado diferente da psicose. Para aqueles que se referem ao DSM-IV, a entidade "transtornos autísticos" é definida de forma bastante ampla para representar o conjunto dos "transtornos invasivos do desenvolvimento". As psicoses específicas da infância não são mais categorizadas – assim, um transtorno psicótico que aparece na infância é novamente considerado uma forma precoce de esquizofrenia.

Certas denominações são incertas em virtude da evolução das ideias sobre o autismo. Para Tustin, o autismo qualificado de secundário era o único patológico, pois ela se referia a um autismo primário normal.[2] Atualmente o termo autismo secundário é geralmente empregado para os autismos que aparecem acrescidos de um transtorno definido: síndrome do X frágil, esclerose tuberosa, infecções virais. Mas B. Golse e P. Delion (2005) utilizam o termo também para se referir aos autismos que surgem tardiamente, casos que favorecem a hipótese dos "processos autistizantes"[3] propostos por J. Hochmann (1990).

---

[1] Referência à "carapaça autista" postulada por Tustin [N.T.].

[2] Na verdade, em seus complexos quadros de classificação, Tustin utiliza os termos autismo patológico primário e secundário.

[3] Segundo essa ideia, caso os transtornos se instalem de início silenciosamente e com a ajuda de distorções interativas, eles se tornam dificilmente reversíveis e podem se enrijecer.

A clínica mostra que crianças que possuem capacidades de *projeção*,[4] as quais situaríamos nas psicoses infantis, muitas vezes apresentam, em determinados períodos de suas vidas ou em circunstâncias específicas, defesas habitualmente qualificadas de autísticas. O fato de existir uma entidade específica com uma semiologia e uma evolução características não exclui a hipótese de que possam existir manifestações autísticas em diversas formas de transtornos da infância, particularmente nas psicoses. O recuo no isolamento e a exigência de imutabilidade, por exemplo, podem ser considerados modalidades de defesa diferentes da descrição do autismo de Kanner, no qual a origem seria outra. Pudemos constatar que o bebê confrontado com desafios, como o do rosto impassível da mãe, frequentemente manifesta reações autísticas (Trevarthen et al., 1996).

Notas sobre as pistas etiológicas do autismo infantil

A história das hipóteses etiológicas elaboradas acerca do *autismo* reflete as transformações de perspectiva das concepções psicanalíticas e, mais amplamente, das referências da psicopatologia.

Veremos que a descoberta das modalidades de percepção e de concentração das crianças autistas e de suas defesas pela aderência ao sensorial nos permitiu pensar melhor a técnica de tratamento adaptada a essas crianças.

A evolução das concepções de L. Kanner sobre essa questão é bastante notável, pois ela descreve um percurso cíclico, com idas e vindas. Em seu primeiro artigo, ele insistia nos fatores inatos, mas, um ano mais tarde, impressionado pelas particularidades das

---

4 D. Ribas insiste, com razão, na necessidade vital da projeção: "Deve-se poder projetar para que se possa prescindir de dissolver-se" (2008, p. 174).

famílias, deu início a uma evolução que o aproximou de concepções psicogenéticas. É provável que sua notoriedade como primeiro professor de psiquiatria infantil nos Estados Unidos tenha tido como consequência a seleção, dentre os pais das crianças, daqueles que conheciam o luxo de observar seus filhos. Por essa razão, ele acreditava poder associar ao autismo um nível social e intelectual elevado, bem como uma frieza afetiva desfavorável às primeiras relações com o bebê. G. Berquez (1983) mostrou que Kanner, em seus artigos de 1946 e 1948, havia adotado as concepções "psicodinâmicas", relacionando as relações precoces entre pais e filhos à gênese do autismo. Alguns anos mais tarde, produz-se em Kanner uma verdadeira virada conceitual, que leva à seguinte afirmação: "É reconhecido por todos os observadores, exceto por um pequeno número alienado a certa fidelidade doutrinária, que o autismo não é, em sua origem, uma aquisição ou uma doença criada pelo homem" (Kanner, 1968, citado por Berquez, 1983, p. 28).

Pode-se observar que essa evolução segue o fluxo e o refluxo da influência da psicanálise nos Estados Unidos, mas não se pode pressupor em Kanner – cujas características de originalidade e rigor eram reconhecidas muito antes da sua descoberta do autismo – uma submissão às ideias de seu tempo. Na verdade, a cada etapa de sua pesquisa e de suas interrogações, ele levava em conta a coexistência de elementos biológicos e fatores relacionais. Mesmo no último período, no qual considerava que os fatores inatos predominavam, ainda evocava a importância da "dinâmica relacional pais-filhos" na evolução da criança autista. Ele pôde afirmar, então, sem ser contrariado, que havia enunciado desde o início aquilo que expressava após trinta anos de experiência:

> *Podemos . . . supor que essas crianças vieram ao mundo com a incapacidade inata de estabelecer biologicamente o contato afetivo habitual com as pessoas, assim como*

> *outras crianças vêm ao mundo com deficiências físicas ou intelectuais inatas. (Kanner, 1943, p. 264)*

Essa proposta, que encerra seu primeiro artigo, segue atual nos debates sobre o autismo. Mas antes que ela estivesse em evidência, muitas outras perspectivas alimentaram as construções elaboradas para elucidar os fundamentos do autismo.

No período seguinte à publicação de Kanner, muitas pesquisas nos fizeram conhecer a importância das primeiras relações mãe-bebê para o desenvolvimento psíquico da criança. As observações dos efeitos das internações de crianças em instituições estiveram na origem desse interesse (A. Freud & Burlingham, 1946; Spitz, 1946, 1950). À etiologia do traumatismo, evento súbito, se acrescentava a noção de que os transtornos psíquicos poderiam ter sua origem em uma carência ou em uma distorção nas relações entre pais e filhos. B. Bettelheim é representante dessa posição que passa a ser, com variantes, a "teoria" mais difundida para interpretar a gênese dos transtornos psicóticos e do autismo. Ele escreve: "Eu sustento que o fator precipitador do autismo infantil na criança é o desejo dos pais de que ela não existisse" (Bettelheim, 1967, p. 171).

Mais adiante, ele relativiza essa afirmação ao evocar a possibilidade de que os sentimentos negativos da mãe sejam desencadeados pelas reações particulares do bebê. O segundo momento de sua concepção (1967, pp. 93-101), inspirado pela sua experiência com "retraimentos" entre certos prisioneiros de campos de concentração, considera que, em uma manobra defensiva, a criança dê procedimento a uma retirada dos investimentos da realidade exterior, mas também da realidade psíquica.

Sabe-se que os efeitos de sua primeira afirmação – a qual se impôs por cerca de uma década – foram lastimáveis, visto que a ideia de que o autismo seria produzido por mães "mortíferas" deu lugar a múltiplas condutas aberrantes que levaram famílias de crianças autistas a rejeitarem qualquer forma de tratamento inspirada na psicanálise. F. Tustin escreveu:

> *No passado, os pretensos "psicogeneticistas" acusaram a mãe de estar na origem das desordens da criança autista. Essas mães são . . . extremamente depressivas por conta da distância entre os objetivos que elas adorariam alcançar e aquilo que, como simples mortais, alcançam de fato. Essa acusação também é particularmente dolorosa para elas. (Tustin, 1972, p. 136)*

As proposições de M. Mahler foram inspiradas, como já assinalei, em um modelo de desenvolvimento que atribuía um primeiro período pós-natal de vida autárquica anobjetal que lhe parecia comparável ao autismo:

> *Proponho distinguir no estado narcísico primário – conceito freudiano que me parece muito útil manter – duas subfases: durante as primeiríssimas semanas da vida extrauterina, um estado de narcisismo primário absoluto, que para a criança é marcado por uma ausência de consciência do agente maternante. Chamamos esse estado de "autismo normal" . . . (Mahler, 1968, p. 21)*

O autismo "patológico" resultaria, segundo ela, de um fracasso na passagem ao estado simbiótico e de individuação. Em seguida, M. Mahler descreveu a psicose simbiótica: o bebê teria ultrapassado o limiar do autismo normal, mas falharia em seu desenvolvimento posterior. Assim, é a diferença de nível de desenvolvimento atingido que distingue, para Mahler, psicose infantil e autismo infantil. De fato, a clínica nos mostra que certos estados pós-autísticos se aproximam clinicamente de estados de psicose simbiótica – o que não significa que se trata, neste caso, de uma regressão a um estado anterior, mas provavelmente de uma transformação, de uma saída do autismo. A criança, longe de regredir, experimenta alguma coisa nova, particularmente a possibilidade de projeção.

Diferentemente de B. Bettelheim, M. Mahler não atribui o fracasso do desenvolvimento à inadequação materna. Ela se baseia no fato de que a mãe não parece ser percebida pela criança e a anamnese salienta a ausência de posição antecipatória para enunciar:

> *Toda a sintomatologia e o padrão de conduta da síndrome autística infantil se elaboram em torno do fato de que o bebê ou a criança autista se mostram incapazes de utilizar as funções de eu-auxiliar executivo do parceiro simbiótico, a mãe, para se orientar no mundo exterior e interior. (Mahler, 1968, p. 72)*

Desse ponto de vista, sua posição é mais real do que pode parecer: se a criança em psicose simbiótica não quer ou não pode renunciar à simbiose, para a criança autista, por sua vez, faltaria uma "expectativa confiante" na atenuação ou na gratificação afetiva que sua mãe lhe pode proporcionar. Nessa configuração de "não expectativa"[5], a mãe não consegue servir como "contrapeso à predisposição dessas crianças a uma angústia invasiva".

T. Shapiro (2000, p. 651) sustenta ideias semelhantes às de M. Mahler sobre a falta inata de um "princípio maternante"[6] na criança, e observa que, no período de otimismo daquela época, o sentido dessas ideias havia passado despercebido.

Considerada próxima da escola kleiniana em razão de sua análise com W. R. Bion e de seu trabalho na Tavistock, F. Tustin

---

[5] No original, *non-attente* [N.T.].

[6] Optamos por manter o neologismo presente no texto, *maternant* [N.T.].

havia trabalhado com M. Mahler nos Estados Unidos e adotado essa concepção do autismo primário normal, ao mesmo tempo que elaborava sua própria teoria sobre a etiologia do autismo. Nesse estado primitivo de indiferenciação, "os objetos são percebidos sob um modo corporal, como objetos-sensação, e mesmo a mãe . . . é percebida como um objeto-sensação que faz parte de seu próprio corpo" (Tustin, 1984b, p. 23).

Se o bebê toma consciência da separação muito precocemente, o resultado é uma depressão psicótica (noção que F. Tustin pegou emprestada de D. W. Winnicott, 1958), que leva a um sentimento de perda corporal e à fantasia de estar quebrado, de ter um buraco.

> *Esse buraco negro é encontrado nos desenhos de crianças psicóticas ou de antigos autistas que angustiadamente pintam de preto a boca do boneco que acabaram de desenhar. . . . Uma das formas originais da depressão, ele é para Tustin a ameaça que espreita o psiquismo de todos aqueles que não estabeleceram uma confiança sólida no amor. . . . A queda no buraco negro leva justamente à perda do sentimento de continuidade corporal e espacial de si mesmo, perda da capacidade de "perseverar no seu ser". (Ribas, 1986, p. 65)*

A *separação* e a diferenciação são vividas sob um modo corporal de arrancamento. O bebê autista teria tomado certa consciência da separação "muito prematuramente", e isso é insuportável para sua psique:

> *Se ele tem consciência de uma separação corporal com a sua mãe, é porque ele tem conhecimento da mãe "não eu"*[7] *. . . em uma época de hipersensibilidade e de*

[7] No original, *non-soi* [N.T.].

> *receptividade excessiva, na qual tudo toma uma proporção desmesurada. Uma série de reações automáticas é então colocada em uso para se opor a essa tomada de consciência propriamente intolerável da mãe "não eu". (Tustin, 1975, p. 28)*

As atividades autossensuais se intensificam a fim de que seja conservada a ilusão de fusão ou de confusão com a mãe. O ponto comum entre Mahler e Tustin é que a permanência no "autismo primário normal" é considerada uma defesa, mas Tustin introduz, adicionalmente, a hipótese da depressão primária e do fortalecimento dos mecanismos autossensuais.

A questão da origem da depressão psicótica permanece. F. Tustin adota uma posição eclética, distinguindo os autismos psicogênicos e os autismos de origem orgânica por prejuízo neurológico ou particularidade inata: "Os bebês que se tornam autistas podem apresentar certos fatores constitucionais que os expõem mais intensamente a uma tomada de consciência muito brutal e precoce da separação corporal" (Tustin, 1975, p. 83).

Tustin (1991, 1994) demonstra um grande rigor ao publicar, ao final de sua vida, dois textos nos quais abandona a hipótese de um autismo primário normal:

> *Terminei por pensar que a ilusão de fusão, que existia antes da tomada de consciência catastrófica do estado de separação corporal, não era um estado infantil precoce e normal, mas um estado anormal no qual mãe e criança entravam em conluio um com o outro. (Tustin, 1991, p. 282)*

Ainda assim, ela mantém a hipótese de uma tomada de consciência brutal e traumática da separação corporal e atribui ao autismo uma função de proteção utilizada por essas crianças:

> *A reação delas a esses perigos existenciais é uma espécie de autossensualidade endógena que gera aquilo que, num esforço para conceptualizar essas reações não conceptualizáveis, chamei de objetos-sensação autísticos e de formas-sensação autísticas. (Tustin, 1991, p. 286)*

Quanto a D. Meltzer, seria difícil atribuir a ele uma opinião particular sobre a etiologia do autismo, visto que se interessa mais pelos processos que pelas teorias gerais. Assim, seu trabalho sobre o desmantelamento se concentrava sobretudo em deduzir, a partir da observação, a natureza das *experiências* sensoriais da criança. Entretanto, levantava a hipótese de que esse desmoronamento perceptivo permitia aniquilar o pensamento, o que para ele representava o protótipo dos processos autísticos.

No entanto, após muitos anos de pesquisa sobre o autismo com a equipe que havia criado, sua conclusão tomou a forma de uma teoria abstrata, a da *pluridimensionalidade* (1975). Descrevendo um modo primitivo de relação com o objeto, que apenas leva em conta as qualidades da superfície do objeto e não de seu interior, ele aportou um novo elemento comparável à descoberta de Klein já em suas primeiras publicações: o interesse das crianças pequenas pelo interior do corpo da mãe.

Poderíamos sugerir que, no modelo utilizado por D. Meltzer, a *posição adesiva* tem um papel comparável ao do autismo precoce normal na primeira teoria de Tustin. A permanência nessa posição é uma reação defensiva diante dos obstáculos que se opõem ao desenvolvimento psíquico do bebê.

Meltzer estava convencido da natureza psicogenética do autismo. Entretanto, aludia frequentemente aos fatores constitucionais, cuja importância reconhecia.

A mudança de concepção de F. Tustin, semelhante à de M. Mahler (que não pôde publicá-la antes de seu falecimento em 1985), se explica pelo seu conhecimento dos trabalhos de B. Brazelton, G. H. Bower, C. Trevarthen e D. Stern (1985).

Essa influência das pesquisas da psicologia do desenvolvimento nas concepções psicanalíticas vai culminar nas reações suscitadas pela "teoria da mente"[8] de U. Frith (1989) e Baron-Cohen (1989). Essa teoria faz parte de uma tese em oposição à psicanálise, já defendida anteriormente por M. Rutter e E. Schopler (1978), segundo os quais o transtorno primordial do autismo seria cognitivo. Esses autores mostraram que crianças autistas falhariam em se dar conta do que poderia ter sido percebido ou pensado por outra criança. Mas esse experimento testa uma capacidade cognitiva que aparece normalmente no decorrer do segundo ano, mais tardiamente que a aparição de transtornos autísticos. Sua aplicação ao autismo não foi criticada apenas pelos psicanalistas (Houzel, 2007; Riban, 2006), mas também pelos pesquisadores da psicologia do desenvolvimento (Trevarthen et al., 1998).

R. P. Hobson, psicanalista vinculado à Tavistock, observou a importância das dificuldades afetivas de comunicação nas crianças autistas. Por exemplo, elas falhavam na realização de tarefas que implicavam a apreciação de estados emocionais pela associação de fotografias de rostos expressivos. A criança normal não se refere ao mundo somente a partir de um conhecimento objetivo, mas das reações afetivas do adulto que o assegura. É o que aparece

[8] O termo "teoria da mente" foi inicialmente proposto no estudo do comportamento e das representações dos chimpanzés por Premack e Woodruff, em 1978. Esses autores mostraram que o chimpanzé resolve problemas "atribuindo estados de espírito ao ator humano".

claramente no teste em que o bebê atravessa um espaço sobre um vazio se a expressão da mãe o encoraja. A troca afetiva se mostra necessária para que haja acesso ao jogo simbólico. Se admitirmos que as crianças autistas são privadas (constitucionalmente ou por perturbações de sua comunicação intersubjetiva) dessa capacidade afetiva, elas serão, segundo Hobson, "privadas da possibilidade de ver que as diferenças de atitudes de diferentes pessoas em relação ao mundo revelam a diferença essencial entre coisa e pensamento" (Hobson, 1993, pp. 171-172).

Os transtornos de linguagem da criança autista poderiam ser um dos efeitos desse transtorno, visto que os trabalhos de J.-S. Bruner (1983) e M. Tomasello (2003) mostraram que o desenvolvimento da linguagem é tributário das trocas afetivas e da interpretação das intenções e dos sentimentos da mãe.

Essa posição parece ser comum a diversos pesquisadores. C. Trevarthen (1998, p. 60) escreve:

> *Consideramos que o bebê autista tem um transtorno latente da intersubjetividade e da organização narrativa do pensamento, o qual se torna crítico na metade do segundo ano e vem na sequência da concretização do domínio da atenção compartilhada e da realização de cooperações, que se manifestam no primeiro ano de vida.*

Retornaremos a essas noções fundamentais de atenção e atenção compartilhada.

Shapiro (2000), por sua vez, ao discutir a questão da abordagem psicanalítica do autismo, insiste nos efeitos da dissociação emocional.

Nas pesquisas que têm como tema o apego, M. Ijzendoorn et al. (2007) confirmam as pesquisas precedentes que constatavam que as crianças autistas podem instaurar relações "seguras" com seus pais. Mas não encontram a relação habitual entre a sensibilidade dos pais e a qualidade do apego. Eles concluem:

> *Formulamos a hipótese de que os pais de crianças autistas são incapazes de superar as particularidades biológicas das funções de comunicação de seus filhos e que as diferenças individuais da relação de apego dependem significativamente de fatores constitucionais. (p. 608)*

Assim, além da etiologia, um apoio aos pais de crianças com modos de comunicação tão particulares se mostra muito necessário para ajudá-los a se comunicar com elas e receber suas mensagens não diretamente endereçadas. A escuta particular da psicanálise pode, portanto, se revelar uma ajuda considerável para os pais, mas também para essas crianças particularmente sensíveis em um período de vida em que a plasticidade do cérebro pode favorecer modificações profundas.

Vejamos o ponto de vista etiológico atual dos biólogos.

As pesquisas biológicas

O autismo é objeto de inúmeras pesquisas no campo da genética e da neurofisiologia com o desafio da descoberta de um tratamento médico. Seria inútil tentar dar conta desse conjunto tão vasto recorrendo a conhecimentos especializados. Contudo, certas orientações dessas pesquisas parecem entrar em ressonância com as observações clínicas.

A importância do fator genético parece ter sido reconhecida há muito tempo: a taxa de incidência constatada na população é de 1/1.000 (diagnóstico de espectro amplo), sendo cem vezes superior (5%) entre irmãos (Dumas, 2007, p. 125). Entretanto, não foi possível descobrir alterações específicas do genoma, mesmo com mobilizações consideráveis para a pesquisa, com estatísticas que abrangem milhares de famílias.

Somos levados a considerar que transtornos psíquicos diversos (esquizofrenia, autismo, psicoses maníaco-depressivas) possam resultar das mesmas anomalias genéticas e, inversamente, que cada entidade clínica possa resultar de diversas mutações patogênicas.

Um estudo da diversidade de anomalias genéticas conduz S. Hyman a admitir que existem duas grandes categorias de casos:

> *Em uma extremidade (casos estudados), constatamos que as vias genéticas dos fenótipos resultam de interações entre diferentes variantes dos genes, em diversos locais do genoma – é a hipótese chamada de "afecção comum-variante comum".*
>
> *No outro extremo, elas podem resultar de mutações diversas, raras e altamente penetrantes, e cada mutação individual provoca a afecção em um pequeno número de famílias . . . (Hyman, 2008, p. 891)*

Parece, então, que um grande número de casos de autismo resulta de associações de variantes que podem estar relacionadas a um grande número de genes. Isso explica a dificuldade das pesquisas, sobretudo porque as anomalias frequentemente consistem apenas em uma modificação de um dos aminoácidos constituintes do DNA:

> *As variantes que estão na origem das "afecções comuns" são habitualmente polimorfismos de nucleotídeo único (SNP - Single Nucleotide Polymorphism) que não são patogênicos individualmente, mas que levam a riscos pela interação das variantes com outros locais do genoma ou com outros fatores não genéticos. (Hyman, 2008, p. 891)*

A consideração dos "fatores não genéticos" - aqueles devidos ao ambiente - mostra as dificuldades com as quais deparam as pesquisas que devem levar em conta múltiplas variáveis. Ela mostra também que a oposição entre fatores inatos e fatores relacionais é desprovida de sentido para os geneticistas.

No que diz respeito aos estudos neurofisiológicos, C. Trevarthen et al. (1998) mencionam as anomalias em diversas partes do cérebro ligadas às funções emocionais (hipocampo, núcleo septal, amigdala, corpos mamilares, córtex entorrinal) e também no córtex do cerebelo. São inúmeros os trabalhos referentes ao cerebelo (Allen & Courchesne, 2003), dada a surpresa da descoberta, nos autistas, da anomalia de uma região cuja função mais conhecida é a motricidade. Atualmente, parece ter sido demonstrado que os prejuízos do cerebelo podem ser vinculados às dificuldades de atenção. C. Trevarthen se baseia na ausência de fibras ascendentes em direção às células de Purkinje do cerebelo para levantar a hipótese de um transtorno da migração neuronal por volta do segundo mês da gestação.

Outras pesquisas dizem respeito a anormalidades hormonais. C. Trevarthen cita os trabalhos de N. Geschwind e A.M. Galaburda, que questionam um desenvolvimento anormal do hemisfério direito e um excesso de testosterona. Também foram invocadas anomalias nos níveis de neurotransmissores, especialmente a serotonina, mas esses indícios não são encontrados regularmente.

Em um congresso realizado em Barcelona em 2009,[9] J.-C. Elbez apresentou o caso de uma criança que apresentava um quadro de autismo infantil aos três anos de idade, o que a levou a ser acolhida em um hospital-dia durante um ano e meio. Aos quatro anos e meio, exames médicos revelaram um diabetes insulinodependente. Muito rapidamente, o tratamento tornou a criança mais presente nas relações e mais disponível para a aprendizagem cognitiva. Essas passagens da hiperglicemia à hipoglicemia a submetiam a sensações de perda de consistência e de receptividade mínima ao que se passava a seu redor, ao mesmo tempo que o mundo se tornava amortecido.

A leitura de pesquisas atuais discrepantes nos leva a absorver as conclusões de J. Dumas:

> *Os resultados apresentados não são sempre reproduzidos . . . Esses resultados se aplicam a certos casos estudados, mas não a outros. Resultados comparáveis são encontrados em outras formas de psicopatologia, como a deficiência mental e a esquizofrenia infantil, não sendo, portanto, específicas do autismo. (2007, p. 127)*

Levando em conta as implicações das pesquisas genéticas citadas anteriormente, essas constatações não surpreendem: o autismo pode ser resultado de uma constelação de desvios genéticos. Uma multiplicidade de mecanismos biológicos favorece seu aparecimento – quando as particularidades do *ambiente* o tornam possível.

Será interessante descobrir se uma anomalia detectada recentemente seria uma exceção a essa variabilidade. M. Depretto et al. (2006) demonstraram que o sistema de neurônios-espelho tem uma atividade reduzida nos adultos e crianças autistas. Isso leva a performances não tão boas em tarefas de imitação ou no reconhecimento

[9] 6º Colóquio da Associação Internacional de Psicossomática Pierre Marty.

de emoções pelo rosto. Para serem bem-sucedidas nesses desafios, as crianças autistas são obrigadas a ter uma atenção visual maior que a de crianças normais. É preciso aguardar o prosseguimento das pesquisas...

Assim, para além da etiologia, um suporte aos pais de crianças com modos de comunicação tão particulares se revela muito necessário para ajudá-los a ser receptivos às especificidades de seus filhos e apoiá-los na comunicação com eles, a fim de que sejam capazes de escutar e receber suas mensagens, mesmo que não lhes sejam diretamente endereçadas.

A escuta psicanalítica, como já assinalei, pode ser um apoio considerável para os pais na inter-relação com crianças pequenas em um período da vida no qual a plasticidade do cérebro pode mobilizar modificações profundas.

Novos elementos na semiologia

Mesmo que a primeira investigação sobre a *hipersensorialidade* dos bebês já possa ser rastreada nas pesquisas de P. Bergman e S. Escalona (1949) – que se interessaram por essa particularidade em cinco crianças e fizeram aproximações com casos descritos por L. Kanner –, a maior parte resulta da experiência clínica de F. Tustin, que descreve os *objetos autísticos* (1977) e o mundo das *formas autísticas* produzidas pelas sensações (1984 e 1986, p. 69-91).

F. Tustin relaciona autossensualidade com a "pulsão autoerótica" evocada por Freud. Ela se situa em uma posição intermediária entre a posição freudiana de um estado anobjetal e a concepção kleiniana de uma relação de objeto presente desde o nascimento. Sua hipótese é a de que, durante todo um período, os objetos seriam percebidos sob um modo corporal como "objetos-sensação". Assim, a mãe seria percebida como um "objeto-sensação", fazendo parte do corpo do bebê. No início de sua vida, a criança não distingue sua boca do seio, que é sentido como um "buquê de sensações" (Tustin, 1981, p. 126). Isso corrobora as noções de pictograma e proto-representação que aprofundaremos mais adiante.

O desenvolvimento da criança autista, segundo F. Tustin, se dá em um nível de elaboração precoce das sensações. Em virtude de uma falta de inter-relações normais com a mãe, essas sensações não puderam se transformar em emoções e o desenvolvimento autossensual dessas crianças tomou um rumo perverso e idiossincrásico. Os objetos autísticos são sensações duras, enquanto os traços autísticos, fluidos, parecem fazer parte de nosso corpo: "são sensações e impressões fluidas que se fundem em você e nas quais você se funde" (Tustin, 1985a, p. 24).

Essa utilização da sensorialidade é de uma massividade impressionante. F. Tustin (1981, p. 170) chega mesmo a declarar: "Creio que as sensações constituem o mundo no qual eles vivem". A criança que se refugia na autossensorialidade está em uma fugaz tentativa de regulação de suas sensações, que, conforme ela sublinha, são extremas, da ordem do tudo ou nada: "Ou a 'rolha' autística está presente ou não está: ou a criança não sente nada ou é submergida por suas sensações" (Tustin, 1981, p. 170).

A descrição do desmantelamento proposta por Meltzer (1972, p. 180) constitui também um complemento importante da semiologia do autismo. Segundo o autor, bebês de inteligência elevada e com forte potencial emocional, quando confrontados com a depressão quase onipresente do pós-parto de suas mães, defendem-se contra esse sofrimento depressivo por meio de uma técnica de desmantelamento de seu aparelho sensorial pelo abandono do ato de concentração da atenção. O resultado é o retorno ao mundo unidimensional dos objetos unissensoriais dotados apenas de qualidades de tropismo, com o sufocamento da reação às emoções e a falta de interesse pelos objetos, visto que o interesse só pode estar ligado à significação emocional.

Vejamos a descrição de D. Meltzer: o desmantelamento é "uma capacidade . . . de suspender a atenção que permite que cada um dos sentidos perambule em direção ao objeto mais atraente no instante. Essa dispersão parece produzir o desmantelamento do *self* como aparelho mental, mas de uma maneira muito passiva, como se ele desmoronasse" (1975, pp. 20-21).

Como F. Tustin, ele observa que nos estados passageiros de agarramento sensorial essas crianças se atêm à qualidade de superfície dos objetos (materiais ou animados): elas são sensíveis a todas as suas propriedades sensoriais, particularmente ao tato, e são atentas aos limites e às continuidades (1975). Foi se apoiando nessa constatação e nas reflexões de E. Bick que D. Meltzer propôs o conceito de identificação adesiva.

Podemos constatar, portanto, que as especificidades das experiências sensoriais das crianças autistas constituem o essencial das observações inovadoras após a descoberta de L. Kanner. Elas foram também o ponto de partida de múltiplas conceptualizações que serão discutidas mais adiante. Como resultado, qualquer que seja a etiologia, a criança é invadida por percepções inclassificáveis (Grandin, 1986) e, desse modo, não pode selecionar as mensagens importantes para o seu desenvolvimento: a voz, o rosto, o sorriso... A noção de traumatismo à qual é submetida a criança autista não é mais pensada em referência a um evento, mas a uma sobrecarga de excitações ingeríveis por um aparelho psíquico imaturo.

Encontramos a forma pela qual S. Freud compreendia o traumatismo em 1938: "As exigências pulsionais oriundas do interior, assim como as excitações advindas do mundo exterior, operam como 'traumas', particularmente se vão de encontro a certas disposições" (Freud, 1938).

A atenção voluntária e a atenção automática na decodificação do mundo e dos nossos estados internos

A respeito dos momentos de desconstrução da linguagem, S. Freud aborda, no seu estudo sobre a afasia (1891), a questão da atenção,[10] conferindo-lhe uma faculdade integradora de diferentes componentes dos dados sensoriais que constituem a palavra. Na medida em que atribui uma função de ligação dos dados sensoriais constitutivos da palavra, confere à atenção uma função de ligação que implica, em nosso vocabulário contemporâneo, a amodalidade sensorial (ou plurimodalidade sensorial). É essa capacidade de relacionar sensações para criar uma representação, essa cossensorialidade inata, que parece estar faltando nas crianças autistas.

Em 1911, S. Freud define a atenção como atividade periódica da consciência. O fato de essa periodicidade não ser possível para o autista torna impossível a construção de um pano de fundo consciente, e até mesmo inconsciente, ou uma memorização que permita projetar no presente uma reorganização do passado que abra caminho para o futuro. As flutuações maciças de atenção que percebemos nas interações precoces estão frequentemente ligadas ao olhar cadenciado e pulsante de momentos de apego e desvios.

Esse ritmo que sinaliza a integração das flutuações flexíveis da inter-relação falta no autismo. Estamos em uma modalidade

---

[10] À qual confere também um papel de ligação que favorece as *frayings* neuronais em razão de sua dupla valência centrípeta (para si mesma) e centrífuga (para o exterior). Mais tarde, atribui também à atenção um caráter dinâmico e uma ligação entre os sistemas pré-consciente e consciente. Em 1912, vai continuar a insistir no aspecto ativo e dinâmico da função de atenção, e sabemos que fará dela um instrumento privilegiado da ligação reveladora de processos primários e secundários com a "atenção flutuante".

de ser do tudo ou nada: amarrados ou perdidos. A possibilidade de mobilizar a atenção exige o sentimento de continuidade do ser; um sentimento de continuidade que se manifesta ao mesmo tempo nas modificações na tonicidade do corpo, no interesse pelo mundo externo e na disponibilidade em relação ao objeto materno favorecendo experiências de atenção conjunta. S. Freud (1895, p. 336) nos diz claramente que as percepções despertam o interesse como resultado de sua possível conexão com o objeto desejado. É possível concentrar a atenção sem objeto, sem investimento? Sem um objeto que enlace, ficamos apenas espalhados em um buquê[11] de sensações, sem atentar ao seio que o sustenta. Quando postula que um objeto adequado é fornecido por uma ação específica, J. Laplanche está certo, mas ainda é necessário que essa ação adequada possa ser recebida. Foi isso que nos conduziu a dar um lugar importante ao conceito de "capacidade de resposta" e "incapacidade de resposta" de D. Efrat-Boubli (2005).

A atenção conjunta necessita do investimento do objeto pelo bebê. Trata-se, aqui, do lado do bebê, de uma forma de afinação afetiva da qual D. Cupa diz que "a ternura é a própria harmonia . . . O 'A' original" (2007, p. 287). É essa modalidade de investimento do objeto pelo bebê que permite à criança focalizar sua atenção no ponto que outro está olhando: na identificação, talvez parcialmente carregada de adesividade, ele olha para onde seu objeto olha e gradualmente aprende a fazer seu centro de atenção coincidir com o de outro. Trata-se de um processo de descoberta, um processo epistemofílico que pode, por intermédio da mãe, ser transformado em um procedimento de designação. Há um aspecto da comunicação importante nessa atenção a movimentos, gestos e palavras do outro – permitindo o uso do processo de atenção para o objeto designado.

---

[11] Uso aqui a imagem do buquê para manter contato com Tustin, mas o buquê está reunido em sua base, o que certamente nem sempre acontece com crianças autistas em momentos de desmontagem, por exemplo. A imagem dos fogos de artifício seria provavelmente mais apropriada.

Essa atenção é iniciada pelo adulto no início da vida. O olhar da mãe segue o da criança, supervisionando constantemente o deslocamento de sua atenção para situar seu centro de interesse e para melhor interpretar suas demandas e determinar aquilo que espera.

Ao interpretar as produções sonoras, os olhares, as posturas, a tonicidade de seu bebê, a mãe investe-os de "mensagens" (função representativa). O material primitivo da linguagem privada entre uma mãe e seu filho é ligado pela mãe à situação global e à interpretação das posturas e dos gestos de seu bebê. A própria etimologia da palavra "atenção", "direcionar a mente para", assinala a grande dinâmica intrapsíquica da atenção; dinâmica que Bion formalizou ao fazer da atenção "a matriz na qual os vários elementos da psique se unem e se combinam" (Golse, 2002, p. 150).

Nos primeiros tempos da vida, trata-se de um trabalho de simbolização a duas vozes, que se organiza sob a impulsão do bebê, trabalho retomado e amplificado pela mãe na construção de narratividade verbal do presente carregado de futuro e ligado ao passado imediato.

Sabemos os ritmos de atenção que devem ser respeitados nos bebês, os momentos de fixação dos rostos com tempos de desvio do olhar favorecendo a integração em presença-ausência. A isso, adiciona-se também a aprendizagem dos ritmos de cada um. Parece-me que a instalação da atenção da criança pequena, do bebê, necessita de processos estreitamente ligados à instalação de uma para-excitação (Freud, 1920, p. 298) e de uma barreira de contato. Nossa vigilância é então despertada apenas pelo desconhecido, pelo insólito ou inquietante. Graças à conjunção das atenções (voluntária e automática), uma das quais toma o lugar da outra, a capacidade de aprender é favorecida precisamente pela possibilidade de fixar a atenção em novos objetos, novas situações – outras tendo sido já adquiridas, interiorizadas, memorizadas e simbolizadas. Se a angústia não for excessiva, se nossa continuidade de ser não for ameaçada, nossa atenção voluntária está aberta a outras explorações do mundo e, ao mesmo tempo, a "cegueira por desatenção" que consiste em poder ver tão somente o que não faz parte do cenário habitual do que supostamente vemos e ouvimos pode se estabelecer. De fato, ela pode se tornar um obstáculo ao pensamento (perseverança), à pesquisa (fidelidade às ideias aprendidas), à abertura de espírito (conformismo, ideologia). A atenção voluntária, ou melhor, seu rebento, a cegueira por desatenção, pode mobilizar um saber enrijecido. Muito conhecimento adquirido, muita cegueira por desatenção pode nos tornar insensíveis às variações do mundo e dos seres, aos pequenos sinais enviados pelos outros. A atenção voluntária, contudo, é essencial para a aprendizagem, visto que, no caso de os eventos sensoriais em nosso ambiente direcionarem permanentemente nossa atenção automática, seria muito difícil nos mobilizarmos para qualquer tarefa e termos um comportamento normal na vida cotidiana.

Se nos referirmos a certos relatos biográficos, em particular aos de T. Grandin (1986), o que é problemático nos autistas é que neles não haveria esse jogo que permitiria uma forma de atenção "latente" sem gradientes entre atenção voluntária e automática. Os escritos de T. Grandin descortinam uma invasão perceptiva sem seleção possível. Para a criança autista, a atenção seria máxima e englobaria os detalhes. Nenhuma cegueira por desatenção está em vigor. Talvez seja por isso que, em meu trabalho com crianças autistas, ponho de lado meus conhecimentos adquiridos para estar em atenção voluntária a pequenos detalhes, como quando se está em uma terra estrangeira e é preciso decodificar sinais que ainda são pouco conhecidos ou desconhecidos para nós.

No meu trabalho terapêutico, tratava-se, para mim, de estar em uma forma de alerta sem vigilância excessiva, nem da ordem da identificação colada à vigilância diante do perigo, nem da ordem da atenção flutuante adequada na análise de pacientes neuróticos. Isso provavelmente se parece mais com um espaço de devaneio *em vigília*, no qual o que recebemos das mensagens do mundo externo é conscientemente percebido e integrado em uma semiconsciência. Penso que, com crianças muito desestruturadas, a forma de atenção não pode ser da ordem da pura associação livre, específica ao trabalho analítico com adultos neuróticos. Tenho o sentimento de que, se fosse o caso, a cegueira por desatenção se sobreporia ao que realmente se passa com elas. É por isso muitas pessoas têm o sentimento de que crianças autistas fazem sempre a mesma coisa. Elas não são sensíveis às pequenas diferenças que uma atenção tranquila permitiria que captassem. No devaneio, a consciência é direcionada tanto ao interior quanto ao exterior. É verdade que, para alguém como T. Ogden (1997), o devaneio diz respeito, ao mesmo tempo, aos aspectos muito íntimos do analista e aos aspectos intersubjetivos, ainda assim permanecendo conectado à sessão. Eu diria que, com as crianças autistas, deve-se provavelmente estar atentamente conectado à sessão, com alternâncias entre atenção flutuante e atenção voluntária.

Como questionar o desmantelamento autístico, a atenção exclusiva e extrema a um único estímulo? Essa escapatória à invasão, essa fuga para o sensorial favorece ou é acompanhada de uma perda do contato com o objeto e consigo mesmo, e de um momento de abandono da vigilância. Quando a criança autista se entrega ao desmantelamento, trata-se de um tempo de repouso ou de marasmo?

Vejamos o que dizem as pesquisas na psicologia do desenvolvimento: a psicopatologia da atenção mobilizou inúmeros estudos nessa área. Aliás, os transtornos particulares da atenção constatados nas crianças autistas foram por vezes considerados a origem de suas dificuldades em estabelecer inter-relações com seu objeto de apego. A questão das causas, das consequências e de suas correlações é colocada, mas, como de costume, a complexidade é frequentemente evitada em detrimento de uma causalidade simplista.

A atenção nas crianças autistas: controvérsias acerca da teoria da mente

Os transtornos de atenção nos sujeitos autistas foram objeto de inúmeras pesquisas e assumem formas complexas, por vezes difíceis de interpretar. Assim, existe a observação paradoxal, mas rara, de um acréscimo de eficiência nos casos, por exemplo, de algumas demarcações[12] de forma.

Atualmente, os analistas que trabalham com essas crianças (na França: G. Haag, B. Golse, D. Houzel, P. Delion, D. Ribas) consideram que o único modelo plausível da etiologia da patologia autística é um modelo multifatorial, que implica um tratamento multidimensional. A clivagem entre os pontos de vista das ciências cognitivas, da genética, das neurociências e os pontos de vista psicodinâmicos não é mais admissível. Mesmo que os geneticistas de hoje não possam evitar a descoberta de que os fatores ambientais e relacionais têm uma influência sobre a expressão do genoma (epigênese), e de que um tratamento precoce possa, por conta disso, ter um impacto não negligenciável sobre o desenvolvimento cerebral precoce, devemos permanecer abertos às pesquisas exteriores à nossa disciplina.

É nessa perspectiva que proponho, quanto às capacidades de atenção das crianças autistas, elementos de reflexão exteriores ao nosso campo de pesquisa, não sabendo quais podem ser suas repercussões no tratamento global dessas crianças.

A partir de experiências de demarcação de estimulações observadas na tela de um computador, M. K. Belmonte mostra que a

---

[12] No original, *repérages*, detecções, localizações [N.T.].

função da atenção é muito lentificada em sujeitos autistas. A amodalidade[13] sensorial e a passagem de modalidades visuais a modalidades auditivas de percepção também são perturbadas. Quando sujeitos autistas dispõem de pouco tempo para apreensões que necessitam de uma nova orientação de sua atenção, seus fracassos aumentam consideravelmente. Mas mesmo quando um longo espaço de tempo está disponível e seus resultados se aproximam do normal, as características eletrofisiológicas são modificadas, o que nos permite supor que os sujeitos autistas utilizariam mecanismos de atenção diferentes.

Além do mais, observamos geralmente um acréscimo da estimulação do despertar. Esse alto nível de ativação pode explicar a coexistência, nos autistas, de distúrbios de atenção e reações de qualidade surpreendente quando longos intervalos lhes são concedidos. Se tais sujeitos podem distinguir o objeto-alvo no fluxo de dados sensoriais, sua reação a esse objeto-alvo será extremamente rápida graças à hiperativação global de seu despertar dos estímulos. Parece que o cérebro dos autistas busca compensar o distúrbio de atenção por um mecanismo de modulação sensorial que torna as estimulações muito mais violentas e generalizadas. No lugar do acréscimo funcional específico normal, há um aumento da resposta a todos os estímulos. Os sons podem apresentar uma intensidade penosa e as percepções visuais podem ser apagadas pelo excesso de estimulações.

Sabemos que a atenção do bebê determina sua capacidade de utilizar a experiência das inter-relações para obter informações referentes ao estado afetivo do adulto e a suas intenções. Há então uma estreita relação entre os trabalhos sobre a patologia da atenção e as falhas de interpretação dos estados psíquicos do adulto de referência.

---

[13] No original, *amodalité* [N.T.].

Considerada inicialmente uma noção determinante para a compreensão do autismo, a teoria da mente abriu vias de pesquisa importantes, mesmo que atualmente seja recusada. A. M. Leslie e U. Frith (1985) levantam a hipótese de que a criança autista é privada da aptidão para conceber uma teoria acerca do pensamento de outrem. Nessa ótica, o vértice não é mais direcionado ao estado emocional: uma criança pode experimentar emoções, mas ser desprovida da atenção necessária para analisar as emoções de seu objeto prevalente. A questão é saber se ela pode decodificar sua própria emoção e o que entrava essa capacidade de atenção e de aprendizagem na inter-relação. Veremos que a decifragem das emoções e as capacidades de atenção são frequentemente interligadas nas pesquisas sobre o autismo.

Conforme vimos, para C. Trevarthen (1996), não há dúvida de que o autismo seria um transtorno neurodesenvolvimental, cujos transtornos cognitivos resultariam de falhas de atenção e de comunicação graças ao papel exercido por um neurotransmissor: a serotonina. Ele critica, porém, a teoria da mente, considerando que as teorias de "metacognição", como a de Baron-Cohen, dizem respeito a processos racionais que não estão presentes no bebê autista.

> *Elas não buscam os indícios de expressões corporais da emoção – vocalizações, expressões do rosto, gestos e movimentos corporais – que mediatizam a comunicação referente aos estados psíquicos. Tais movimentos são essenciais para a gestão do conhecimento de si com o outro (Aitken e Trevarthen, 1997) e para a emergência de relações da criança com os outros desde a sua primeira infância. (Reddy et al., 1997)*

Para Hobson, em uma orientação mais psicanalítica, as crianças não necessitam de uma "teoria" sobre a vida mental, mas adquirem o conhecimento de que os outros têm uma *mente*. Três etapas conduzem a esse conhecimento: ter o conceito de um si – o estabelecimento de uma relação com o outro pela observação de suas expressões corporais –, o desenvolvimento de uma relação fundada na analogia entre suas experiências subjetivas e as manifestações corporais do outro (1990). Ele observa também que é nas suas respostas emocionais que as crianças autistas muito precocemente apresentam transtornos.[14]

C. Trevarthen propõe a "teoria da intersubjetividade inata". Ele adota a noção de existência de um espaço psíquico próprio ao "Outro[15] virtual", proposta por S. Bråten (1988), que permite uma comunhão intersubjetiva imediata. O autismo corresponderia a uma falha desse mecanismo de intersubjetividade inata. Deve-se notar que essa falha pode ser produzida por um transtorno da atenção ou estar a ele associada. Assim, fica mais específica a noção de um alcance conjunto da atenção e da atenção e da qualidade das inter-relações, sem que seja possível determinar se o transtorno de atenção constitui um fator exclusivo ou associado.

Trabalho da atenção como modalidade de inscrição em uma temporalidade psíquica

A atenção, nossa forma de atenção, sinaliza uma forma de integração da temporalidade e do vínculo com os objetos. Cada forma de atenção me parece ligada majoritariamente a uma temporalidade específica. A atenção automática é ligada ao presente imediato – carregado de estupefações e deslumbramentos permanentes –, ao não conhecido, ao não memorizado ou ao não memorizável, ao não

14 Aspectos já assinalados por M. Harris em 1989.

15 Apesar da letra maiúscula, este "Outro" não remete a Lacan.

adquirido, ou ao que não podemos adquirir por razões múltiplas, entre elas as traumáticas (excessivamente carregadas de excitações).

A atenção voluntária, por sua vez, sinaliza uma inscrição memorizada do passado; inscrição reatualizada no presente que nos informa rapidamente sobre a situação atual de forma não consciente, com possíveis projeções de futuro. Está em ação um tempo linear ou em *loop*.

No primeiro caso, a incerteza é grande. No segundo, a confiança foi instalada.

A atenção automática continua predominante no autista.

Algumas palavras sobre a *atenção conjunta*. A atenção conjunta foi muito estudada por Bruner[16] no que se refere às etapas prévias à aquisição da linguagem. Ele contempla os estudos que mostram a que ponto o olhar da mãe segue o da criança, supervisionando constantemente o deslocamento de sua atenção para situar seu centro de interesse e para melhor interpretar suas demandas a fim de determinar o que ela espera. A criança, por sua vez, parece igualmente capaz de seguir o olhar do adulto desde a idade de quatro meses, e o faz efetivamente cada vez mais quando esse olhar se detém em um ponto que a criança não pode ver. A criança adquire muito rapidamente um procedimento que permite a ela direcionar sua atenção ao ponto que um outro observa: ela aprendeu para onde deve olhar para fazer seu centro de atenção coincidir com o de outrem: "Assim se instalam as bases da *dêixis* espacial, interpessoal" (Bruner, 1975, p. 207).

Trata-se de uma modalidade de comunicação que se dá por meio da atenção aos movimentos, gestos e palavras do outro, permitindo eventualmente a utilização do processo de atenção[17] para o objeto designado, se tornando objeto de atenção compartilhada.

[16] Bruner, J. De la communication au langage. In *Savoir faire, savoir dire*. Paris: PUF, 1975.

[17] No original, *démarche d'attention* [N.T.].

A hipótese bioniana da função alfa na inter-relação mãe-bebê também sugere uma recepção pela mãe das emoções e das anotações que acompanham a experiência vivida pelo bebê.

Para garantir a qualidade necessária a essa recepção, a mãe deveria estar em um estado de devaneio equivalente à atenção flutuante do analista.

O que favorece a instalação da atenção conjunta mãe-bebê é iniciado pela possibilidade oferecida ao bebê de se soltar, com toda a segurança, enquanto a sua mãe empresta sua para-excitação e sua função alfa, favorecendo a instalação de uma barreira de contato. De início, podemos imaginar o bebê transbordado pelas emoções, e depois experimentando o apaziguamento e, talvez, na sequência, uma satisfação epistemofílica de poder pensar...

A criança sabe e, por isso, mobiliza sua atenção em direção aos vértices que completam, modificam ou confirmam suas informações anteriormente adquiridas. Partes de sua atenção voluntária são liberadas pela aquisição de conhecimentos para outras tarefas que vão complexificar as aquisições. Vemos o quanto memorização e projeção no presente e em direção ao futuro estão ligadas. Se o momento presente tem grande importância (conforme mostrado por D. Stern), ele apenas ganha sentido quando relacionado aos parâmetros passados e futuros que lhe dão sentido, porque a criança sabe e adquiriu um certo número de conhecimentos do mundo e de si própria nos vínculos criados com sua mãe. A dupla dinâmica de passado (o que é adquirido pode ser objeto de uma atenção voluntária) e futuro dá sentido ao momento presente. Isso se inscreve em uma narrativa relacional.

A criança autista não pode se apoiar – talvez apenas ocasionalmente em terapia – na ajuda de um objeto, estando desprovida dessa dose de inconsciência e de desatenção[18] que ajuda no relaxamento

[18] No original, *inattentionnel* [N.T.].

e favorece o devaneio e a simbolização. Com os bebês, as microrrupturas às quais permanecemos atentos mantêm-se fortemente ativas, mobilizadoras de uma atenção automática neles consciente, conforme mostrado pelo livro de T. Grandin, que aproveita as especificidades de seu ofício a fim de tirar conclusões acerca do que se tornou um não visto conscientizado para nós. Assim, ela foi convocada como uma especialista capaz de ajudar a captar certos comportamentos animais que deixavam os fazendeiros desconcertados. Mas ela indica o quanto essa atenção permanente às microrrupturas atrapalha a *capacidade* de devaneio e de abstração.

Essas pesquisas sobre a atenção e os níveis de atenção podem nos ajudar a refletir sobre as insônias precoces do bebê, da criança pequena que ainda não construiu a para-excitação que lhe permita deixar sua atrelagem à realidade sem medo de desaparecer. Elas também podem, provavelmente, nos ajudar a pensar em certas formas de insônia ao longo da vida.

V. Guerra, um colega uruguaio, conduz atualmente uma reflexão paralela à minha com crianças qualificadas de hiperativas, cujo sintoma principal é não poder manter a atenção, o que acarreta problemas de aprendizagem de todos os tipos. Vimos o quanto a atenção tem um papel fundamental no crescimento psíquico do bebê: ela permite a diferenciação consciente/inconsciente, a temporalidade primária, a atenção conjunta...

V. Guerra relaciona a hiperatividade das crianças ao falso *self* (Winnicott, 1960). Ele propõe a ideia de um falso *self* motor e parte da constatação de que, nas crianças hiperativas, encontramos um hiperinvestimento dos seus corpos que sustenta o sentimento de *continuidade do ser.* Os próprios pais parecem orgulhosos de apresentá-los como tendo sido bebês muito independentes, rapidamente autônomos, tendo começado a andar precocemente. Eles parecem ter investido essa forma de pseudoautonomia de seus filhos, em particular a autonomia motora, negando a dependência quase absoluta do bebê. Essas crianças parecem não ter podido permanecer tranquilas a não ser diante da televisão, ou seja, diante de uma sucessão de imagens que substituem a sucessividade de ações. Aqui também, os transtornos de atenção parecem implicar um transtorno da continuidade; transtorno compensado pela *continuidade de movimento.* Estamos próximos das pesquisas sobre a autossensorialidade e os procedimentos autocalmantes.

Para resumir meu pensamento atual, eu diria que um emaranhado maleável das atenções que são simultaneamente voluntárias e automáticas sinaliza que para-excitação e barreira de contato estão bem instaladas. A capacidade de devaneio seria uma função da atenção que necessitaria dessa flexibilidade da atenção. É a atenção poética, criativa, que não se deixa enclausurar no incontrolável transbordante ou em uma mecânica do demasiadamente conhecido.

A atenção a si próprio é um indicador do presente da intersubjetividade. No trabalho terapêutico com crianças autistas, essa aliança entre as duas modalidades de atenção é indispensável. Assim, quando for muito difícil mantê-las operando quase simultaneamente por conta das defesas por clivagem ou desmantelamento, nossa forma de atenção deverá ser alternadamente voluntária e automática e incidir sobre eles, sobre nós, sobre as atividades que se sucedem transformando o mundo circundante e nós mesmos.

Traçarei a hipótese de que a especificidade da modalidade de funcionamento de atenção das pessoas na "normalidade" e no autismo seria baseada em "prevalências" diferentes devidas à presença de uma forma privilegiada de atenção em detrimento de outra; em detrimento de seu emaranhado maleável. A hipótese de uma forma de atenção exclusiva no autismo (atenção automática)[19]

---

[19] Parece-me que é praticamente a hipótese subjacente às reflexões de Temple Grandin.

me parece dever ser anulada, pois seria insuportável, impediria o adormecimento e a sobrevivência.

À moda de Bion, que considera que os psicóticos não sonham, pois sua barreira de contato estaria pouco organizada, poderíamos dizer que as crianças autistas – e, em menor medida, as pessoas que apelam à hiperatividade – não podem variar com maleabilidade seus estados mentais. Sua vigília permanente não autoriza o devaneio ou estados de pensamento flutuante. Elas se encontram em um estado de alerta permanente que não lhes permite deixar o controle contínuo de suas sensações, de seus "objetos" sensoriais.

"Soltar-se"[20] é um risco fundamental em sua continuidade própria. Elas parecem não se permitir fazê-lo, a não ser para desaparecer diante de um perigo (desmantelamento). De modo geral, se retomarmos o exemplo de T. Grandin, vemos que a criança consegue se soltar quando se encontra sustentada pela sua máquina, por um equipamento externo posicionado sob seu controle, um aparelho de contenção. Essa necessidade de ser sustentada para não se "escoar"[21] nos faz pensar naquilo que poderia estar em jogo nas modificações da tonicidade corporal. Com suas variações permanentes, contra as quais não podemos fazer nada, o humano mobiliza a vigilância. É assim que compreendo o que F. Tustin e D. Meltzer nomeiam como "a grande sensibilidade dos autistas". Se admitimos a hipótese (cognitivista) de que a criança autista compensa sua dificuldade em utilizar sua atenção seletiva com um estado de vigília excessiva, podemos criar a hipótese de que o terapeuta oferece a ela uma suplência e permite que ela separe momentos de distensão (o estado de tensão não é mais necessário) e momentos de atenção guiada. Talvez seja isso que permita a ela, *minimamente,* se soltar...

---

[20] No original, *lâcher,* no sentido de deixar, largar, soltar-se [N.T.].

[21] No original, *s'écouler* [N.T.].

2. Adesividade, ecolalia e início de reflexividade

Proposição de uma releitura do conceito de adesividade

Antes de expor minhas pesquisas sobre a compreensão de certos processos patológicos na aquisição da linguagem – trabalho essencialmente oriundo da minha prática clínica com crianças pequenas inundadas por um universo interno por vezes desligado, por vezes caótico –, é necessário abordar uma das modalidades de identificação às quais essas crianças recorrem defensivamente. Assim, é possível identificar melhor os processos linguageiros que dela decorrem.

O conceito de adesividade destaca no autismo a falta de projeção que justifica, em uma nosologia psicopatológica psicanalítica, a diferenciação entre autismo e psicose (Ribas, 2008). Com efeito, o que é mais marcante na clínica da patologia autística é o sentimento de ausência de continente, tanto no *self* da criança quanto na sua forma de abordar os objetos potenciais oferecidos pelo ambiente.

Quando se encontrou diante desse tipo de constatação, D. Meltzer (1975) propôs a ideia de uma identificação adesiva (na qual o *self* seria um objeto bidimensional, sem espessura, cuja única forma de vínculo seria a colagem) que preexiste à identificação projetiva. Para essa conceitualização, ele se apoia no trabalho de E. Bick (1968) sobre a pele psíquica e no que ela detalha da identidade adesiva no bebê.

Pode-se constatar que o conceito de adesividade se encontra no centro da reflexão sobre a observação de bebês, em particular no que diz respeito à questão da organização de vínculos e das capacidades de introjeção. Essa questão também é central na clínica com a criança autista, frente a seu não investimento do objeto e à falta de projeção e de introjeção por nós constatadas.

O conceito de adesividade, um conceito heurístico que necessita de um trabalho de diferenciação

Meu foco no conceito de adesividade é provavelmente ligado a uma reticência interna, mobilizando intuições íntimas e leituras teóricas que suscitam uma série de questões.

Minha experiência como mãe e como clínica me persuadiu pouco a pouco de que os bebês nunca estão exclusivamente na unidimensionalidade ou na bidimensionalidade, exceto talvez em momentos de desamparo extremo ou quando adormecem. Por meio do objeto, eles se situam, ao mesmo tempo, nessas duas dimensões e na tridimensionalidade. Para se convencer, basta ser receptivo ao olhar atento que um recém-nascido pode dirigir, em certos momentos, a sua mãe ou ao mundo que o rodeia. Pensar em um "autismo normal" na criança ou em um "estado anobjetal" diz respeito aos efeitos de uma teoria sobre a observação. Como podemos constatar pelas nossas resistências em perceber um certo número de processos, nosso olhar é fortemente influenciado por nossa concepção de mundo. Vemos a partir do que conhecemos, do que sabemos, do que supomos e, é claro, dos afetos que lhes são associados. O mundo é apresentado ao bebê ou à criança por uma mãe que tem uma concepção de mundo implícita, inconsciente e consciente. As diversas versões do mundo que encontramos em nossa vida graças ao aprendizado e aos encontros sociais e afetivos complexificam nossa visão e criam, se tolerarmos, ligeiras discrepâncias, favorecendo novas percepções.

Se o conceito de bidimensionalidade me pareceu rico no trabalho com crianças autistas e psicóticas no que se refere à atrelagem sensorial, incomodou-me vê-lo aplicado no contexto do desenvolvimento normal do bebê. Vimos que M. Mahler e F. Tustin levaram à ideia de que o autismo apenas diria a respeito à patologia.

Em sua proposição conceitual sobre a identidade adesiva, Bick (1968) insiste no fato de que se trataria de um estado de não integração em um estágio muito precoce, no qual o bebê ainda não tem o sentimento de continente-pele. Seria um estado, uma modalidade de ser vivida passivamente, sem criação mental, sem relação de objeto; um estado que necessitaria apenas da possibilidade de colar-se a um aspecto sensorial oferecido pelo ambiente: luz, voz, odor, ou outro objeto perceptível pelos sentidos.

Ainda que o conceito de identificação adesiva[1] do bebê proposto por E. Bick (o qual, nos termos de Meltzer, poderíamos enunciar como bidimensionalidade) tenha sido seguramente heurístico para a compreensão de certas patologias, nunca pude me convencer dessa identificação no bebê que está bem. Estou convencida de que existe, desde a origem, múltiplas potencialidades, já muito complexas, de modalidades de relações.

1 G. Haag (1986) reafirma a recomendação de que se utilize o termo "identidade adesiva", propostob por E. Bick no final de sua vida.

Veremos que, na concepção de E. Bick, a pele psíquica se constrói a partir de um centro, o seio, que agrupa o sensorial. Nessa mesma perspectiva, F. Tustin diz que o seio mobiliza na criança um buquê de sensações internas ligadas ao objeto que esclarece a criança sobre as especificidades do objeto (assim, a diferença já é introduzida no momento de colagem do bebê ao seio). Esse buquê de sensações está no centro da organização das proto-representações, conceito ao qual retornaremos.

Por razões ainda complexas, as crianças autistas parecem incapazes de utilizar o seio como centro que as reúne, ajudando-as a organizar um continente e a se posicionar na dinâmica *continente/conteúdo*. O que está no horizonte, certamente, é tentar compreender melhor como isso ocorre.

D. Meltzer (1985) empregou muito amplamente o conceito de identificação adesiva para pensar um certo número de processos operantes nas crianças autistas. Ao final de sua obra, ele elabora uma hipótese oposta à de E. Bick, a da existência de um conflito estético no bebê por ocasião do nascimento. D. Meltzer (1988, p. 43) fala do conflito estético portador de um enigma, de alguma coisa que escapa ao bebê. Segundo ele, o bebê se interroga sobre a significação do comportamento de sua mãe; sobre o sentido da aparição e do desaparecimento de seu seio, da luz de seus olhos e de seu rosto, sobre o qual as emoções passam como a sombra de nuvens em uma paisagem.

Vemos que a particularidade do conflito estético seria a mobilização, desde o início da vida, da pulsão epistemofílica sob a perspectiva de uma questão essencial referente à interioridade do objeto: daquilo que se passa afetivamente no interior da mãe, mas que transparece no exterior como sinais a serem decodificados, interpretados. Isso é resumido por Meltzer em uma pergunta mobilizada pela questão do belo e do bom, agrupando a pesquisa epistemofílica e as supostas modalidades de pensamento do bebê:

"É tão belo *dentro quanto fora*?". As qualidades do objeto, com o que implicam em termos de suas capacidades de continência, são questionadas: beleza e bondade se confundem. Sob outra perspectiva, isso levanta a questão da teoria elaborada pelo bebê quanto ao que se passa na mente do objeto.

O choque estético do início da vida seria uma experiência resultante do encontro com o objeto, não apenas em nível sensorial, mas já no nível perceptivo, emocional. O visual parece ser muito significativo, dado que uma certa forma de distância está inclusa na visão, embora ela possa, nesse nível de funcionamento, estar associada ao tátil e se intricar ao conjunto das sensorialidades próprias à oralidade.

A beleza do objeto e os mistérios por ele colocados, ligados à forma como o bebê os investe, seriam mobilizadores da movimentação de proto-representações que ligam intimamente sensação-emoção-início de representação. O conflito estético estaria na origem da busca de conhecimento e de verdade na perspectiva da interrogação: "será que minha visão da superfície corresponde à interioridade psíquica?". Esse interesse pelo objeto devido ao investimento deste, incluindo os enigmas colocados por ele, mobilizaria, desde o nascimento, a pulsão epistemofílica, ajudando a fortificar o eu do bebê e, mais tarde, da criança, do adolescente e do adulto. É uma questão que impulsiona em direção ao futuro, não podendo nunca ser satisfeita por uma resposta. Vemos que o objeto se oferece como objeto de investimento e que o bebê participa ativamente do movimento de pulsionalização. Trata-se realmente de um processo de interpulsionalidade. D. Ribas (2002) fala de uma função intricante da mãe. Evidentemente, concordo com essa ideia, mas gostaria de enfatizar a atividade do bebê nesse processo de intricação pulsional e na interatividade que lhe é necessária. A mãe certamente investe o seu bebê, mas o bebê também deve investir sua mãe, sendo capaz de "utilizar" o objeto mãe e de participar ativamente da construção dos vínculos que se tecem entre os dois.

Essa força de um empurrão da pulsão associada a um impulso em direção ao objeto mobiliza o processo de desenvolvimento. Trata-se de uma forma de empuxo pulsional enraizado no corpo, direcionado ao objeto e que impele adiante, em direção ao futuro. A posição de A. Green (2007)[2] quanto à luta pela atrelagem sensorial (forma de defesa essencial para se subtrair da interioridade no autista e nos pacientes operatórios) é muito interessante. Ele fala do recurso à sensação para lutar contra o que pode chegar à psique (em relação ao desconhecido). Não se trata de um evitamento intencional do pensamento, mas de uma forma de estado de alerta que perdura independentemente da resposta do objeto, o que impede a pulsionalização do vínculo mãe-bebê. Vemos que também nesse caso se trata de um processo defensivo, ativo, ainda que não intencional.

D. Meltzer deu continuidade à sua ideia de conflito estético propondo que fosse repensada a organização temporal das posições kleinianas. Segundo ele, a posição depressiva seria anterior, rapidamente seguida de uma posição esquizoparanoide defensiva. Esse ponto de vista me parece, ao mesmo tempo, contestável e interessante.

Interessante pela convicção de que o bebê leva em conta o objeto; entretanto, falar em termos de posição depressiva demanda um posicionamento quanto à definição desse conceito proposto por M. Klein (1953). Seria preciso redefinir sua modalidade de ser, que não pode corresponder à organização de um objeto total investido de forma ambivalente... Entretanto, essa ideia vai ao encontro de uma capacidade do bebê: a de responder apropriadamente e de forma adequada às expectativas normais da mãe; capacidade que pode ser observada em bebês muito pequenos.

---

2 Aqueles que trabalham com pacientes autistas encontram ressonância na sua forma de falar sobre os pacientes psicossomáticos: "É tentador relacionar essa atitude de vigilância captadora com a ideia de uma excitabilidade excessiva, a qual dá origem a um tipo de estado de alerta que vigiaria as formas que ela poderia apresentar à psique" (Green, 2007, p. 49).

É por essa razão que as noções de pulsão epistemofílica, de conflito estético ou de sedução generalizada (Laplanche, 1987) me parecem estimulantes para o pensamento. A partir da sedução generalizada, a criança se encontra mais ou menos mobilizada ou entravada em um trabalho de pulsionalização. À maneira de Janus, cuja face dupla é virada simultaneamente em direções opostas, o bebê está em uma dupla dinâmica devida a seu enraizamento em seu corpo e a essa atração subjetivante. O seu presente está nesse duplo movimento regressivo e progressivo, mobilizador dessas oscilações no cerne de qualquer compreensão psicodinâmica dos processos em curso. Esse dualismo é, sem dúvida, uma versão simplificada dos movimentos múltiplos constitutivos do presente do bebê.

Com certas crianças (particularmente com as crianças autistas), a questão que se coloca é saber o que não pode ser mobilizado e como ajudá-las a fazê-lo. Talvez seja uma perspectiva para abordar a questão colocada pela própria teoria da mente, mesmo que, conforme observamos, falar em "teoria" da mente seja inadequado. Parece-me mais adequado falar à maneira de D. Meltzer, assinalando o questionamento da criança sobre os afetos maternais que mobilizam nela mais uma ressonância emocional que uma teoria, mesmo se postularmos que se trata, aqui, de uma reatividade inata aos movimentos emocionais.

Essa posição de D. Meltzer me permitiu captar melhor aquilo que, até então, me parecia bastante nebuloso no que se refere ao autismo *psicogênico*, tanto em suas ideias e quanto nas de F. Tustin. Efetivamente, eles declaram que essas crianças teriam se confrontado "muito precocemente" com a separação... De que ordem seria essa separação se não há objeto constituído? Separação de tipo "arranque"[3], ligada aos ritmos não respeitados, à inadequação dos ritmos? O que poderia significar exatamente esse "muito precocemente"

3 No original, *arrachage* [N.T.].

em bebês que manifestam sinais autísticos e que deveriam estar em identificação adesiva? Na perspectiva do conflito estético – e, portanto, de um bebê que se confronta imediatamente e simultaneamente com a alteridade e as qualidades de superfície do objeto, defendendo-se, então, em um retraimento[4] adesivo ao objeto –, o problema se complexifica, mas, ao mesmo tempo, a concepção defensiva do "muito precoce" insustentável é esclarecida.

Essa questão da superfície e da interioridade é muito próxima daquela que havia suscitado minhas interrogações diante de crianças autistas e que havia sido, em parte, mobilizadora de minha metodologia de pesquisa. Parece-me que, muito provavelmente, essa questão se situa no centro dos processos de criatividade. Fazer ver o que não pode ser visto, ouvir o que se situa além das palavras, os sons e, dessa forma, construir-se vendo e se vendo. "Refletir" – em todos os sentidos do termo – sobre essa utopia que é o espelho:

> *No espelho, eu me vejo onde não estou, em um espaço irreal que se abre virtualmente atrás da superfície; estou ali onde não estou; uma espécie de sombra que me confere minha própria visibilidade, que me permite olhar-me ali onde sou ausente: utopia do espelho. Mas é igualmente uma heterotopia, na medida em que o espelho existe realmente e tem, no local que eu ocupo, uma espécie de efeito de retorno; é a partir do espelho que me descubro ausente do local onde estou, já que me vejo ali. A partir desse olhar, que de certa forma se dirige a mim, do fundo desse espaço virtual do outro lado do vidro, eu retorno a mim e recomeço a dirigir meus olhos a mim mesmo e a me reconstituir ali onde estou. (Foucault, 1967, p. 116)*

---

[4] No original, repli [N.T.].

Em nossa modalidade de reflexão, é possível que o retorno do olhar para si próprio seja sempre mais ou menos associado a um olhar dirigido ao objeto externo ou internalizado. Veremos que, na constituição da identidade, na organização da reflexividade primária, quem vai devolver ao bebê a sua imagem será a mãe como objeto de pano de fundo, fazendo realidade, para dizer como M. Foucault. Nos olhos da mãe, o bebê se vê onde ele não é, na interioridade e no vínculo com ela. Desse modo, ela indica ao bebê o caminho dos processos de incorporação e de introjeção. Pelo objeto interposto, o trabalho do espelho (bem como o trabalho de ecoização) favorece a exploração de seus próprios estados internos, ao mesmo tempo que introduz a diferença em si mesmo e a diferença em relação ao objeto.

Mas nos primórdios da organização do *self* do bebê, o que se passa com ele?

Identidade adesiva, sentimento oceânico e identificação adesiva nas primeiras experiências de alimentação

Quais ensinamentos sobre esse conceito de adesividade nos são aportados pela observação do bebê?

Retomarei a experiência prototípica da relação com o seio – símbolo da relação com o objeto e, por isso, da relação com si mesmo –, na qual a mãe exerce o papel de espelho primitivo, mas também de objeto transformacional (Bollas, 1989, p. 1181).

Desenvolverei meu ponto de vista apoiando-me em um exemplo: o do início da observação de um pequeno garoto de 37 dias de vida. Ele chora muito, sua mãe pensa que ele está com fome e com o nariz congestionado, e que ele talvez esteja um pouco perturbado pelas férias passadas com a família extensa, fora de seu lar. Ela lhe dá o seio.

Quando Peter está praticamente adormecido no seio, a mãe o retira suavemente, deita-o sobre seu braço e me diz que estava aguardando o arroto. Ao dizer isso, passa lentamente a mão sobre sua barriga para acariciá-lo em um movimento circular. Nenhum arroto vem e a mãe, sem qualquer tipo de impaciência, começa a falar com o bebê, dizendo a ele que íamos terminar de limpar o seu rosto e que ele não iria gostar muito disso.

Ao dizer isso, ela segurava o bebê virado de costas para ela, enquanto ele girava lentamente o rosto para observar o seu entorno, de um modo que me parecia muito atento. Primeiramente, ele me observava, mas como a janela[5] *atrás de mim o intrigava, ele piscou os olhos e virou a cabeça para o lado. Nessa mesma posição, observou durante muito tempo a biblioteca situada à direita da mãe, parecendo-me interessado no contorno feito por uma planta verde que fica no alto e caía pelas laterais, semelhante a uma cabeleira em torno de um rosto. Fiquei impressionada com a força que ele possuía, o que lhe permitia manter a cabeça firme sem que ela recaísse.*

"O que é que o meu bebê está olhando?", pergunta a mãe curvando-se em sua direção. Um pouco mais tarde, ele se fixaria em um reflexo luminoso dos pés cromados do sofá no qual a mãe está sentada. Durante esse período de fixações visuais, ele permanece imóvel, interessado e, por vezes, faz um pequeno movimento de esfregar das mãos sobre as bochechas em direção à boca, mas sem colocá-las na boca efetivamente.

[5] No original, *la baie*, um tipo de janela [N.T.].

Partindo dessa observação, vou chamar a atenção para três momentos constitutivos da experiência de amamentação; três momentos que pude identificar em diversas observações de bebês no seio ou na mamadeira, quando há uma afinação bem-sucedida:

- O primeiro momento é o da desorganização; aquilo que E. Bick qualificou de "desintegração" ligada ao mal-estar e à fome, mobilizando vivências corporais precursoras de angústias (sentidas como perdas de limites, dispersões, quedas...).
- O bebê se mobiliza e instala uma experiência ativa de defesa, colocada a serviço do desenvolvimento. Ele pode, durante um tempo, ter a necessidade de se defender apoiando-se na sensorialidade, em sensações do tipo "produções sonoras" (gemidos, choros) e/ou em atividades motoras (agitações, atos de agarrar-se a roupas, aos cabelos da mãe, a partes de seu corpo...). Quando a espera se revela muito grande para suas capacidades de espera ou quando o bebê apresenta dificuldades específicas, essa "sustentação[6] sensorial" pode tornar-se algo da ordem do "agarramento".[7] Estamos no terreno da identidade adesiva.
- Em seguida, chega o momento da alimentação. Quando a inter-relação mãe-bebê se desenrola bem, como nesse caso, o bebê se mantém no entorno de um centro: o seio. Pouco a pouco, nesse contato íntimo, o agrupamento das sensações carregadas de prazer sensual globalizante termina por criar uma fusão-confusão pele a pele com a mãe, e os limites do bebê se desvanecem na bidimensionalidade, até o sono.

Encontramos aqui, parcialmente, o que Freud afirma sobre o sentimento oceânico,[8] que parece fundamental para a criação artística e para a ligação amorosa. Ele assinala a capacidade de

---

[6] No original, *étayage*, também frequentemente traduzido como "apoio" [N.T.].

[7] É o caso de Karl, o menino cujas produções sonoras serão analisadas.

[8] Ver a correspondência entre Freud e Romain-Rolland.

perder seus limites durante um período mais ou menos longo, de perder-se no outro, de perder-se em um universo, na sensualidade que não é acompanhada de uma angústia significativa que levaria à adesão ao factual. Os artistas falam com frequência de um período de mal-estar e de aumento da tensão antes que um estado particular se instale; estado no qual eles se sentem parte integrante do universo, de suas telas ou da música que criam.

Proponho falar desse segundo tempo, carregado de sensualidades, em termos de identificação adesiva.

Para H. Lichtenstein (1961), nessa interação entre dois parceiros, na qual cada um se considera o único capaz de servir de instrumento de satisfação sensorial para o outro, se constitui um vínculo entre a sexualidade e a emergência da identidade. Nessa relação que implica a sensualidade, nas trocas sensoriais primitivas que ocorrem entre a mãe e a criança, podemos perceber os precursores da sexualidade adulta. Quando tudo corre bem, essas trocas mobilizam um vínculo de tipo comensal (para dizê-lo à moda de W. R. Bion): cada um dos parceiros tira algum prazer disso, recorrendo a ele para se desenvolver. Assim, a solicitude primária das mães ajuda o florescer de seu filho, bem como a sua própria autorrealização psíquica.

Certamente deve-se diferenciar essa atrelagem sensual da atrelagem sensorial, a atrelagem autística às sensações rígidas obtidas pela via do "objeto" autístico.

Essa diferenciação permite pensar melhor a busca de sensações idiossincráticas suaves dos traços autísticos (Tustin, 1984, 1985) ou o desmantelamento (Meltzer, 1975), mais carregados de sensualidade.

Devo lembrar que, para F. Tustin, a criança autista experimenta, essencialmente, duas categorias de sensações: as sensações rígidas buscadas nos "objetos autísticos", sensações que a ajudam a se sentir existente quando há contato com essas sensações, e as "sensações-traços" fugazes e idiossincráticas que organizam e ordenam nossas impressões sensuais sem que tenhamos consciência disso (o que ocorre mesmo na normalidade).

> *Pressione suas costas contra o encosto da cadeira. Isso deixa um traço. Se você se mover, o traço (ou a impressão) se modificará. Esses traços mutáveis e delicados são inteiramente pessoais e peculiares a você. Essas sensações e impressões tácteis parecem fazer parte do seu corpo. Elas não são localizáveis no espaço. Elas estão lá e não estão mais. (Tustin, 1985, pp. 23-24)*

Para D. Meltzer, o desmantelamento do *self* seria um mecanismo de defesa central no autismo, que poderíamos apresentar globalmente como a perda de toda unidade no funcionamento normal, que estaria desde então entregue de forma passiva a um grande número de eventos unissensoriais, não disponíveis à memória ou aos processos de pensamento. D. Meltzer (1975, p. 20) declara que esse procedimento defensivo permite aos sentidos vincular ao objeto o que há naquele instante de mais estimulante, tornando-o portador das sensações mais coloridas, mais cativantes, mais odorantes, mais saborosas, mais delicadas, mais quentes...

Podemos construir a hipótese de que aqui tratamos de duas modalidades defensivas de exploração do objeto que se delineariam nos traços mnésicos fugitivos e no desmantelamento como um objeto difratado. Essa busca de traços autísticos deve provavelmente ser pensada a partir de uma perspectiva de pulsionalização possível a um objeto idealmente carregado de produção de prazer. Encontramos aqui duas modalidades de vínculo a um objeto sensorial: modalidades de vínculo ativas/passivas clivadas com força em uma furiosa busca de delimitação ou na aceitação de fundir-se com o mundo.

Quando a inter-relação vai mal – como na observação de bebês de uma mãe psicótica (Ciotti, 1984) –, o bebê não pode se permitir fundir-se ao universo materno com deleite: ele não dorme, ele se mantém vigilante, agarrado à chupeta, "utilizando-a como um eixo, como se não houvesse outra sustentação possível". Esse bebê permanece em uma identificação adesiva caracterizada pelo agarramento[9] sensorial (da ordem do primeiro tempo do mal-estar ou de um mal-estar elevado).

No entanto, quando tudo se desenrola bem (como no caso do bebê Peter), após um primeiro tempo de identidade adesiva normal, ele passa a uma modalidade de identificação adesiva, passagem na qual a mãe pode exercer seu papel de objeto transformacional, favorecendo integrações no bebê. Ele emerge dessa experiência mudado, transformado.

Se, partindo da identidade adesiva, a criança pode se soltar, abandonar-se no seio para depois abandoná-lo, podemos então observar um terceiro tempo, marcado por uma nova tonicidade e uma grande disponibilidade, uma grande abertura ao mundo. A criança não está mais na bidimensionalidade, nem na confusão entre si e o objeto, mas na tridimensionalidade.

Retorno à diferenciação entre esses dois momentos de adesividade de qualidades diferentes: o da desorganização e o da fusão-confusão do corpo a corpo, do pele a pele. Podemos perceber que se trata de dois momentos de colagem com qualidades diferentes.

O primeiro tempo de colagem é defensivo, uma reação às excitações difíceis de conter; ele é prototípico da experiência de manter a segunda pele. Quando ele se perpetua e invade o campo relacional, nós nos situamos na patologia. Essa modalidade de colagem defensiva faz parte do desenvolvimento normal, mas, quando não é seguida de um momento de segurança, de ligação estreita à mãe,

---

9 No original, *cramponnement* [N.T.].

objeto transformacional, quando ele se perpetua, então nos situamos na patologia. É aqui que se posicionaria a identidade adesiva defensiva e patológica, que mobiliza a atrelagem sensorial e motora e a atrelagem às sensações rígidas.

Como desenvolverei adiante, essa identidade adesiva é provavelmente mobilizadora de uma atenção excessivamente vigilante, não fluida, muito conscientizada. O segundo tempo, contrariamente, é estruturante, carregado de confusões bem-aventuradas, favorecedor da integração do objeto no eu(*moi*).

Para retomar meu ponto de vista de forma sintética, eu diria que, com o conceito de adesividade, nos situamos em uma dupla dimensão: a da identidade adesiva por colagem às qualidades de superfície do objeto e a da identificação adesiva preparatória para o vínculo e o interesse pelo objeto e pelo mundo. Para todos, essas duas modalidades de funcionamento psíquico podem se manter parcialmente ou ressurgir ao longo da vida.

Um apelo massivo à identidade adesiva seria um sinal de patologia, da presença de "enclaves autísticos" (Tustin, 1990) se manifestando por modalidades de atrelagem diversas: sensorial, motora, e até mesmo intelectual. Esse apelo frequentemente se expressa de forma manifesta na adolescência, por meio de escarificações que aliviam, de comportamentos que acabam com a tensão, da atrelagem a certas sensações (entre as quais a fome, no caso do anoréxico).

A outra qualidade da perda dos limites de si pode ser reexplorada na ocasião das relações sexuais, de momentos de felicidade extrema, no ato de criação. Pode ser o caso de momentos de êxtase[10] estético, sensual ou místico durante os quais nos perdemos na qualidade do

10 Na adolescência, essa experiência de grande intensidade pode ser facilitada pelo uso de drogas; essa experiência pode, por vezes, mobilizar em direção à criação, mas também provocar mudanças catastróficas que levam os adolescentes a mergulhar novamente na identidade adesiva.

mundo. Pode ser uma experiência passiva que, em certos aspectos, se assemelha a um momento de desmantelamento (Meltzer, 1975). Os limites de si, do outro, do mundo, desaparecem momentaneamente. Estamos no universo. Essa experiência é muito próxima do que descreve M. Milner (1979) quando aborda a criatividade como "aptidão a tolerar uma perda temporária de sentido de si".

> *Na arte visual, o momento estético é esse instante fugaz – tão breve que é quase atemporal – em que o espectador se encontra em harmonia com a obra de arte que observa ou diante de uma realidade tal que o espectador percebe como arte, tanto pela forma quanto pela cor. Ele cessa de ser o seu eu(moi) ordinário [ordinary self], e o quadro, a construção, a estátua, a paisagem ou a realidade estética não permanecem exteriores a ele por muito tempo. Os dois tornam-se uma entidade; o tempo e o espaço são abolidos e o espectador se sente habitado por um conhecimento único. Quando recobre sua consciência de todos os dias, é como se tivesse sido iniciado à iluminação dos mistérios criadores. (Milner, 1979, p. 848)*

Esse segundo momento da identificação adesiva é estruturante, carregado de confusões bem-aventuradas, favorecendo a integração do objeto no eu(*moi*) e a abertura para a diferenciação eu/não eu, abertura ao espaço e à separação. Nesse momento, um trabalho de elaboração pode ser efetuado. Não se trata de modalidades defensivas, mas desenvolvimentais, transformadoras do vínculo com si mesmo e o mundo. Dele vou falar em termos de identificação adesiva.

Podemos considerar a existência de uma identificação adesiva normal constitutiva do sujeito, da mesma forma que W. R. Bion falava de uma identificação projetiva normal. É por isso que concordo com a ideia proposta por E. Bick, segundo M. Haag (2002), de uma "posição adesiva" ao longo de toda a vida, opondo-me à denominação "posição autística" de D. Marcelli (1983). Parece-me que o termo "autismo" deve ser decididamente reservado à patologia e que o absurdo de um "autismo normal", com tudo que sabemos sobre os bebês, deveria fazer esse vocábulo caducar. Por outro lado, concordo com D. Marcelli quanto à ideia de que processos de funcionamento de tipo autístico são encontrados na normalidade e se mantêm ao longo de toda a nossa vida. Isso vai na direção da ideia de uma heterogeneidade de funcionamento ativo ao longo da vida. Em relação ao conceito de posição adesiva, ainda há algo a ser precisado.

Ainda na lógica do desenvolvimento anterior, acrescente-se que, a meu ver, seria importante diferenciar, nos primeiros tempos da vida e na sua sequência, a identificação adesiva por colagem às qualidades de superfície do objeto – que não permite (ou permite pouco) o trabalho de incorporação e de integração – e a identificação adesiva que, longe de se revelar inibidora da pulsão epistemofílica, se revela integrativa de novas experiências.

Uma delas aponta para um movimento defensivo; a outra é um movimento de revitalização[11].

Esse duplo movimento defensivo-criativo corresponde ao duplo movimento presente em nível linguageiro. As produções sonoras podem permanecer enrijecidas, ligadas a situações dadas ou, na relação com a mãe, ser utilizadas em modalidades transformativas do vínculo, de si e do outro.

---

[11] No original, *ressourcement* [N.T.].

As respostas que podem ser dadas a esses questionamentos reorganizam nossa apreensão do desenvolvimento humano e da clínica com crianças autistas e psicóticas:

- A bidimensionalidade é uma etapa obrigatória no desenvolvimento humano ou um processo fluido de construção/desconstrução defensivo ou não?

- Quando lidamos com objetos autísticos ou com traços autísticos, deve-se pensar da mesma forma a atrelagem às sensações, sejam elas *sensações rígidas* ou delicadas? O espaço "turbilhonário", do qual fala D. Houzel (1987), instalado ativamente apesar da angústia de queda que a ele pode estar associada, seria uma forma de se cortar de si, do outro, e/ou uma forma de introduzir um objeto em si menos ameaçador, graças à fluidez do mundo autocriado?

Nas crianças autistas, no meu ponto de vista, não há unicidade de organização espaço-temporal. Nunca vi nem ouvi falar de tratamentos nos quais as crianças autistas se mantiveram sempre no mesmo nível de funcionamento em uma mesma sessão (sempre em adesividade, por exemplo). O desmantelamento autístico, nos casos muito defendidos, já designa algo "aquém" da bidimensionalidade. Nos casos que acompanhei, pude verificar que a tridimensionalidade está sempre presente de forma intermitente, mesmo nos casos em que não conhecemos a criança e, no início do tratamento, somos aspirados a seu funcionamento como em uma colagem.

Para sintetizar, diria que o espaço e o tempo no qual evoluem essas crianças não são unívocos. Eles se modificam em função do que está em jogo para elas, podendo variar em suavidade ou ser carregados de descontinuidades, provocando sensações de queda.

O que ocorre no nível *das produções orais*, sonoras? A ecolalia, como geralmente a chamamos, deveria ser posicionada majoritariamente na bidimensionalidade?

Trata-se de mimetismo puro ou ali já haveria imitação? No primeiro caso, estaríamos na bidimensionalidade e, no segundo, na tridimensionalidade. O som não pode jamais ser restituído sem elaboração nem variação? Isso dificilmente me pareceria concebível. O timbre da voz de uma criança não é o mesmo de um adulto, e as crianças não tentam imitar tonalidades adultas. Se é o caso, estaríamos mais na psicose que no autismo. Além disso, não se produz jamais um som sem que sejam mobilizadas nossas sensorialidades e produzidos efeitos sobre nós.

Para refletir sobre essas questões, proponho um desvio por uma retomada do mito de Eco e Narciso, distinguindo duas modalidades simultâneas de funcionamento, de abertura potencial do espelho.

Eco e Narciso, modalidades de agrupamento das sensorialidades pela percepção

A organização da reflexividade passa pela mãe (o espelho nos olhos da mãe, em Winnicott, e, mais tardiamente, o espelho como a forma primordial da "assunção do eu(*Je*)" no reconhecimento que a criança tem de sua própria imagem, em Lacan).

Mas o espelho materno é polissensorial e motor, se é que posso ousar me expressar dessa forma. O mito de Eco e Narciso, por exemplo, sinaliza que ele passa tanto pelo som quanto pela visão e pela motricidade. Quando a inter-relação é inadequada, seja o problema proveniente da mãe, da criança ou das circunstâncias, o apelo da criança encontra o vazio ou o inacessível, tornando-se eco.

O eco é o traço de um apelo que fracassou, mas existiu. Ele é a repetição, frequentemente ininteligível, do movimento em direção ao objeto experimentado como impenetrável, ausente ou inacessível, não sendo, assim, passível de investimento pela criança. O apelo de uma Eco por muito tempo invisível chega a Narciso e o faz temer o encontro inesperado com uma parte dele que fora evacuada. Estamos diante de uma relação de superfície, de reflexo, na qual a profundidade revela-se mortal. Como não se abrir muito rapidamente à profundidade abissal traumatizante e funesta, destrutiva? Não dizemos que as crianças autistas teriam tido consciência da separação cedo demais, enquanto ainda não podiam assumi-la?

Trabalhou-se muito o mito da aventura narcísica no sentido do amor a si próprio ou sua própria imagem, conduzindo ao fechamento psíquico, à impossível alteridade.

Freud também o desenvolveu como um "estado do desenvolvimento necessário na passagem do autoerotismo ao amor de objeto" (Freud, 1909, pp. 10-11). Em 1911, em uma nota a *Formulações sobre os dois princípios do funcionamento mental*, ele complementará: "contanto que se acrescentem os cuidados da mãe" (1909, p. 14).

Todo mito é complexo e propõe variações. O aspecto traumático do mito é pouco abordado; o fato de Narciso ter nascido do estupro de Liríope (rosto de nenúfar) por Cefiso (rio do jardim) foi pouco abordado ou, em certas variações, Narciso teria uma irmã gêmea pela qual sentia um amor profundo. Essa irmã gêmea morta muito cedo o deixará desesperado... Vou abordar, de forma indireta, os aspectos traumáticos do duplo (semelhante-diferente) perdido. R. Kaës (2008) contempla, em sua obra *O complexo fraterno*, esse luto impossível da irmã gêmea por Narciso, e as tentativas de resolução desse luto na duplicação narcísica, na duplicação sexual e na bissexualidade.

Em minha leitura do mito, vou insistir no que pode representar Eco, que trabalho tanto como um duplo de *si materno* quanto como uma parte de si a ser introjetada. Se levarmos sua irmã gêmea em conta, vemos que a bissexualidade psíquica também pode ser questionada, como indicado por R. Kaës.

Sabe-se que Eco é privada por Hera – provavelmente invejosa – da possibilidade de falar por conta própria. Ela é então condenada a poder apenas duplicar os sons, repetir as palavras escutadas, sem nunca poder começar uma frase. Não estamos diante de uma situação de rivalidade mãe-filha, mas de violência fundamental (Bergeret, 1984): uma ou outra.

No mito, Narciso vaga perdido; Eco se apaixona por ele e o segue. Poderíamos falar da identidade adesiva de Eco, mas também de suas produções sonoras e de seu comportamento motor. Ela vai aonde os passos de Narciso a levam. O nome de Eco deriva da palavra *eikôn*, "imagem", encontrando-se, portanto, etimologicamente ligado, contrariando todas as expectativas, à ideia de reflexo visual. Concordo veementemente com Lichtenstein (1976), que acredita que o termo de "espelho" privilegia demasiadamente a parte visual da experiência. Parece-lhe que as modalidades primitivas de "reconhecimento somático" descritas por Mahler constituem uma espécie de experiência de reflexo no espelho, mas a "imagem" de si que o espelho produz ocorre na primeira idade, nessa fase que antecede aquela em que as imagens são formadas configuradas em respostas motoras e sensoriais, e não em percepções visuais. Esse é um ponto importante, pois essas respostas sensoriais configuram simultaneamente uma primeira alteridade no mundo e uma primeira identidade definida no mundo.

Nós nos situamos no nível da constituição de um conhecimento pela reflexão (nos dois sentidos do termo) de um saber por agrupamento, pela ligação das sensorialidades. Esse conhecimento pela reflexão, saber pelo "ver" que engloba a visão, que revela a beleza na qual Narciso mergulha, beleza interna refletida pelo e no reflexo direcionado ao mundo pela via da onda. Esse *choque estético* não deixa de remeter aos momentos de fascinação vividos pelos bebês em contato com o mundo e com o objeto materno. Eco é fascinada por Narciso, um outro diferente, um rapaz cuja identidade sexual ainda é imprecisa. Podemos ler esse momento de sedução amorosa como uma forma de abordagem da difícil escolha da identidade sexual na adolescência.

Apesar de não estar autorizada a repetir nada além das últimas palavras dirigidas a ela, Eco encontra, no entanto, uma possibilidade de se comunicar: enquanto ouve um barulho, Narciso exclama: "Não há alguém aqui?", e Eco responde "Aqui alguém".

Como uma coisa leva a outra, de *quiproquó* em *quiproquó*, a jovem ninfa acaba se aproximando de Narciso, e quando Narciso diz "Reunamo-nos", ela responde "Unamo-nos". Nessa forma de captação fascinadora na qual ela é, ao mesmo tempo, submetida e agente, Eco é, portanto, muito mais ativa do que poderia parecer.

É como se no seu vínculo com Narciso já estivesse incluso o nível da bissexualidade psíquica[12] (seu gêmeo idêntico, mas diferente) e, como pano de fundo, o que permite a sua integridade identitária (a união das sensorialidades que nos permitem discernir os mundos externo e interno: perceber um objeto como exterior necessita da percepção por pelo menos dois canais sensoriais). Quando somos massivamente captados por sensorialidades dispersas, como as crianças autistas, quando a cossensorialidade não é colocada em prática, seu movimento de braço mergulhado na água encontra

---

[12] É interessante observar que o mito bíblico possui muitas características que o aproximam da leitura que faço do mito de Eco e Narciso. Com efeito, aspectos separados de um mesmo ser também se reúnem, se ligam após terem sido separados para sair da confusão. Deve-se notar que, nas traduções francesas, é dito frequentemente que Eva veio de uma costela de Adão, enquanto o texto hebraico declara que Eva é uma costela de Adão. Dessa separação vertical de duas metades do corpo nascem dois seres. É interessante notar que Adão e Eva são expulsos do jardim do Éden exatamente quando descobrem sua nudez em um movimento de *reflexividade e de individuação*. O fato de se reconhecerem separados pode dar lugar a um vínculo sexual, cujo traço é guardado pela imagem simbólica da simetria das duas metades da maçã guarnecidas de sementes.

apenas o vazio, o traumático: o estupro de Liríope (rosto de nenúfar) por Cefiso (rio do jardim) e o afogamento no visual tátil. A percepção organizadora deve nascer da união das sensorialidades, e o traumático – esse vazio pelo excesso ou pela ausência – deve ser ultrapassado. Uma nova flor, desconhecida até então, nasce no mito, uma flor que anuncia a primavera.

No entanto, e é nisto que insistirei, se a ninfa Eco se deixa morrer assim como Narciso, talvez seja para que outra coisa nasça. O inacabamento corresponde aqui a uma passagem iniciática, a uma crise na qual uma parte do sujeito morre, podendo, porém, renascer transformado, caso a crise seja organizada como conflito.

É provável que a ninfa Eco e Narciso possam deixar-se morrer enquanto nascem potencialidades de subjetivação ligadas ao objeto diferenciado e introjetado. Graças a essa energia da reflexividade, a exigência de verificação dos próprios contornos, do objeto e do mundo circundante pelo mundo sensorial torna-se menos massivamente necessária. O trabalho do sonho torna-se um modelo da capacidade de pensar sobre si próprio mantendo uma certa distância. A assunção jubilatória da criança no espelho faz sair da fusão-confusão, reúne as sensorialidades de forma ainda mais bem construída, complexificada. A beleza na qual mergulha Narciso pode se tornar sua beleza interna e a do objeto parcialmente refletida pelo mundo circundante? Essa organização da sensorialidade em percepção provavelmente nos torna menos sensíveis às percepções extremas vividas pelas crianças muito pequenas, pelas crianças autistas e psicóticas, pelos artistas.

O mundo se organiza e pagamos o preço por nossas zonas de cegueira, o que foi qualificado como "cegueira por desatenção"[13] a partir das pesquisas de Mack e I. Rock,[14] T. Grandin (2006).

[13] No original, *cécité inattentionnelle* [N.T.].

[14] Experiências sinalizam que os humanos geralmente não percebem aquilo que não esperam ver. Assim, uma experiência com pilotos de linha da NASA consistiu

Se na patologia ou nos momentos de crise a água pode se fechar contra Narciso e engoli-lo em seu reflexo sem que a profundidade possa ser descoberta, no reflexo e no eco existem geralmente os primeiros encontros, as primeiras modalidades potenciais de reflexividade: os reflexos sonoros ou visuais são precocemente de si/do outro. Como nos diz Freud (1923) em "O eu [*moi*] e o isso [*ça*]": "A percepção é para o eu o que a pulsão é para o isso!". Nosso eu se constrói pela diferenciação com o objeto e se enriquece com todas essas partes por muito tempo dissociadas.

Outros questionaram, porém, a opinião predominante, postulando que as produções em eco são realizadas de forma automática, com muito pouca ou nenhuma intenção de comunicação. Contrariamente, os pesquisadores atuais sugerem que algumas formas de produção em eco são emitidas intencionalmente. Proponho-me a falar do trabalho psíquico de ecoização.

No mito grego, Eco chora ao ser rejeitada por Narciso. Ou ela chora, ou está tagarelando sem parar. Conforme mostrarei, as crianças em modalidades de funcionamento adesivo como Ève são confrontadas com isso. Crianças que, sem saber chorar, choram uma parte delas mesmas com a perda do objeto materno. Elas são tomadas no eco longínquo do vínculo com seus objetos perdidos. Na ocasião de um luto, alguma coisa dessa ordem permanece sempre ativa em nós, e os poetas não cessam de repeti-lo:

Lorsque les choses plus ne sont
Qu'un souvenir de leur frisson
Un écho de musiques mortes

---

em, após fazê-los efetuar aterrissagens de rotina em simulações de voo, posicionar na pista de aterrissagem uma grande aeronave, algo muito improvável na vida real; 25% dos pilotos aterrissam em cima dela. O essencial de suas pesquisas referia-se à visão, mas descobertas preliminares levaram-nos a afirmar que a cegueira por desatenção concerne também ao toque.

Demeure la douleur du son
Qui plus s'éteint plus devient forte . . .
(Louis Aragon, 1965)[15]

A partir da constatação de que existe na criança normal um modo analítico e um modo global (estilo *Gestalt*) de aquisição da linguagem, B. Prizant (1983) aproxima o estilo *Gestalt* da comunicação autística na ecolalia, comunicação que não leva em conta os aspectos analíticos da linguagem. A *ecolalia* diferida é certamente um exemplo de um processo de *Gestalt* resultando de um esforço para reportar as formas completas que foram escutadas anteriormente em situações similares (p. 302). A partir dessas observações, ele levanta a hipótese de uma possível continuidade entre ecolalias e linguagem espontânea.

Essa pesquisa foi utilizada por J. Nadel e A. Peze (1991) em uma perspectiva de tratamento e de pesquisa. O estudo dos autores acerca da evolução da linguagem em uma criança autista confirma as contribuições de B. Prizant. Suas interações a partir das ecolalias permitiram que se relacionassem com a criança em um processo terapêutico.

Trabalho de ecoização e de reflexividade

Sabe-se que, na normalidade, as sonoridades de conivência[16] são repletas de repetições, sendo enviadas pelos pais como *feedback* da música e das produções sonoras de seus bebês. As mães solicitam seus bebês por meio de formulações repetitivas, as quais

[15] Estrofe da canção "C'est si peu dire que je t'aime"; poema de Louis Aragon com música de Jean Ferrat ("Quando as coisas não são mais/ que uma lembrança de sua vibração/ Um eco de música morta permanece/ a dor do som/ que quanto mais se desvanece, mais forte se torna) [N.T.].

[16] No original, *bruitages de connivences* [N.T.].

são demandas diretas de comunicação. A estimulação verbal e sua repetição desencadeiam diretamente os primeiros fonemas e sorrisos da criança, os quais são imediatamente reforçados pela mãe. Já em 1969, G. Wyatt insistia quanto aos *feedbacks* do adulto, que devem seguir imediatamente a produção da criança e, sobretudo, permanecer próximos dela.

C. Trevarthen (1974) insiste na reprodução, por parte das mães, dos movimentos dos lábios e de mímicas do bebê. Segundo ele, desde os dois meses, a criança apresenta uma forma rudimentar de fala, constituída por movimentos dos lábios e da língua, com ou sem vocalizações, e acompanhada do olhar e da gesticulação dos membros inferiores. As mães entendem esses comportamentos como tentativas de comunicação e brincam de imitá-los, respeitando a alternância conversacional.

Quanto às imitações vocais, faciais e gestuais dos bebês, M. e H. Papousek e M. H. Bornstein (1985) consideram que estas oferecem um verdadeiro "espelho biológico", que os conduz a reproduzir mais ativamente suas próprias produções a fim de que sejam imitadas pela mãe. Em 1981, T. Cross et al. consideraram que o melhor preditor do desenvolvimento linguístico seria a quantidade de enunciados maternais em conexão com os da criança. As pesquisas atuais confirmam isso, o que justifica a hipótese de que um fator primordial da regulação das vocalizações e de sua orientação em direção à linguagem verbal seria o ajustamento, no sentido da *responsiveness* materna (Shirley Vinter & Charles Bried).[17]

Por meio desses trabalhos, vemos claramente que o primeiro modelo da ecolalia por imitação é dado do adulto ao bebê. Diversos estudos mostram que é a mãe que imita a criança e cria a ilusão de comunicação, como na ocasião dos duetos de vocalização do

[17] V. Shirley e B. Charles, "A avaliação das produções vocais da criança: uma indicação de implantação precoce", intervenção no Colóquio Orage, Laboratório de Fonética, Université de Franche-Comté, 1998.

primeiro semestre. De maneira mais ampla, o conjunto do diálogo mimético que ocorre desde o início da vida por meio dos ajustamentos e das retomadas recíprocas das mímicas, dos gestos, das posturas entre a mãe e o bebê se baseia na reprodução, na repetição. A mãe "compreende" (não apenas no sentido intelectual, mas no sentido etimológico, "tomar em si") o que se passa com o seu bebê. É a base do "faça e compreenderá", no qual a função elaborativa, a função de ligação se inscreve na organização motora em si.

A atividade motora, mesmo para pessoas bem secundarizadas, é uma via de passagem em direção à figuração; contudo, para se chegar à figuração é indispensável a passagem pelo outro, passagem pelo outro com retorno em direção a si próprio, com a possibilidade de incorporação ou introjeção, segundo os níveis de funcionamento. Não é a passagem ao ato, mas pelo ato, a qual favorece uma elaboração futura.

Trata-se, na verdade, de todo um trabalho de exploração, de experimentação pela imitação do que se passa em seu bebê. Efetivamente, ao imitar seu bebê, tanto a mãe quanto o pai exploram desde o interior o que essas produções sonoras e gestuais produzem neles, e imaginam o que aquilo pode produzir no bebê. Para um adulto, comunicar-se com o bebê significa, com frequência, imitá-lo: abrir a boca com ele quando a colher se aproxima, repetir as sonoridades emitidas pelo bebê da forma mais próxima possível, modulando-as. Trata-se, aqui, de processos de ligação ativos e lúdicos, que propõem ao bebê um modelo de incorporação, de organização pulsional e de despertar da pulsão epistemofílica por intermédio da repetição e da imitação em espelho, fazendo eco a "pré-jogos".

Na normalidade, sabe-se que, com crianças pequenas, as sonoridades de conivência são carregadas de repetição, as quais os pais devolvem por meio de *feedback* à música e às produções sonoras de seus bebês. As mães solicitam seus bebês por formulações repetitivas, as quais são demandas diretas de comunicação. Conforme vimos, a estimulação verbal e sua repetição desencadeiam os primeiros fonemas e sorrisos da criança, os quais são imediatamente reforçados pela mãe. É a mãe que imita a criança e cria a ilusão de comunicação, como na ocasião dos *duetos de vocalização* do primeiro semestre.

As ecoizações maternas que refletem para o bebê seus próprios estados de espírito não correspondem jamais ao modelo inicial, mas estão marcadas pela diferença daquele que as recebe e as repete.

Isso permite ao bebê explorar a diferença e, adicionalmente, uma mensagem fundamental na construção do psiquismo humano: ao mesmo tempo que as produções sonoras são propostas em espelhamento, a mãe introduz sua diferença e indica à criança que é ela que se posiciona como duplo da criança. Ela também indica, portanto, que podemos explorar os estados do outro desde o interior, bem como a possibilidade de explorar, pela identificação, seus próprios estados, ao incorporar e introjetar sua mãe em si. Aquilo que eu disse a respeito do eco é válido para o mimetismo.

Esse trabalho de ecoização é uma forma de espelho para a criança, no qual ela decodifica, por meio da gestualidade e das sonoridades a ela associadas, as emoções primitivas que a atravessam e as de sua mãe.

Ao mesmo tempo que a mãe introduz uma distância entre ela e a criança, entre uma emoção sentida e o seu reflexo transformado por ela, atenuando-a ou exagerando-a, ela ensina à criança o jogo de "si consigo mesmo", visto que ela mesma retoma diversas vezes os mesmos sons ou os mesmo gestos, brincando de modular suas produções em uma gama afetiva.

Assim, por suas ecoizações de todos os tipos, a mãe propõe à criança sua diferença sob a roupagem do igual. Suas ecoizações fazem o bebê compreender aos poucos que o objeto externo não é apenas fonte de satisfação ou de frustração, mas um objeto animado que possui uma interioridade, uma subjetividade.

De maneira mais ampla, todo espelho e todo ato de se olhar no espelho mobilizam as questões da identidade primária, as confusões de identidades, as angústias de perda da identidade (principalmente como é visto na adolescência, sobretudo na anorexia). Mas também podemos constatar, em tenra idade ou após um choque, que quando uma segurança de base é instalada e as angústias se apaziguam, o reflexo no espelho mobiliza processos de organização e de conservação da identidade. Se não, nossa identidade que não foi suficientemente construída no interior deve se confrontar com o exterior permanentemente. Então deparamos com a eterna busca para saber quem somos, se somos amáveis ou monstruosos.

A importância dessa relação primária em duplo com a mãe se deve ao fato de que esta, por uma verdadeira espécie de delegação, por conta da segurança dos ritmos relacionais instalados, poderá servir de para-excitação, favorecendo a entrada no sono, fazendo relaxar a elevada vigilância quanto aos estímulos externos e internos. Se essa delegação não ocorre, o bebê não pode deixar sua vigilância, como vemos nos bebês abandonados ao nascer, apesar da atenção cuidadosa das enfermeiras. A etapa indispensável no caminho de si a si próprio depende da resposta de um objeto e de um certo número de questionamentos quanto a sua interioridade. Aqui, deparamos com nossa reflexão quanto ao conflito estético, o significante enigmático e seus tropismos.

Assim, pode-se dizer que o bebê impõe um trabalho psíquico a sua mãe e que a subjetividade dessa mãe impõe um trabalho psíquico ao bebê.

Estamos, desde já, no campo da intersubjetividade e da interpulsionalidade. A intersubjetividade é aquilo que experimentamos dos sinais que correspondem à pulsão do outro, e que favorece o surgimento de uma pulsão recíproca que também modula a pulsão já existente, o que, em troca, vai ao mesmo tempo investir, transformar o objeto e favorecer a reflexividade. Se essa dinâmica de interpulsionalidade organizadora fracassa porque a preponderância da pulsionalidade de um prejudica o destino pulsional do outro, surge uma forma negativa da interpulsionalidade, a transpulsionalidade. Aparecem, então, dispositivos antiobjeto, tornando-se dispositivos antipensamento e compensando, de forma defensiva, a impossível cocriação do *sentimento de continuidade do ser* da criança pela díade mãe-bebê.[18]

Eu diria que a interpulsionalidade mobiliza a ligação e o investimento do objeto enquanto a transpulsionalidade, carregada em criptas, transmite o desligamento, a desintricação pulsional e a desobjetalização.

No trabalho com crianças ecolálicas, me pareceu importante apoiar-me em suas produções, ricas em dados e em potenciais mudanças internas e relacionais.

Vamos verificar, por meio de dois casos de crianças com grandes dificuldades psíquicas, o que há em um mundo sem eco algum, e em um mundo onde a repetição do eco (encordoamento das palavras) desaparece em benefício das primeiras interiorizações com a aparição de palavras redobradas (palavras siamesas), precursoras de palavras separadas. Antes disso, porém, é preciso questionar as modalidades representativas dessas crianças.

---

18 Nos situamos no vínculo de *response-inability*.

3. Do modelo da representação da primeira tópica ao modelo pulsional da segunda tópica

A metapsicologia freudiana associa a capacidade de verbalização à topologia da consciência e à forma das *representações*.

Muito antes de orientar suas pesquisas em direção àquilo que se tornaria a psicanálise, já em seus trabalhos sobre a afasia, S. Freud (1891) utilizou o conceito de representação. Concebeu, então, a distinção entre representação de coisas e representação de palavras, e o estudo da aparente amnésia da histeria conduziu-o à noção de recalcamento da representação. A noção de representação é central para Freud, enquanto o modelo bioniano do pensamento dá ao afeto o lugar central; à emoção, na verdade: os vínculos entre os objetos internos, entre o *self* e os objetos externos são vínculos emocionais.

Com a construção da teoria das pulsões, que assume o lugar que inicialmente era ocupado pelo princípio de prazer, a noção de representação se torna, progressivamente, um elemento que faz parte de um sistema complexo na primeira tópica. S. Freud concebe a hipótese de uma forma de representação "inconsciente", cujo suporte seria o traço mnésico. O investimento pulsional (o representante da pulsão) que se associa a esse traço mnésico conduz à representação consciente. Quanto à "representação inconsciente", apesar do termo, não se trata exatamente de uma representação que se refere a uma coisa da qual ela seria o "traço": a passagem ao estatuto inconsciente leva a uma perda de referência. Reencontrar a representação, achá-la, necessitará de todo um trabalho psíquico de reconstrução e até mesmo de desconstrução psíquica.

A construção da representação resulta de um duplo movimento: aquele que vai da percepção aos traços mnésicos, fundamentos das representações inconscientes, e aquele que resulta do investimento pulsional e que dá à representação o estatuto de representante da pulsão. A. Green o explica em termos que não deixam qualquer espaço para contestação: para a representação inconsciente, existe um duplo sistema de representação. Vindas do mundo exterior, há as representações de coisas e de objeto, capazes de trazer a satisfação. Advindo do corpo, é o representante psíquico da pulsão que exige a satisfação. Assim, a coisa ou objeto representado é aquele que satisfaz a pulsão; a própria pulsão se faz representar por seu representante psíquico. Eis sua conclusão:

> *A representação inconsciente é constituída por uma mistura, uma associação, um amálgama formado pelo investimento por meio do representante psíquico, vindo do corpo, e pelo representante de objeto, vindo do mundo. (Green, 1995, p. 41)*

Essa formulação (como a definição proposta por J. Laplanche e J.-B. Pontalis em seu *Vocabulário*, em 1973) leva a pensar que toda representação satisfaz uma "exigência de satisfação" do representante psíquico da pulsão.

Na maior parte das vezes, entretanto, S. Freud adota uma posição dialética, deixando transparecer as contradições e as incertezas do ponto de vista pelo qual ele opta. A representação pode ter como efeito distanciar a satisfação pulsional quando tem como função constituir uma experiência virtual que permite diferir ou suspender a ação (1911a).

Um outro campo de estudos da representação é aquele que aborda a sua origem. Essa questão pode ser colocada de forma abstrata, fora de qualquer consideração genética, como o estado primeiro de uma experiência. Segundo R. Roussillon (2007), a primeira urgência da psique é, sem dúvida, conforme declarado por Freud em 1920, estabelecer um domínio sobre a experiência: captá-la, ocupar-se dela; nesse primeiro nível, isso não quer dizer compreendê-la, mas mais especificamente evitar que ela seja transbordante. É necessário, portanto, ser capaz de vivê-la, suportar vivê-la e inscrevê-la em si. Ser capaz de não desenvolver de imediato defesas contra a experiência em si ou seu caráter desorganizador. É apenas quando a experiência foi inscrita dessa forma na subjetividade que a questão de sua integração, de sua introjeção, poderá ser colocada. Para que esse controle da experiência possa se efetuar, é necessário que um certo número de condições do ambiente seja satisfeito.

Esse "controle da experiência"[1] é efetuado pelo adulto ao utilizar predominantemente a representação pelo pensamento verbal, enquanto o bebê, que não dispõe dessa capacidade de codificação simbólica do que sente, inscreve-a em si próprio sob formas pré-simbólicas cuja natureza é enigmática.

P. Aulagnier foi a primeira psicanalista a abordar o problema da construção de representações. Sua definição utiliza uma comparação biológica:

> *Por atividade de representação entendemos o equivalente psíquico do trabalho de metabolização próprio à*

1 No original, *ressaisie de l'expérience* [N.T.].

> *atividade orgânica. Esse último pode ser definido como a função pela qual um elemento heterogêneo à estrutura celular é rejeitado ou, inversamente, transformado em um material que se torna homogêneo a ela. Essa definição pode ser totalmente aplicada ao trabalho que é operado pela psique, com a diferença de que o elemento absorvido e metabolizado não é um corpo físico, mas um elemento de informação. (Aulagnier, 1975, pp. 25-26)*

Ela formula a hipótese de que, inicialmente, o bebê se encontraria em um modo "originário" de vida psíquica por um breve período (é importante notar que a aparição dos processos primários e secundários em seguida não faz esse primeiro modo de relação desaparecer, e que segue a atividade que lhe é própria).

O *corpo* está na origem dos estímulos que "alcançam a mente" (Aulagnier, 1975, p. 46) por conta da exigência imposta pela pulsão ao aparelho psíquico:

> *O trabalho demandado ao aparelho psíquico consistirá em metabolizar um elemento de informação proveniente de um espaço que lhe é heterogêneo em material homogêneo à sua estrutura, a fim de permitir que a psique represente o que ela quer experimentar de sua própria experiência. (pp. 46-47)*

Desse modo, Aulagnier introduz, na representação originária, "uma vontade de escolher experimentar"[2]. Essa atividade de representação aparece na ocasião do encontro entre um órgão sensorial e um objeto exterior, e obedece ao seguinte postulado:

---

[2] No original, *une volonté de choix d'éprouver* [N.T.].

> *A representação pictográfica desse encontro tem como particularidade ignorar a dualidade que a compõe. O representado se oferece à psique como apresentação dele mesmo... A representação é então "apresentação" da psique para a psique, autoencontro*[3] *entre uma atividade originária e um "produto" também originário, que se oferece como apresentação do ato de representar para o agente da representação. (p. 48)*

Na concepção de P. Aulagnier, a dualidade si-fora de si[4] é substituída por um fenômeno de especularização: toda criação da atividade psíquica se oferece à psique como reflexo dela própria. A psique encontra o mundo como um fragmento da superfície especular na qual ela mira seu próprio reflexo. A partir do "fora de si", ela começa por conhecer apenas aquilo que pode se apresentar como imagem de si, enquanto o si mesmo, por sua vez, se apresenta "como e por" essa atividade e esse poder que engendraram esse fragmento do "fora de si", que é sua especularização (p. 58).

Na experiência primária boca-seio, o "fora de si" é uma "imagem de si", a psique se encontra no objeto, há coalescência entre o seio, o objeto e a boca, que ela nomeia de "zona complementar". Por conta dessa identidade, segundo o prazer ou o desprazer experimentado durante essa experiência, o afeto ligado à representação acarreta atração ou rejeição não apenas do objeto, mas do órgão sensível:

> *É por esse motivo que toda experiência de prazer reproduz a coalescência órgão sensível-fenômeno percebido, e toda experiência de desprazer implica o desejo de automutilação do órgão e de destruição dos objetos de excitação correspondentes. (p. 77)*

[3] No original, *autorencontre* [N.T.].

[4] No original, *hors soi* [N.T.].

P. Aulagnier conclui seu trabalho sobre as representações originárias enunciando que o mundo representado é o reflexo do espaço corporal. A psique se representa como *efeito de seu poder de engendrar os objetos fontes de excitação* e de produzir aquilo que é causa de prazer ou de desprazer (pp. 77-78). Aqui, aparece uma convergência inesperada com a proposição de D. W. Winnicott, segundo a qual o bebê cria o mundo (1951, p. 121).

P. Aulagnier certamente teve experiência com a análise de crianças, mas ela trabalhava sobretudo com adultos e aceitava a dificuldade no tratamento de distúrbios psicóticos. Seu estudo não é fundado na observação das evoluções no decorrer de terapias de crianças, muito menos nos conhecimentos da psicologia do desenvolvimento, mas em uma construção teórica. A representação é suscitada pela pulsão e o objeto representado é uma emanação especular da psique da criança.

Imagem perfeita da autossuficiência, do ovo fechado, na linha de um narcisismo originário absoluto, o bebê representa para si sua própria psique. A psique engendra o percebido e o atribui a si própria. Esse "percebido" é não diferenciável do corpo com o qual ele se encontra em "coalescência".

O raciocínio de M. Piñol-Douriez (1984) é fundado no modelo freudiano da constituição do objeto, levando também em conta um ponto de vista desenvolvimentista. A pesquisa desse autor não tinha como objetivo principal a gênese das representações, mas o estudo das inter-relações mãe-bebê, permitindo interpretar, em uma perspectiva psicanalítica, os conhecimentos adquiridos pela psicologia do desenvolvimento e pelas teorias do apego.

A formação das representações é então discutida no contexto de um estudo da economia inter-relacional e da elaboração dos vínculos de apego.

A noção de proto-representação implica uma tomada de consciência de um pré-sujeito, cujas experiências sensoriais e afetivas são "conservadas" (p. 76). Isso quer dizer que ela é acompanhada por e comporta uma dimensão afetiva e cognitiva. O objeto é fonte de uma experiência específica e parece pertencer, portanto, ao campo do "não eu". Entretanto, M. Piñol-Douriez mostra sua adesão a uma concepção da representação primeira do mundo pelo bebê que implica sua "coalescência" com o objeto.

Há uma diferença importante com relação à teoria de Aulagnier, visto que a "coalescência" do objeto e da zona sensível não implica "autorreflexo" da psique na representação que ela cria. Em outros termos, há na proto-representação de M. Piñol-Douriez a "apresentação" de um não eu, mesmo se a separação é anulada. Deparamos com o mito de Narciso e Eco.

O conceito de proto-representação não se encontra "saturado" de significações, o que marca a consideração do fato de que nesse tempo original do psiquismo a ignorância do conteúdo da experiência subjetiva é inevitável, e de que apenas as observações, experimentais ou clínicas, podem autorizar hipóteses.

Em seu trabalho dedicado ao desenvolvimento do *self*, D. Stern (1985) raramente utiliza a noção de representação, sem dúvidas porque ela comporta o aspecto desconhecido do estado de consciência do bebê. Quanto ao primeiro período do "*self* emergente", ao longo dos dois primeiros meses da existência, ele relembra todos os fatos que mostram a atenção do bebê, permitindo a ele diferenciar, desde as primeiras semanas, não apenas a natureza dos objetos que lhe são apresentados, mas também o estado emocional que um rosto expressa. Essas observações permitem a formulação de hipóteses sobre a qualidade das proto-representações. Naturalmente, a ideia de que o bebê experimenta um saber não consciente é logicamente sustentável, mas é uma possibilidade que contradiz nosso conhecimento da função da atenção observada desde o nascimento em períodos de "inatividade alerta". Meu desenvolvimento quanto às duas qualidades da identificação adesiva se funda, em parte, em observações desse tipo.

Um elemento importante do estudo de D. Stern levanta um questionamento radical à hipótese de uma representação original caracterizada por uma fusão com o objeto – hipótese adotada tanto por P. Aulagnier quanto por M. Piñol-Douriez.

Para D. Stern, nada permitiria sustentar a hipótese de uma fusão desse tipo; o bebê disporia desde o nascimento da aptidão para distinguir o *self* e o não *self*. O sentido de *self* emergente aparece desde o nascimento. Os bebês são pré-programados para que tenham consciência dos processos de organização de *self*. Eles não vivem jamais um período de indiferenciação total entre o *self* e o outro. Jamais haveria confusão entre o *self* e o outro no início ou no decorrer da primeira infância. Eles são pré-programados para responder seletivamente aos eventos sociais externos e não experimentam jamais uma fase de tipo autístico (p. 21).

D. Stern não duvida da existência de um movimento ativo de *busca fusional*, de uma indistinção com o objeto, mas sugere que se trata de um fenômeno psíquico complexo e que intervém em outros estados da evolução do *self*: não haveria equivalência com a fase simbiótica. De fato, as experiências subjetivas de união com o outro podem apenas seguir a aparição de um sentido de *self-núcleo* e outro-núcleo. Deparamos com aquilo que D. Meltzer (1985, 1987) abordará mais tarde com sua noção de objeto estético. Como vimos, após ter "aderido" à ideia de E. Bick de que nos primórdios da vida o bebê estaria em uma forma de identidade em colagem, identidade qualificada de adesiva, Stern pensa que o bebê que contempla sua mãe com tamanha atenção já dispõe de questionamentos mobilizados por sua pulsão epistemofílica e se questiona quanto à interioridade do seu objeto de investimento. O banho sensorial que emana desse objeto o apazigua, acalma e reconforta, e esse objeto é tão bom e bonito por dentro quanto o é por fora. Seria apenas secundariamente, defensivamente, diante da angústia mobilizada por tais questões e pela separação, que a criança mobilizaria um movimento ativo de busca pelo fusional. Para as crianças autistas, como veremos, a questão da identificação adesiva é colocada de outra maneira.

Assim, nessas diferentes abordagens, as experiências de união são consideradas um sucesso da organização ativa da experiência do *self* com o outro, mais do que o produto de um fracasso passivo da capacidade de diferenciar o *self* do outro

Se tomarmos partido para admitir a proposição de Stern, a questão que se coloca é a de pesquisar o que reforçaria a hipótese bastante geral da fusão originária.

Ela é adotada por J. Piaget com a noção de adualismo, que ele toma emprestada de J. M. Baldwin, sendo utilizada para caracterizar os dois primeiros estados sensório-motores: os afetos próprios aos dois primeiros estados se inscrevem em um contexto já descrito por J. M. Baldwin sob o nome de adualismo, no qual, sem dúvida, ainda não existiria consciência alguma do eu; ou seja, nenhuma fronteira entre o mundo interior ou vivido e o conjunto das realidades exteriores. Do ponto de vista da metapsicologia freudiana, nomeamos como narcisismo primário a indiferenciação inicial entre o eu e o outro. Pode-se então falar de centração inconsciente por indiferenciação. Ela é característica do sincretismo.

A afirmação de uma ausência de fronteira entre o interior e o exterior é acompanhada da ausência de função semiótica: haveria apenas sinais, mas não signos. É muito surpreendente que J. Piaget e B. Inhelder (1966) o traduzam enunciando a indiferenciação significantes-significados, uma impropriedade evidente dos termos. Mas, se há significação de imediato, então há dualidade entre "significados" (os seja, os próprios esquemas com seus conteúdos relativos às ações em curso) e "significantes", esses últimos são sempre perceptivos e, assim, ainda indiferenciados de seus significados, o que impediria de falar nesse nível de função semiótica. Um significante indiferenciado ainda não é, com efeito, nem um "símbolo", nem um "signo" (no sentido de signos verbais): ele é, por definição, um "índice" (o que inclui os "sinais" que intervêm no condicionamento, como o som da campainha que anuncia a comida). Um índice é efetivamente indiferenciado de seu significado na medida em que constitui um aspecto (a branquidão para o leite), uma parte (o setor visível para um objeto semiescondido), um antecedente temporal (a porta que se abre para a chegada da mãe), um resultado causal (uma mancha) etc.

H. Wallon[5] também considerava que haveria uma confusão entre o objeto e o *self*, pois a representação associaria o objeto e as situações de encontro com ele:

> *É este o estado que pode ser chamado de projetivo, porque a representação das coisas apenas consegue se impor por meio dos gestos que as realizam ou as expressam em seus detalhes concretos e em suas circunstâncias sucessivas . . . O movimento ou a atitude que tornam a coisa presente parecem prevalecer sobre os indicadores abstratos, em meio aos quais caberia à mente situá-la. (Wallon, 1938, p. 268)*

Anteriormente, pudemos notar que Piaget fazia uma aproximação entre a sua concepção e a de Freud.

---

[5] Aqui, não depararíamos, sob um outro ângulo, com a posição de J. Laplanche (2000), segundo a qual o objeto adequado seria alcançado pela ação específica?

A psicanálise havia adotado majoritariamente a hipótese de não distinção original entre o *self* e o objeto, que pode ser vinculada ao postulado freudiano da ausência de constituição do eu(*moi*) no nascimento e do reinado do narcisismo primário.

M. Mahler descreveu as duas primeiras fases de desenvolvimento do bebê, uma caracterizada pela separação do meio exterior, a do "autismo normal", e outra, pela indiferenciação entre interior e exterior, a fase simbiótica:

> *O mundo se torna, então, cada vez mais investido, sobretudo a pessoa da mãe, mas enquanto unidade dual, com um self ainda não claramente demarcado, nem cercado de fronteiras, nem amadurecido. (Mahler, 1975, pp. 67-68)*

Vimos que F. Tustin, que trabalhou com M. Mahler, havia adotado o mesmo ponto de vista antes de reconhecer que estava enganada.

M. Klein e sua escola foram uma exceção, postulando a hipótese de que existiria uma função do eu(*moi*) desde o nascimento. Ela antecipa a noção de *self* emergente de Stern. A elaboração das psicanálises kleiniana e pós-kleiniana pôde prosseguir fazendo a economia da hipótese de uma fusão original. A aparição da noção de "O" de Bion, que traz uma busca de união ("*at-one-ment*"), e a alusão de J. Grotstein a esse movimento fusional diversas vezes em sua obra (sem fazer dele uma etapa do desenvolvimento) se aproximam mais da hipótese de Stern de uma capacidade tardia do psiquismo de pesquisar a fusão com o objeto.

Quais seriam os efeitos sobre as concepções psicanalíticas (não kleinianas) de uma revisão dessa noção? Esse questionamento devia ser atual quando, em seus últimos escritos, Tustin retornou à sua concepção de autismo normal. Era sem dúvida cômodo considerar que não se tratava de autismo, mas sua reflexão a conduziu de fato a uma revisão da própria noção de fusão.

A noção de "representações originais" é por vezes utilizada para a elaboração de teorias psicanalíticas que não se fundamentam no estudo clínico do desenvolvimento dos bebês.

Coloca-se a questão das relações entre a noção de representação e as construções concernentes à "significação" que pertencem aos sistemas de Pierce, de Frege e de Saussure. P. Delion (2000) utilizou o sistema semiótico de Pierce para tentar uma interpretação dos distúrbios da comunicação dos autistas.

Construindo sua teoria da sedução generalizada, J. Laplanche foi conduzido a considerar uma forma primordial de representação suscitada pela confrontação com aquilo que ele nomeia de "significantes enigmáticos":

> *Por meio do termo sedução originária qualificamos, portanto, essa situação fundamental em que o adulto propõe à criança significantes tanto não verbais como verbais, inclusive comportamentais, impregnados de significações sexuais inconscientes. Não é preciso procurar muito longe para dar exemplos concretos do que chamo significantes enigmáticos. O próprio seio, órgão aparentemente natural da lactação: pode-se continuar a negligenciar na teoria analítica seu importante investimento sexual e inconsciente pela mulher? (Laplanche, 1992, pp. 134-135)*

O significado do significante enigmático é representado por Laplanche com um ponto de interrogação, mas seu interesse não está na própria representação, e sim na substituição de significantes – a metábole – como mecanismo do recalcamento originário.

Outras concepções de representações primitivas vinculadas a significantes foram propostas após a elaboração de Laplanche. Pode-se observar que os "significantes de demarcação" de G. Rosolato não são homólogos aos significantes linguísticos, como é o caso na teoria de Laplanche, sendo, na verdade, representações de coisas. Para que se possa avaliar a relevância dessa abordagem, deve-se situá-la dentro da orientação linguística da época:

> *Na França, uma corrente da psicanálise fascinada pela evidente importância da linguagem e do significante linguístico parece ter tentado manter afastadas as imagens e a figuração. Talvez houvesse algum interdito de representação que transbordava para as posições teóricas, indo, aliás, de encontro às perspectivas do próprio Freud. . . .*
>
> *Somos, portanto, levados a considerar as representações e uma semiótica como um sistema diferente do sistema verbal, linguístico. As imagens se apresentam como signos, com um significante que convém distinguir do significante linguístico: vamos chamá-lo de significante de demarcação, tendo ele próprio um efeito de significado. Mas aqui o significado é uma relação que remete ao referente ou, quando a linguagem é adquirida, a um significante linguístico. (Rosolato, 1984, pp. 144-145)*

A música linguageira, o alongamento vocálico e a apreensão imitativa do alongamento das vogais finais me parecem poder ser considerados significantes de demarcação particulares, com seu estatuto intermediário entre representação de coisa e significante linguístico.

Em uma busca pelos vestígios das primeiras representações ligadas à constituição do eu-pele, D. Anzieu nomeia de significantes formais os significantes de demarcação que são imagens proprioceptivas, tácteis, cenestésicas, cinestésicas e posturais:

> *Esses significantes são representantes psíquicos, não apenas de certas pulsões, mas de diversas formas de organização do self e do eu. A esse respeito, eles parecem se inscrever na categoria geral das representações de coisas, mais particularmente das representações do espaço e dos estados dos corpos em geral. . . . Eles constituem os elementos de uma lógica formal apropriada aos processos primários e a uma tópica psíquica arcaica. (Anzieu, 1987, pp. 1-2)*

Veremos que, nas primeiras sonoridades de Ève, a música de suas canções é, ao mesmo tempo, do registro dos significantes formais – categoria específica dos significantes de demarcação referentes ao limite do corpo – e da ordem dos significantes de demarcação.

A teoria do pensamento construída por W. R. Bion se apoia mais em sua experiência com os distúrbios psicóticos que em seu conhecimento das primeiras aquisições da criança. Entretanto, apesar das grandes diferenças de referências teóricas e de experiência clínica que separam W. R. Bion de M. Piñol-Douriez e D. Stern, é possível operar certas aproximações entre suas proposições.

W. R. Bion cria a hipótese de que o bebê dispõe, desde o seu nascimento, de preconcepções. Essa hipótese representa o destaque que dá à biologia e assinala a consideração do fato incontestável de que utilizamos a herança da evolução genética da nossa espécie.

A experiência do encontro com o seio transforma em concepção a preconcepção de seio da qual o bebê dispõe. Em seguida, a ausência de seio (equivalente à presença de um seio mau) suscita a representação do seio. Decidido a explorar os processos que estão em jogo nessas experiências, W. R. Bion (na tradição de J. Locke e D. Hume) considera que as sensações e as emoções estão na origem do *processo de representação*. Ele apresenta um modelo hipotético no qual as sensações-emoções atingem o psiquismo sob uma forma elementar que não é acompanhada de pensamento. A transformação desses elementos, a fim de que se tornem representações, é garantida por uma organização psíquica específica que cria as primeiras formas pelo pensamento: os elementos alfa. A aquisição de um pensamento que tende aos modos mais abstratos necessita da busca por um trabalho de organização desses elementos alfa, e a função de pensamento garante um trabalho de ligação dos elementos alfa.

É sempre passível de críticas traçar homologias entre conceitos derivados de teorias cujas bases são distintas. Contudo, é possível que nos sintamos tentados a aproximar proto-representação e elemento alfa. Tanto um quanto o outro dão seguimento à experiência sensorial/emocional e são considerados fenômenos psíquicos dos quais se origina o pensamento. Mas não há, na teoria de W. R. Bion, o equivalente à noção de coalescência que M. Piñol-Douriez parece compartilhar com P. Aulagnier. Optarei, neste trabalho, pela utilização do termo proto-representação. Sua utilidade reside, a meu ver, no que ele situa dessa articulação complexa, dos primeiros dias da vida, nos quais a criança se situa entre identidade e identificação adesiva, e o objeto é por vezes totalmente integrado ao mesmo tempo que é reconhecido em sua extraterritorialidade. Se retomarmos a situação prototípica do bebê com o seio, isso corresponde ao momento bem-aventurado da fusão-confusão estruturante, favorecendo a integração do objeto no eu(*moi*) e ajudando na instalação da identificação adesiva preparatória ao vínculo e ao interesse pelo objeto e pelo mundo. O objeto maternante está lá, simultaneamente igual e diferente.

Um elemento constitutivo da teoria de W. R. Bion, particularmente importante para toda pesquisa sobre o desenvolvimento da linguagem, é o engajamento explícito e direto do objeto maternante. É verdade que, se mantivermos em mente a noção sublinhada por A. Green de que toda representação comporta uma parte de exigência pulsional, o objeto está envolvido em toda teoria psicanalítica da representação. Com W. R. Bion, a qualidade da relação real com o objeto influencia o desenvolvimento psíquico. Pôde-se teorizar aquilo que as descobertas desconcertantes de R. Spitz e J. Bowlby sobre os efeitos das carências maternas no desenvolvimento demandaram reconhecer.

B. Golse (2006) propõe reintegrar o apego ao seio à teoria do apoio e se referir à pulsão de apego no sentido de uma pulsão global de autoconservação, secundariamente libidinizada no interior do sistema interativo precoce. Isso encontra ressonância, em partes, na ideia de um processo de interpulsionalidade – ideia que desenvolverei mais adiante.

Parte II
O som: uma matéria corpodinâmica intersubjetivante

4. Sensorialidade e proto-representações na construção de uma linguagem privada

Anteriormente a todas as pesquisas sobre o bebê e o autismo, um dos aspectos que até então pouco havia sido levado em consideração, sendo até mesmo desconhecido na pesquisa em psicanálise, era a importância da sensorialidade e da motricidade na constituição do si e do objeto, bem como a organização da temporalidade a partir dessa temporalidade primeira, constituída pelos ritmos em presença do objeto. Até então, privilegiamos os ritmos presença-ausência a partir da ideia de que o objeto nasce em sua ausência, na falta. Hoje, parece que a questão pode ser colocada de forma mais complexa, integrando, ao mesmo tempo, a qualidade da presença do objeto, a capacidade do bebê de apreendê-la e a organização da capacidade de estar só na presença do outro, que torna introjetável o objeto em sua ausência.

A afinação afetiva passa por toda uma gestualidade, uma partilha de fluxos sensoriais advindos de experiências agidas compartilhadas entre a mãe e o bebê. Os componentes sensoriais do ato parecem, ao mesmo tempo, mobilizar o psiquismo e ter sobre ele um efeito secundário. Atualmente, parece bastante claro que a função não ocorre em um segundo tempo em relação a todos os desafios da experiência sensório-elaborativa motora do bebê, mas que ela se inscreve na própria organização motora, da qual constitui uma parte indissociavelmente intricada. A atividade motora deve ser pensada como uma modalidade de passagem em direção à figuração: tanto quando o ambiente materno recebe os movimentos, as gestualidades, as produções sonoras do bebê, da criança pequena, como mensagens a decifrar, como quando, inversamente, o bebê ou criança pequena tolera acolher de forma receptiva as respostas do ambiente materno, bem como aquelas que mobilizam nele, inevitavelmente, um movimento de abalo interno. Certas crianças, como as crianças autistas, não podem assumir essas modificações trazidas pelo ambiente.

Desde os primeiros estágios da vida, os bebês não são receptáculos passivos do que os pais colocam em jogo subjetivamente (Piñol-Douriez, 1984). Eles são ativos: eles chamam a atenção de suas mães pela linguagem do corpo e pelas produções sonoras. As expectativas recíprocas, repletas de projeções, demonstram que há, no bebê, uma capacidade inata a engajar-se imediatamente em uma dinâmica inter-relacional que lhe permite mobilizar-se internamente para responder a necessidades e estimulações internas e externas.

A boca: da sensório-motricidade à linguagem

O trabalho dos linguistas contemporâneos insiste no fato de que nosso corpo é parte integrante de toda produção verbal. Nós falamos com nosso corpo. A linguagem é "um produto do aparelho vocal" (Boysson-Bardies, 2003, p. 9). Toda fala vem do corpo em ação ou em dificuldade para entrar em ação:

> *A natureza do fenômeno está relacionada ao tipo de obstáculo que os órgãos fonatórios impõem ao trajeto*

> *do ar que sai dos pulmões. Esses órgãos são, essencialmente, a glote (formada por cordas vocais), o palato mole (que abre ou fecha o acesso à cavidade nasal) e a boca. (Buyssens, 1967, p. 148)*

Como se fosse um elo entre o corporal (representação psíquica do corpo) e o somático (seu aspecto orgânico), eu questionaria os desafios ligados à boca para o bebê, o autista e o psicótico. O termo "boca" terá aqui um sentido amplo e genérico, permanecendo ancorado na corporeidade, leia-se, na concretude. Ele será utilizado, entretanto, em uma acepção larga de oralidade; acepção segundo a qual o apoio corporal desse modo oral de funcionamento psíquico não se limitará às experiências sensuais e relacionais circunscritas pelo orifício bucal. Incluiremos as sensorialidades e gestualidades tácteis, mas também olfativas, visuais, sonoras, bucais e motoras, bem como aquelas mobilizadas pela musculatura lisa, muito presentes no início da vida e nas psicoses infantis. Trata-se, de maneira genérica, de um primeiro espaço de experimentação para incorporar e rejeitar. É esse espaço que permitirá que o bebê passe "do buquê de sensações na boca" (Tustin, 1981) ao enunciado de uma palavra.

Semelhante àquilo que frisei ao falar de boca e não de oralidade, na reflexão que vou propor sobre a linguagem, vamos nos situar em um ponto-limite, no qual a materialidade dessa matéria sonora é altamente intricada com a subjetividade sensorial. A linguagem é uma "matéria sonora" (Jakobson, 1939, 1969); "matéria sonora" inerente a toda palavra articulada; "matéria sonora" que pertence inteiramente ao processo de produção e que reflete a experiência afetiva do locutor. R. Jakobson, como pudemos ver, frequentemente se aproxima mais da linguística enunciativa que da linguística estrutural propriamente dita. Ele se interessa pela própria substância dos sons, sobretudo pelo poder de evocação poética. Poderíamos falar, aliás, no que lhe diz respeito, de "estruturalismo fenomenológico".

Para chegar à produção de uma palavra oral, a base motora funcional é indispensável. No início e ao longo de toda a vida, *há corpo no pensamento*, mas essa íntima e complexa intricação que liga corpo e soma, ação e simbolização, precisa deixar-se esquecer. O soma, ainda que não cause problemas, é sempre silencioso. Utilizar seus órgãos fonatórios requer também certas aprendizagens no início da vida (e quando se aprende uma língua estrangeira). Quando não há problemas fisiológicos e o excesso de excitações e de emoções não nos parasita, essa base motora passa muito rapidamente a ser quase silenciosa. Não é sempre este o caso. Assim, certas pessoas rejeitam veementemente sua língua materna, associada a um excesso de sensações, de emoções, de afetos difíceis de incorporar e de transformar, como nos indica o relato autobiográfico "O esquizo e as línguas" (Wolfson, 1970), sobre o qual R. Gori fez um belo estudo em 1972.

A utilização flexível da boca favorece a fala, permite falar de forma fluida, sem titubear, sem ficar preso a certos sons da boca ou suas ligações. A integração dessa "neuromotricidade" não necessita de recalcamento, mas é acessível voluntariamente: podemos brincar de modificar o próprio sotaque e imitar a pronúncia de alguém, buscando o posicionamento adequado de nossos órgãos vocais para consegui-lo. Esse gestual permanece semiconsciente no ato de falar, um pouco como o gestual do pintor indispensável ao ato de pintar, indissociável do desencadeamento da visão do mundo que o mobiliza e a qual ele nos propõe.

O que deverá se organizar como representação de palavras é estreitamente ligado ao que do sensorial se associa à representação de coisas. A representação de palavras terá de se nutrir, a se iniciar pelos jogos entonativos que remetem a *sensações corporais* da ordem da coisa.

A leitura dos trabalhos de I. Fonagy (1970, 1971), os quais se inscrevem em uma certa continuidade com os trabalhos de Jakobson, é extremamente estimulante: ela ajuda a pensar nas possíveis "qualificações" das *sensações-afetos*. Ele retoma as características do código linguístico (mensagem primária), mas postula a presença sincrônica de um código paralinguístico, lugar de uma mensagem secundária, de ordem emocional, considerada como "código natural" pré-linguístico na maior parte do tempo, o qual durante um longo período não foi estudado pelos linguistas no campo da linguística. I. Fonagy se interessa pelas bases pulsionais da articulação, da prosódia e da fonação. A partir de testes semânticos propostos a sujeitos normais e psicóticos, de origem inglesa, francesa, alemã, húngara e japonesa, ele se dá conta, para sua grande surpresa, de que as crianças de culturas diferentes atribuem termos metafóricos semelhantes às vogais e às consoantes e que, nesse caso, elas aderem aos termos atribuídos pelos gramáticos.

Na parte que trata das bases pulsionais da fonação a partir do estudo das metáforas em fonética, I. Fonagy (1983, p. 57) sinaliza que, para além da patologia, da idade e da cultura, certas sonoridades parecem sinalizar o estado afetivo daquele que as emite e/ou daquilo que elas poderiam tentar induzir naquele que as escuta. Por exemplo, para uma esmagadora maioria, o som [i] é percebido como pequeno, alegre, enquanto o [u] é percebido como triste, sombrio.

Sua análise fascinante mostra, aliás, os paralelismos existentes entre gestos manuais e gestos linguais quando o bebê de 4-5 meses estende o braço na direção de um objeto cobiçado e produz um som que necessita do deslocamento da língua para frente. Segundo as análises de documentos radiológicos da fala, a língua se eleva e avança nas emoções positivas (felicidade, ternura) e se contrai, se retira para expressas atitudes negativas (raiva, ódio, desgosto).

Nessa perspectiva, os gestos linguais, os gestuais necessários à palavra articulada ou que têm dificuldade para sê-lo, são carregados de potencialidade de decifração. Nesse caso, pode se tratar de uma "mímica", segundo a expressão de I. Fonagy, uma mímica intra- e extrabucal que mobiliza um conglomerado de afetos-sensações--representações a serem descondensados. Essa "mímica" parecer possuir as características das proto-representações (1984) e dos pictogramas (Aulagnier, 1975).

Contemplei esse ponto de vista para escutar as crianças autistas e psicóticas que frequentemente evitam as produções linguageiras organizadas e/ou as desconstroem.

No que diz respeito a crianças muito pequenas, múltiplas pesquisas mostraram a que ponto sua atividade motora é, em sua globalidade, portadora de mensagens inconscientemente percebidas. A partir daí, tracei a hipótese de que esse seria o mesmo caso das crianças em sofrimento, o que abre uma via para melhor decodificar e identificar suas angústias a fim de ajudá-las a organizar conflitos a partir de atos motores, de afluxo de excitações, de sensações ainda não mentalizáveis. Nessa perspectiva, optei por considerar, na ausência da linguagem constituída, as produções sonoras como reações ideomotoras.

Abordei as gestualidades e motricidades inerentes a toda produção sonora e a toda mensagem verbal como ferramentas de tradução de conteúdos mentais em movimentos corporais em crianças com grandes dificuldades em suas possibilidades de sentir e comunicar oralmente seus estados de espírito.

Para trabalhar com essas crianças, evidentemente não me apoiei em uma análise estrutural da fala, mas em uma análise fonética e psicofisiológica dos sons da linguagem.

Nessa história intersubjetiva, as produções vocais vão constituir uma experiência bucal cujos componentes plurissensoriais e motores participam da diversificação das proto-representações que se enriquecem nos jogos inter-relacionais. A integração progressiva e as transformações dessas proto-representações abrem o acesso à utilização das produções sonoras para as diversas formas de comunicação.

Sensorialidade, motricidade e simbolização intricadas seriam formas das primeiras gramáticas no que diz respeito ao estado afetivo daquele que as emite e/ou do que elas poderiam tentar induzir naquele que as escuta. Com efeito, os fonemas –como aparecem nas associações de pessoas entrevistadas de diferentes culturas e nas metáforas atribuídas pelos gramáticos – descortinam para nós todo um campo associativo: eles são percebidos como objetos sonoros, coloridos (claros ou escuros), grandes ou pequenos, leves ou pesados, finos ou grossos, duros ou moles, lisos ou ásperos, secos ou úmidos (molhados), transparentes ou opacos. Confirma-se aqui o que a poesia já apontava: os sons se mostram repletos de sensorialidades, sensualidades, não só para quem os profere, mas também para aqueles que os escutam. Essa abordagem me pareceu abrir uma trilha extremamente promissora para ouvir os sons emitidos por crianças que não organizaram uma linguagem oral.

Pareceu-me mais do que provável que os pais decodificassem intuitivamente o bem-estar ou o mal-estar de seu bebê desta maneira: os sons produzidos são mensagens reforçadas pelo conjunto de habilidades motoras e expressão do bebê. Além disso, mesmo em linguística, gritos e choros são às vezes indistinguíveis no espectrograma. A visão da mímica é necessária para conseguir isso.

Esse material sonoro, com tudo o que implica em termos de ações, efeitos e representações subjacentes, estará no centro de minha reflexão sobre a normalidade do início da vida e sobre a patologia de crianças em estado de grande sofrimento.

Quais seriam as mensagens percebidas, mas não ouvidas, em virtude da dissociação de sons emitidos e mímicas visualizadas e da evitação de certas sensorialidades sonoras? Como tentar decifrar potenciais mensagens emitidas pelas crianças desprovidas de linguagem estruturada?

Combinada aos conhecimentos adquiridos na esfera dos primeiros vínculos, das chamadas relações precoces, a escuta dessa clínica me convenceu do seguinte: é a partir do estudo dos processos autistas e de sua comparação com o que se verifica no desenvolvimento de bebês e crianças pequenas sem dificuldades essenciais que certas concepções metapsicológicas na pesquisa psicanalítica podem ser aprofundadas ou modificadas de forma marcante. Esse trabalho comparativo entre processos normais e patológicos pode ajudar os clínicos a se disporem à escuta das premissas da linguagem das crianças que sofrem de uma patologia psíquica e a estarem mais atentos, mais tolerantes e mais receptivos às mudanças na "matéria sonora" emitida, à sua musicalidade, à sua sensorialidade.

Buscando selecionar alguns fios de reflexão e hipóteses que ainda precisam ser refinadas, vou, portanto, abordar as principais realizações da linguística contemporânea. Entretanto, na pesquisa de linguistas interessados nas premissas da linguagem, encontrei ainda em vigor certas ideias preconcebidas sobre a natureza da linguagem e resistências em admitir a ligação entre grito e linguagem no bebê.

Gritos e lalações

Durante muito tempo, o campo das primeiras produções sonoras do bebê foi esquecido por efeito das teorias existentes, mas certamente também pelas especificidades desse estudo (instabilidade das produções, implicação emocional) e pelas defesas que esse objeto de pesquisa pode mobilizar no pesquisador...

R. Jakobson (1939) considerava que haveria um período de silêncio entre as primeiras produções sonoras e a linguagem. Em 1939, mas também em 1960 e 1969, ele afirma que as primeiras consoantes são labiais (trata-se das famosas consoantes do balbucio, que enternecem os pais e os mobilizam afetivamente a responder em eco, favorecendo, assim, a troca ritmada das mesmas produções sonoras). Provavelmente impulsionados pela idealização do mundo do bebê – supostamente preenchido por uma mãe que satisfaria suas necessidades –, pesquisadores como Jakobson pensaram, durante muito tempo, que as primeiras consoantes eram labiais e estariam ligadas, segundo diversos linguistas, às produções sonoras associadas ao mamar:

> *O [m] é a normalização linguística do movimento de sucção dos lábios, acompanhado do relaxamento do palato mole; é o que permite à criança respirar sem soltar a mama e o que empresta o timbre nasal ao som [m]. (Fonagy, 1983, p. 75)*

Entretanto, M. Lewis (1936) e P. H. Wolff (1969), dois pioneiros, introduziram as grandes questões atuais quanto às origens da comunicação linguageira. Desde os primeiros dias, o recém-nascido emite sons que poderão servir às primeiras comunicações arcaicas. P. H. Wolff assinala, desde a terceira semana de vida do bebê, a presença daquilo que ele chama de vocalizações de falsos gritos (percebidas auditivamente e visualmente, mas não no espectrograma). Suas pesquisas demonstram que, mesmo que gritos e lalações se diferenciem muito rapidamente para seguir vias independentes, os gritos das primeiras semanas de vida dos bebês não estão em descontinuidade com as lalações. Não se trata de expressões de um desamparo indiferenciado. Vemos que, com efeito, para além das palavras, a matéria sonora fala conosco.

Irwin, a partir de 1941, e Ingram, em 1989, descobrem que, contrariamente ao que era admitido até então, as primeiras consoantes produzidas seriam sons guturais, mesmo que as diferenças entre vogais e consoantes não sejam tão grandes[1] no início da vida. Até os seis meses, trata-se majoritariamente de consoantes glotais ou velares. Em seguida a tendência se inverte e, aos doze meses, a maioria das consoantes é labial, dental.

Se a escuta das produções sonoras dos bebês é eminentemente subjetiva, ela provavelmente é, ao mesmo tempo, inata e cultural. Cada cultura opta por um vértice seletivo de escuta. Assim, o período que em francês é qualificado de *jasis, babil* (predominância de bilabiais brandas) foi qualificado em inglês como *cooing* (pelo fato de existirem consoantes guturais). Cada língua parece selecionar, distinguir o que lhe parece o mais importante, e os pesquisadores devem superar seus pressupostos culturais e pessoais sobre a vida afetiva de um bebê. É provável que isso tenha entravado R. Jakobson e favorecido o trabalho de M. Lewin.

A via das pesquisas sobre a linguagem pré-verbal, uma vez aberta, mostrou que as produções sonoras que precedem a linguagem articulada têm uma relação direta com o desenvolvimento linguageiro ulterior. P. S. Zeskind e B. M. Lester (1978) mostraram que, ao ouvirem gritos de bebês que lhes eram desconhecidos, adultos aleatórios diferenciavam o tipo de sofrimento do bebê e reagiam massivamente ao grito de um bebê que apresentasse uma patologia.

Seja qual for a pesquisa, o impacto afetivo do objeto de pesquisa e as concepções *a priori* do que deveria ser a linguagem podem nos tornar cegos e surdos ao que nos é dado a ver e ouvir. A intolerância do adulto ao sofrimento do bebê provavelmente se acrescenta à resistência: observamos que, durante os atendimentos, equipes hospitalares só muito tardiamente se deram conta desse sofrimento.

[1] Essas produções sonoras não parecem comportar um contraste sistemático entre a abertura e o fechamento do trato vocal e não utilizam toda a cavidade vocal como um todo ressonante. São produzidas com a boca fechada ou quase fechada e, portanto, pouco articuladas.

Pensar nos gritos dos bebês como sinais de dores associadas a seu ato devia ser muito angustiante para eles. É provável que essas formas de defesas afetivas favoreçam uma forma de "inatenção inconsciente",[2] acentuada pelo fato de que essas produções são muito distantes do que se espera encontrar quando se estuda a linguagem (enquanto o balbucio, produção sonora endereçada e investida pelos adultos, se aproxima da linguagem). Levanto a hipótese de que, nesse caso, trata-se de pressuposições, de idealização da comunicação humana e de resistências aos sofrimentos do mundo interno do bebê.

É provável que processos comparáveis permaneçam em alerta e nos parasitem enquanto negamos qualquer comunicação de crianças com grande dificuldade psíquica, não querendo saber nada quanto a suas produções idiossincrásicas, potenciais tentativas de modalidades de relação (contanto que um objeto as apreenda, é claro). Quando se trata de crianças em grandes dificuldades psíquicas, é verdade que a questão se torna complexa quando a ela se acrescenta a operação de desconstrução da linguagem pelas crianças. Quando não são muito pequenas, a idade delas também sinaliza a patologia e torna mais difícil imaginar nos gritos e nas produções sonoras idiossincrásicas um início de comunicação. Aquilo que admitimos como comunicativo da parte de uma criança pequena dificilmente é integrado quando emitido por uma criança maior, ou um adulto. Acrescenta-se a essa reticência a ideia de que, para que haja comunicação, esta deve ser endereçada, instaurando uma troca "real" em benefício de ambos os parceiros. Essa troca cria um vínculo de tipo comensal (Bion, 1970), que favorece o desenvolvimento dos parceiros em inter-relações. Por conta disso, é mais difícil se colocar em movimento psíquico para acolher as produções sonoras e gestuais das crianças com grandes dificuldades no desenvolvimento como mensagens a decodificar. Adicionalmente,

[2] Conceito derivado de experimentos que indicam que os humanos geralmente não percebem o que não esperam ver.

enquanto uma mãe geralmente aufere grande benefício narcísico e prazer por ter podido apaziguar sua criança de forma a abri-la para si mesma e para o mundo, o encontro com uma criança autista é, com frequência, objeto de uma ferida narcísica.

De modo geral, por projeção da nossa modalidade de funcionamento adulto, seria considerado linguagem aquilo que mobilizaria a linguagem. Para se afastar dessa impossibilidade de ouvir e pensar processos inesperados, novos, deve-se desconstruir os saberes constituídos a fim de dar lugar a novos saberes, conforme assinala com assertividade A. Konicheckis (2005, p. 17). Como vimos, é o que M. Lewis se permitiu fazer desde 1936, ao "descobrir" que, contrariamente àquilo que era admitido por todos, as primeiras consoantes produzidas pelos bebês eram sons guturais.

Pode-se considerar que os bebês expressam de forma sonorizada o mal-estar antes de sonorizar seu bem-estar, e que os adultos nos quais esse estado ressoa devem, no primeiro caso, responder pela urgência da ação e, no segundo, por outras modalidades de comunicação, particularmente as linguageiras. Contudo, descobertas como as dos neurônios-espelhos nos deixam pensativos quanto à cisão tradicional entre mundo da ação e mundo do pensamento, atualmente colocada em questão.

Paisagem sonora do bebê

Os pesquisadores que se debruçaram sobre o estudo das capacidades perceptuais do bebê e do feto se surpreenderam com suas competências: o bebê nasce equipado para a percepção auditiva (madura desde o quinto mês da vida intrauterina). Ele está pronto, na inter-relação, para perceber e utilizar sinais sonoros. Suas capacidades perceptivas são similares às do adulto em inúmeros pontos.

Durante seu primeiro mês, o bebê é capaz de fazer discriminações auditivas finas: assim, ele já diferencia o [p] do [b].

Em uma perspectiva mais geral, G. Konopczynski estudou a percepção do ritmo (1986) e a percepção dos fenômenos melódicos (1987) pelo bebê. Uma de suas conclusões parciais foi a seguinte: capaz de uma escuta seletiva desde seu nascimento; capaz rapidamente de extrair da onda sonora, eminentemente variável, um certo número de constantes, tanto em nível segmental quanto prosódico; capaz de reconhecer a organização dos segmentos em unidades perceptivas; e, por fim, capaz de discriminar as diferenças mínimas no sinal acústico, a criança se revela, então, um ser superdiscriminador... E é também um ser superclassificador, uma vez que suas capacidades perceptivas lhe permitem estabelecer classes de equivalências (1987, p. 143).

Nos trabalhos que acabo de citar, G. Konopczynski afirma que, desde o sexto mês, a coordenação dos diversos níveis é adquirida: o controle das atividades respiratórias e dos movimentos laríngeos, a produção de melodias diversas, a utilização das cavidades bucais como ressonadores ou bloqueadores do fluxo de ar fonatório e combinações novas de elementos adquiridos anteriormente (1993, p. 283). A "paisagem" sonora do bebê já é extremamente rica e variada. Tudo está pronto para a entrada na fase do balbucio.

Essa entrada é bastante rápida, contrariamente aos períodos precedentes nos quais a evolução é pouco perceptível pelo seu entorno. As concepções puramente lineares dificilmente se sustentam, já que mesmo as regressões aparentes e os avanços importantes muitas vezes parecem ser, na verdade, reorganizações sucessivas. Pode-se considerar que, no sexto mês, o bebê integrou e interiorizou por *incorporação* os grandes princípios da *terceira articulação* no sentido proposto por E. Buyssens (1967); terceira articulação que implica a utilização ordenada e combinada de todos os *órgãos da boca*.

Tais estudos não deixam de colocar questões quanto às dificuldades de organização da linguagem em crianças autistas. Seria o caso, conforme pensa R. P. Hobson (1973), de problemáticas que não são apenas defensivas, mas de particularidades de funcionamento presentes no nascimento e que devem ser levadas em conta para compreender os processos em ação nos transtornos observados?

Estrutura prosódica e sintáxica

O aspecto corporal e comportamental da fala, base indispensável a toda produção oral, é uma condição incontornável para a construção da linguagem. Mas sua aquisição, como veremos, está intimamente ligada às modalidades de vinculação ao objeto, espelho primário dos estados internos do bebê.

Dentre as aquisições fundamentais para a organização da linguagem que a criança deve incorporar, interiorizar por eco e por imitação de seu ambiente, a ritmicidade própria à língua materna e sua estruturação prosódica ocupam um lugar central.

A música vocal da criança é interpretada pelos adultos. As vocalizações da criança induzem e mobilizam a função desejada na mãe. Esses são os primeiros vetores da força ilocucionária. Ao mostrar os vínculos que incluem nessa gestualidade expressiva o próprio movimento dos órgãos do sistema fonatório, I. Fonagy (1979) revela que as bases da linguagem não são, em sua origem, tão arbitrárias assim. A análise do que está em jogo em todas as primeiras interpretações comunicativas entre a mãe e seu filho parece ir nessa direção.

Do ponto de vista psicanalítico, pode-se considerar que, quando as inter-relações mãe-bebê são suficientemente boas, as produções sonoras de uma criança são imediatamente tomadas pela mãe em um movimento de pulsionalização do vínculo que os une.

Ao investir seu bebê, a mãe atribui sentido às produções sonoras de sua criança e as torna significantes. Em um dado momento, esse processo se dissipa para enfim ser abandonado. Isso sinaliza uma capacidade maior da criança de significar o que demanda e, portanto, uma transformação do vínculo, a implementação de uma separação psíquica maior. Se a mãe mantém durante muito tempo sua modalidade de funcionamento, ela invade o espaço psíquico de seu filho, entravando sua subjetivação. Contrariamente, uma mãe que não atribui sentido às produções sonoras de seu bebê não pulsionalizaria os vínculos linguageiros ou desinvestiria seu filho.

Outra descoberta extremamente relevante para a pesquisa psicodinâmica da organização da linguagem é que a música vocal da criança deve ser considerada como uma espécie de matriz prosódica (Bruner, 1983) na qual se inseririam os elementos lexicais. A entonação se revela então uma integradora de unidades linguísticas que não existiriam sem ela. Para E. Kaplan e G. Kaplan (1971), a marcação fonológica constituiria a premissa de um sistema referencial semântico que viria antes da sintaxe e funcionaria independentemente desta. Em uma pesquisa com crianças de 6 a 10 meses de idade, G. Konopczynski (1986a, 1986b) avança na hipótese de que a prosódia ocupa um lugar sintáxico anteriormente àquilo que tradicionalmente é chamado de sintaxe. As regras de construção das frases e suas tonalidades expressivas são anteriores à aparição das palavras. A criança entraria na fase sintáxica da linguagem por intermédio da prosódia. Esse ponto de vista se aproxima daquele de J.-S. Bruner (1977, p. 155), que declara que a criança não aprende a fazer o contorno de uma estrutura sintáxica, mas que, pelo contrário: uma vez que o contorno já está presente, os elementos lexicais progressivamente nele se inscrevem. M. Rossi (1977, p. 155) define uma terceira articulação representada pelas unidades integradoras da entonação, cujo significado é constituído por unidades formais internas à língua.

Assim, a aquisição da estrutura prosódica é considerada aquisição de uma função autenticamente linguística, mesmo que ainda não separável do contexto e da comunicação gestual, mas reforçada por eles. É provável que isso permita explicar a naturalidade com a qual um adulto empático acentua espontaneamente sua música vocal ao se endereçar a um bebê.

A prosódia desempenha um papel sintáxico. Vemos a riqueza dessa descoberta para o trabalho com bebês e crianças muito jovens. A neutralidade benevolente envolvendo a adaptação no nível do funcionamento de seu interlocutor destaca o absurdo dos posicionamentos que tomam a linguagem apenas como um significante semântico: as pessoas que se endereçam ao bebê de forma douta disfarçada de isenção, sem mobilizar nelas mesmas esses níveis primários de comunicação, na verdade carecem de neutralidade, de benevolência e de profissionalismo. A função alfa de que nos fala Bion, a qual a mãe empresta temporariamente a seu bebê para decodificar seus afetos – afetos que ele ainda desconhece –, necessita provavelmente dessas disponibilidades psíquicas de abertura ao outro. Um bebê não apenas compreende o que nossa música vocal comporta, o valor afetivo de uma mensagem carregada de vogais e a intencionalidade daquele que se endereça a ele, mas também interioriza as diversas estruturações prosódicas de sua língua materna. O trabalho com bebês, crianças pequenas e crianças com dificuldades na organização da linguagem oral implica a adaptação a esse novo contexto, que deve ser levado em conta. Isso também explica por que nos sentimos desconcertados pela música vocal das crianças com grande dificuldade, a ponto de não compreender o conteúdo de palavras às vezes gramaticalmente corretas.

Quando a oposição melodias-códigos não mais se sustenta, as repetições ecolálicas de uma tonalidade de frase e os ares de canção podem sinalizar o início da entrada na linguagem. Quando a oposição melodias-códigos não mais se sustenta, nos encontramos em uma virada semelhante àquela do paralelismo entre o desenvolvimento da comunicação verbal e da não verbal, que não é mais percebido em dissociação, mas em uma intricação estreita desde a mais tenra idade. Em virtude das defesas implementadas no movimento transferencial-contratransferencial, é preciso que seja modulada a afirmação de F. Tustin (1986) segundo a qual o interesse das crianças autistas pelo tom da voz deve ser considerado um fenômeno externo de superfície e não um interesse pelas significações interiores.

De todo modo, o interesse pela música vocal não deve ser considerado superficial. Mesmo que em alguns momentos possamos nos atrelar a isso defensivamente, é importante apreender o sentido que isso pode adquirir em um dado momento. No entanto, é possível que haja uma forte desconstrução da linguagem. Nesse caso, estamos diante de um trabalho psíquico importante de ser analisado.

Princípio de prazer e jasis, objeto e protolinguagem

Por volta dos dois meses, com a emergência do sorriso associado ao *jasis* e ao balbuciar, o prazer se manifesta de forma mais explicitamente endereçada e claramente descodificável pelo adulto. Atualmente, os pesquisadores concordam quanto ao fato de que, em uma situação de bem-estar, o bebê faz sua voz ressoar para a produção de vogais articuladas de forma ainda difusa, e que predominam os sons do tipo [£] (*père*), [o] (*bol*) e [a]; sons instáveis em seu timbre, sua duração, sua intensidade. Essas produções vão, pouco a pouco, se tornar cada vez mais audíveis, mais claramente diferenciadas.

Por volta do quarto mês, o repertório fônico da criança se enriquece e ela passa a se dedicar a isso: ela repete as mesmas sequências sem se cansar, com um prazer evidente em se fazer *eco* de si mesma. Ela introduz sons próximos às consoantes (contoides) e, para isso, se exercita: fechando sua boca para pronunciá-los, brincando com sua língua, seus lábios e sua expiração para sustentá-los por um longo período. Ela experimenta o controle e joga com o domínio e as ligações de uma combinação variada de elementos até então emitidos isoladamente: ela coordena diversos gestos fonatórios e testa curvas melódicas variadas. Veremos que esses conhecimentos se revelarão preciosos, tanto na observação de bebês quanto na abertura para a observação da patologia linguageira de crianças que não falam, ecolálicas...

Outro ponto importante diz respeito à *prosódia*. Ela permite ao *jasis* mostrar a aparição de uma etapa importante em direção à produção linguageira por volta do sexto mês. Com a ajuda de análises instrumentais, ela diferencia o *jasis* da protolinguagem nas produções do bebê.

O *jasis* utiliza melodias caracterizadas por sua tonalidade aguda, sua variabilidade e sua total falta de estruturação. Trata-se de jogos solitários, de treino vocal. Estamos falando em produções que, em grande parte, são regidas pelo princípio de prazer, por uma busca sensorial de si a si mesmo.

A protolinguagem, que coexiste ao *jasis*, possui uma melodia entonativa, utilizando entonemas opositivos, afetados por traços constantes e precisos. Essa protolinguagem bem-organizada se produz exclusivamente em situações de interação com um adulto ou um substituto (boneca) e mostra que as lalações não são nem egocêntricas, nem monolíticas. Na interação, a criança se adapta, busca se fazer compreender entrando no senso comum. O ouvinte se sente espontaneamente interpelado e reage à protolinguagem. Os movimentos devem ser combinados de forma extremamente específica e é isso que é praticado pelos bebês enquanto brincam com os sons (*jasis*) pelo prazer que isso proporciona. Por outro lado, quando se endereçam aos adultos, eles se adaptam à organização linguageira da língua de seus pais (balbucio). Daí a constatação de linguistas nos últimos anos de que os bebês balbuciam em sua língua (Boysson-Bardies, 1982). Vemos que, quando se comunicam com uma protolinguagem, os bebês já não se situam mais apenas sob a égide do princípio do prazer na sua utilização da matéria sonora, mas se regulam e aceitam os desvios impostos pelo mundo exterior para serem compreendidos. O princípio de realidade, regulador do funcionamento psíquico, já está presente nessas séries de adaptações e de concessões às realidades do corpo e às relações com os adultos. Podemos, então, constatar uma das modulações precoces da adaptação ao princípio de realidade e ao desejo de endereçamento a um outro.

Aqui, também deparamos, evidentemente, com aquilo que René Roussillon desenvolve quanto à *função mensageira da pulsão* (2004, p. 45), quanto à etapa indispensável da resposta do outro no caminho de si a si mesmo, para se constituir. Sabemos agora que os balbucios de um bebê japonês ou francês são organizados no nível das sonoridades e da música linguageira, totalmente em conformidade com a língua na qual é criado. Posto que a linguagem é "um produto do aparelho vocal" (Boysson-Bardies, 2003, p. 9) e que toda fala é corpo em ação, para que as crianças balbuciem, os adultos já devem ter transmitido gestualidades, sonoridades, estados psíquicos... Aqui, não se trata simplesmente de memorização. Conforme sinalizado por B. Boysson-Bardies em sua apresentação no Congresso de Psicanalistas de Língua Francesa em maio de 2007, em Paris, a criança apenas adquire uma língua em uma relação com um interlocutor. Fazer um bebê escutar uma língua fora de uma relação não lhe permite adquiri-la. Não se trata de um registro puramente cognitivo. A matéria linguageira engaja modalidades relacionais e identificatórias. Para nos comunicarmos, somos "condenados a investir", parafraseando Piera Aulagnier (1982).

Situamo-nos em um narcisismo primário no qual o objeto em formação ocupa um lugar preponderante. Esse aspecto do narcisismo, direcionado simultaneamente ao eu e ao objeto em formação, está provavelmente presente até nas patologias autísticas, quando a criança mergulha em *buscas sensoriais idiossincráticas*, pouco perceptíveis do exterior (traços autísticos), ou quando ela está em uma sensorialidade não endereçada (enquanto ninguém a traduzir enquanto endereçamento). Isso me esclarece um pouco quanto à diferença que Tustin (1980) desenvolve entre traço e objetos autísticos. Falar de "objeto" autístico me parecia obscuro, pois haveria ausência de investimento pulsional, o "objeto" seria intercambiável e apenas suas qualidades sensoriais duras contariam. Presentemente, penso que ela provavelmente tinha a intuição de que o conceito de pulsão mensageira esclarece isso sob uma nova perspectiva. Estamos diante de um objeto quando aquele que está presente o sente e o considera enquanto tal, antecedendo o que pode pensar a criança mergulhada em uma intensa confusão si/objeto.

Esse ponto de vista me parece interessante com todos os pacientes, sejam eles crianças, adultos ou adolescentes, particularmente quando apresentam distúrbios de interiorização, de continência/contenção, ou, para dizê-lo em outros termos, quando apresentam distorções na organização de sua pele psíquica (Bick, 1968), de seu eu-pele (Anzieu, 1981).

Esse trabalho de interiorização e de organização da separação e da diferenciação é perceptível nas crianças muito pequenas, até nas modificações de suas produções sonoras: por volta dos dezesseis meses, os finais se alongam notavelmente, assumindo quase o dobro do valor das sílabas não finais. G. Konopczynski (1994, p. 8) se pergunta se isso não seria o sinal de que a criança descobre a função demarcativa das sílabas finais.

Todo esse movimento parece marcar a interiorização das separações, das rupturas, simultaneamente em si e na produção linguageira. A temporalidade está operante. Para instalar essa estruturação do enunciado com sua série de sílabas breves seguidas de uma só sílaba longa final, a criança precisa ter integrado a organização global de um enunciado e a pré-programado como um todo. Após esse procedimento, o mais difícil provavelmente já foi feito, e o restante se caracteriza sobretudo pelo treinamento simultaneamente perceptivo e motor.

A intricação entre ações corporais, movimentos psíquicos e desenvolvimento linguageiro se revela de forma cada vez mais manifesta no curso de minhas leituras: assim, parece-me que o balbucio canônico (com redobramento) começa ao mesmo tempo que os movimentos rítmicos das mãos, e que se trata de uma etapa obrigatória em direção à linguagem articulada. Atividades motora, sensorial, afetiva e simbólica parecem se associar no processo de colocar em linguagem uma forma de ligação globalizante de si e de vínculo ao outro. Perguntei-me se poderíamos aproximar balbucio canônico, movimentos rítmicos das mãos e construção do si em torno do "eixo vertical", do qual G. Haag (1985) trata em seu artigo sobre as duas metades do corpo. O lado dominante do corpo é fortemente identificado ao corpo e às funções da mãe ou da figura maternante reatualizada na transferência com o terapeuta.

Se nos referirmos aos estudos linguísticos, seria essa uma forma primitiva da afirmação? Vemos a quantidade de questões fascinantes que a pesquisa linguística levanta na tentativa de captar o que significam as produções sonoras associadas aos atos motores e às buscas sensoriais presentes nas crianças muito pequenas, ainda sem linguagem constituída.

Essas pesquisas linguísticas sobre o mundo sonoro dos bebês são de grande ajuda na presença de crianças inundadas por um universo interno caótico, de crianças desprovidas de linguagem, de crianças cujas produções sonoras me pareciam, de início, puras excorporações da ordem da descarga motora.

Proposição: escutar a matéria sonora das crianças autistas e psicóticas como uma expressão à qual se deve dar sentido

A utilização da matéria sonora pelas crianças com grandes dificuldades psíquicas também está longe de ser aleatória e sinaliza, para aqueles que estão atentos a ela, as modalidades de seus "estados" internos. Essa "matéria sonora" possui uma potencialidade mensageira, mesmo que tudo ataque seu aspecto mensageiro, como se fossem, por vezes, contramensagens ou antimensagens, em si mesmas mensageiras. Em parte, não estar ali onde esperamos que elas estejam é uma característica das crianças autistas, "como se" elas fizessem de tudo para que não pudéssemos entrar em comunicação com elas. Daí vem a ideia de movimento defensivo associada à ideia de organização de sobrevivência psíquica sob o risco de morte psíquica. É interessante notar que, quando nos posicionamos onde elas não esperam que estejamos, por exemplo em eco ou imitando-as, seu interesse por nós se manifesta por sinais discretos. Devemos, então, traçar a hipótese de que essas formas de "desinteresse" são movidas por uma intencionalidade, o que teria como consequência um pano de fundo psíquico de evitamento organizado? Não sei nada quanto a isso. Seja qual for a etiologia, me pareceria muito redutivo pensar o funcionamento psíquico em termos de uma etiologia única, mesmo se tratando de uma organização defensiva para sobreviver... No entanto, o que podemos notar – e que vai no sentido oposto às teorias da mente – é que o seu interesse sinaliza que esperam certos tipos de comportamento da parte do ambiente e que, como as crianças pequenas, interpretam a reprodução de seus comportamentos ou de suas produções sonoras como um convite à troca.

Em nível contratransferencial, as particularidades da "matéria sonora" emitida pelas crianças autistas e psicóticas agem sobre nós de maneira inegável. Ela pode mobilizar aborrecimentos, passagens ao ato, recusas ou o encerramento da capacidade de pensar. Em seu campo de pesquisa específico, J. Cosnier (1984, p. 2) considera que a linguagem não aparece mais como pura realização acústica; quando – a despeito das aparências – ela não serve para dizer, mas para atravessar o dizer, para cumprir funções múltiplas e para fazer, ela é plurifuncional. Estou de acordo com o fim de sua frase: ela serve para fazer, ela é plurifuncional, mas entre suas funções está tentar dizer; de todo modo, sinaliza, a quem pode ouvi-la, certos processos psíquicos operantes.

Assim, é essencial partir do que está presente, ou seja, das experiências sonoras idiossincrásicas das crianças psicóticas e autistas, em detrimento do que não está, daquilo que estaria faltando para que se esteja na linguagem. Essa matéria psíquica primeira se revela rica em potencialidades de mensagens a decifrar e em comunicações que me eram "endereçadas" na troca transferencial-contratransferencial, na medida em que eu ali me posicionava para recebê-las. Em vez de apreender essas produções sonoras sob o ângulo da recusa e da negação, no meu procedimento clínico optei por abordá-las como uma expressividade a ser reconhecida, à qual dar sentido e vida e, ao mesmo tempo, como aquilo que a criança viveu, o que ela não viveu e o que vive comigo. Proponho considerar os sons e as produções sonoras como uma matéria dinâmica intersubjetivante.

Nesse contexto de trabalho, nos situamos "no fio da navalha", para retomar uma expressão de L. Grinberg (1994). Existe uma necessidade inevitável de "apropriação" da problemática do paciente pelo terapeuta ou analista, e aí reside seu interesse e seu perigo.

Perigo no sentido de que podemos projetar muito, dando um sentido, por um tempo, àquilo que não é articulado de forma linguageira. Essas crianças estão, ao menos secundariamente, no traumático, por sua dificuldade em conseguir apreender o comportamento e o sentido do mundo humano que as cerca. Dar-lhes esperança de vinculação implica assumir o risco de mergulhá-las na repetição traumática, e até mesmo de perder o controle, como por vezes fez Ferenczi. Assim, poderíamos dizer que a situação reativa a repetição do idêntico, mas, ao se propor como objeto, a possibilidade de transformá-la é colocada no horizonte. Um objeto ainda mais necessário, visto que geralmente as produções sonoras dessas crianças e suas ações estão longe de serem percebidas como apelos de ajuda, sendo frequentemente apreendidas por pais, educadores e terapeutas como recusas, fazendo-as provavelmente sentir – se acreditarmos nos testemunhos de crianças autistas – que nenhum lugar lhes é dado. De todo modo, se conseguirmos "sobreviver" a essa "sensação" de negativação ou de recusa, o impacto violento do gestual e das produções sonoras não pode senão nos interrogar. Segundo a organização psíquica das crianças com grandes dificuldades no desenvolvimento, como pensar a construção, a não construção ou a desconstrução da linguagem?

Antes de abordar essa questão complexa, parece-me interessante captar como as trocas linguageiras se organizam nas inter-relações pais-bebê.

5. Narcisismo primário, relações objetais e produções sonoras

As mensagens em busca de objeto: trabalho de interpulsionalidade entre a mãe e o seu bebê

O material primitivo da linguagem privada entre uma mãe e seu filho está ligado a situações globais e à interpretação, pela mãe, das posturas e dos gestos de seu bebê. A mãe acompanha e comenta os ruídos e gestos do seu bebê de forma empática, intuitiva. Suas ritmicidades respondem umas às outras em primeiras comunicações alternadas, coordenadas sob um mesmo ritmo de base, durante a mamada, por exemplo. Nesse contexto de atenção mútua, os olhares se tornam demonstrações e estabelecimentos de ligações.

Todo esse "material" corporal, sonoro, expressivo ou conativo[1] é retomado e associado pela mãe à função representativa, seja auxiliando a colocá-lo em palavras, seja auxiliando comportamentos. Por meio de um conjunto de mensagens produzidas e transmitidas pelo corpo a corpo, suas modalidades de funcionamento e suas

---

[1] Quando há urgência orgânica no início da vida, a função expressiva do grito é percebida pela mãe como um apelo imperativo.

dificuldades vão qualificar todo um material emocional e fantasmático inconsciente pela afinação afetiva e suas especificidades. É provável que a sedução materna generalizada (Laplanche, 1970) e, muito provavelmente, o transgeracional (Golse, 2004, p. 68) passem por essa via. Mecanismos de defesa psíquicos como evitamentos podem ser transmitidos a uma criança antes mesmo que ela encontre os perigos pulsionais contra os quais essas defesas deveriam proteger. As múltiplas formas de estabelecimento de relação dos bebês com o corpo e o seio da mãe atestam a estreita relação entre as experiências sensoriais e as primeiras inter-relações. Formulo a hipótese de que se trata de "materiais" próprios à elaboração de proto-representações cuja forma é emprestada ao sensorial, mas também a todos os aspectos relacionais, posturais, motores, sensitivos e temporais da experiência afetiva.

Nesse caso, estamos diante de uma forma de "memória do corpo" intimamente ligada ao que M. Klein (1957, p. 17) chama de *memories of feeling* (lembranças em forma de sentimentos), as quais, observadas e interpretadas, se tornam *communication of feelings*, "representância do afeto" (Davitz, 1974).

Conhecemos as sonoridades suaves do ar expirado pelas narinas dos bebês durante a experiência de sucção do leite, a bonita musicalidade da expiração que se assemelha a um suspiro reconfortado, uma espécie de "mmm". As mães de Peter e de Amos dizem que seus bebês cantam no seio, o que produz nelas conforto e segurança quanto às suas capacidades de alimentá-los, de serem mães provedoras, amadas por seus bebês. Elas percebem esse murmurar como expressão de uma aceitação da incorporação da comida que elas lhes oferecem, mas também como aceitação delas próprias. Essas produções sonoras fazem delas mães suficientemente ou insuficientemente boas para si próprias. Os bebês obviamente não têm intenção alguma de tranquilizar ou gratificar suas mães, mas suas "canções" sinalizam seus estados de ser, os quais são recebidos como mensagens pelas mães. É interessante notar que as mães frequentemente percebem transformações nas sonoridades emitidas pelos bebês quando eles passam do seio à mamadeira, atribuindo a elas significações e mensagens. Assim, a mãe de Peter declara ao observador que seu bebê canta mais baixo. Aqui, vemos uma passagem do soma ao corpo graças a essas pulsionalidades conjugadas e àquilo que chamarei de trabalho de interpulsionalidade. A mãe dá sentido – com o que isso inclui de afetos – às produções sonoras ligadas à conjugação da respiração de seu bebê, a seus movimentos de bombeamento do seio associados às manifestações de prazer/desprazer. O sentido que ela atribui a essas produções sonoras depende do que se passa com a criança, do que a mãe pode decifrar disso a partir de suas projeções, de sua culpabilidade ou de seu alívio ao interromper a amamentação pelo seio. Todos esses processos são atratores e mobilizadores da pulsionalidade do bebê.

É interessante notar que certos bebês dão continuidade a seu murmurar com uma mamadeira com leite, mas, conforme percebem algumas mães, esse murmurar cessa ou se modifica bastante quando a mamadeira contém suco de fruta. É como se as mães vivessem nelas mesmas – por intermédio do bebê ou de certa qualidade de atenção ao que ocorre com ele – algum tipo de continuidade, apesar da diferença que foi integrada na passagem do seio à mamadeira com leite. Na passagem ao suco de fruta, por outro lado, a separação foi maior. Conforme manifestado pelas reações do bebê ao seu primeiro gole de suco de fruta, a criança cresce e seus gostos se transformam. Alguns param de beber, empurram para longe o bico da mamadeira, enquanto outros, atônitos, observam suas mães com ar interrogativo, suspendendo temporariamente o movimento de sucção para, por vezes, retomar com interesse a nova acidez sentida, a despeito das caretas. Apesar da aparente similitude das situações, a diferenciação das experimentações individuais faz parte das amenas experiências de separação e encontro com o mundo que os cerca. Se admitirmos, como Hobson (1993), que um símbolo se refere a alguma coisa para alguém, essa experiência em si mobiliza a capacidade de simbolizar. Para adentrar o senso comum, uma criança deve verificar as reações no rosto dos adultos que a cercam diante de determinada situação ou de determinado objeto.

No que diz respeito à linguagem – sem que se questione o que há de essencial no princípio de arbitrariedade do signo –, parece que, conforme mostrou I. Fonagy, sobretudo nos primórdios das produções sonoras, as sensações a elas ligadas suscitam um valor simbólico no interlocutor ou no auditor. Diversos linguistas ressaltaram a preponderância da sonoridade [m] nas palavras infantis que designam as mães na maioria das línguas codificadas. Já vimos que o próprio movimento do mamar (sucção dos lábios e relaxamento do palato mole, favorecendo a respiração e a manutenção do seio na boca) mobiliza esse timbre nasal. Assim como a de outros clínicos, nossa experiência confirma essa análise; a pequena Piggle de Winnicott (1977), por exemplo, nomeia o seio de "miams".

Voltemos à experiência do mamar e às produções sonoras que a acompanham.

Como já vimos com bebês muito jovens, as produções sonoras não são necessariamente endereçadas ou dirigidas ao objeto. Ainda não se trata de mensagens propriamente ditas. No entanto, as mães percebem essas sonoridades como endereçadas a elas, organizando no bebê um processo de descolamento, de um ligeiro espaço intersticial, organizando o afeto enquanto movimento de espera de uma forma (Green, 1985). Ao encontrar o objeto, os gritos se pulsionalizam, ficam carregados de mensagens e se revelam à criança por meio de um processo de reflexividade (Roussillon, 2004). O objeto nasce no ódio, nos diz Freud. O objeto deve sobreviver ao ódio, acrescenta Winnicott. Mas antes de tudo isso, para poder se constituir, o objeto deve oferecer uma certa qualidade de presença ritmada e fidedigna, nas modalidades flexíveis de presença e ausência.

> *Tomemos como exemplo uma observação pessoal: a mãe do bebê Nathan havia percebido que, quando ela se endereçava a qualquer outra pessoa enquanto amamentava seu bebê, ele parava de mamar. Essa perturbação em sua atividade de amamentar foi se sonorizando pouco a pouco. Quando tinha um mês de idade e a mãe falava com outra pessoa enquanto o amamentava, Nathan parava de cantar no seio e manifestava seu descontentamento por meio de uma sonoridade gutural. Isso fazia a mãe rir, e ela então se endereçava a ele mudando espontaneamente o registro de sua voz. Assim, Nathan voltava a mamar.*

Aqui vemos que a mãe pode estar ausente na presença e que a distinção entre comunicação endereçada e não endereçada quase não convém à reflexão sobre a comunicação primária, visto que a comunicação se organiza quando alguém está presente, pronto a recebê-la. As produções sonoras dos bebês, como as de crianças perturbadas, seriam produções para si, as quais, ao encontrar o objeto, por vezes caminham na direção da troca linguageira. Da mesma forma que o grito e o comportamento, o som ao qual a mãe atribui o estatuto de mensagem passa a se tornar uma mensagem. As capacidades de apelo do bebê se transformam. Esse trabalho psíquico é identificável quando se observa que um bebê pode utilizar um novo som em um contexto diferente daquele no qual ele o descobriu. É o sinal de que algo referente à polissemia da linguagem se organiza. Caso obtenha um reconhecimento pela resposta adaptada do objeto, a "matéria sonora" pode se tornar uma matéria psíquica no jogo relacional. Sem isso, ela permaneceria ligada a uma situação particular e mobilizaria uma repetição com dificuldade de descontextualização.

Como pudemos ver com o bebê Nathan, o mamar faz parte desses instantes presentes mobilizadores da pulsionalidade, momentos carregados de comunicações múltiplas; momentos iniciadores de produções futuras.

Quando o mamar e a digestão correm bem, algo do vínculo é ingerido. Quase não são observados vômitos ou regurgitações. O mamar é, então, uma experiência intersubjetiva dos primórdios da bissexualidade psíquica, organizadora da capacidade de se deixar levar, de receber e de segurar. Nessa modalidade de vínculo, a libido e a sexualidade estão em jogo para os dois parceiros. Como já apontei, Lichtenstein (1961) considera ser esse o ponto no qual podemos observar uma ligação entre a sexualidade e a emergência da identidade no homem.

Inversamente, nos bebês cujos vínculos com as mães são difíceis, observamos regurgitações frequentes, mesmo que não haja problemas fisiológicos. Assim, F. Ciotti (1984) pôde observar uma pseudo-docilidade da boca do bebê quando engole o leite dado por uma mãe psicótica agitada, em más condições. Mas essa incorporação é desafiada por uma retração para fora da relação, um evitamento do olhar e um soluço compulsivo seguido de um vômito sistemático do conteúdo da mamadeira. O alimento nutricional e relacional não pode ser incorporado. Ele é insuficiente para ser incorporado e se constituir como contendo ternura. Conforme indica D. Cupa,

> *A ternura parece ser esse fundo ritmado de afinação cúmplice. Ela é esse fundo portador dos primeiros signos, depósito das primeiras impressões que formatam os envelopes, no sentido formalizado por D. Anzieu. (2007, p. 287)*

Para além de uma modalidade de autoconservação, a *boca* deve ser um lugar de encontro terno, um lugar de prazer. Minhas pesquisas mostram que as experiências vividas no espaço bucal apenas permitem a construção psíquica da boca, a construção psíquica dos objetos incorporados e introjetados enquanto "objetos internos", se essa cavidade primitiva (Spitz, 1955, p. 216) for investida como um local de trocas adequadas entre o bebê e sua mãe. Mesmo que para Spitz a primeira fase das inter-relações do bebê, na perspectiva das relações de objeto, ainda seja pensada como um "estado não objetal" (1965, p. 27) de narcisismo primário, sua concepção da boca como lugar primordial das percepções me pareceu antecipar a minha pesquisa referente à aparição das *primeiras representações* a partir das *experiências intrabucais*. Podemos notar, aliás, que o vínculo que ele estabelece entre a cavidade primitiva, a pele e o labirinto pode aparecer como uma antecipação da noção de pele psíquica.

Pensamos evidentemente no conceito de "teatro da boca" de D. Meltzer (1986), para quem a boca constituiria um "espaço" privilegiado no qual se desenvolveria a relação propriamente fantasmática do sujeito com seus objetos internos. Esse espaço privilegiado da oralidade e do táctil seria um lugar particularmente favorável à elaboração das experiências emocionais e estéticas. Eu acrescentaria que, para o bebê, o ato de comer é uma espécie de prévia da bissexualidade psíquica durante a qual se deve ser ativo e passivo, ao mesmo tempo e alternadamente, aceitando deixar-se mobilizar e mobilizando todas as sensorialidades, reunindo-as sob a primazia do táctil-oral, mas não se limitando a ele, e não se limitando quase nunca.

A transição para a colher, com o espaço-tempo entre as colheradas, organiza o início de uma tolerância à frustração que trazem os momentos em que a boca está vazia, aos quais sucedem os momentos de "boca cheia". Essa frustração é atenuada pelo ritmo que organiza o retorno da colher dentro de uma probabilidade que o bebê pode antecipar. No início da vida, é com esses ritmos que ocorrerá o vínculo de *response-ability* (capacidade de resposta) e *response-inability* (incapacidade de resposta) entre a mãe e o bebê, os quais aprofundaremos ulteriormente.

Tolerância às mensagens indecifráveis do bebê e organização de sua capacidade de estar só em presença

Com a ajuda de observações de bebês (algumas no contexto do método de E. Bick e outras advindas de observações não supervisionadas, mas que tinham como pano de fundo esse mesmo método de observação), discutirei momentos que considero favoráveis a mudanças durante o período de desmame. A mãe consegue tolerar a perplexidade incômoda na qual é mergulhada pelo comportamento inabitual de seu bebê. Ela permite ao bebê um tempo para a exploração enquanto ele se separa dela e manifesta, pelo desvio do olhar, que está experimentando uma ruptura de vínculo com ela. Esse tipo de mudança nas atitudes do bebê é sentido como sofrimento e, frequentemente, como uma rejeição, pelas mães, no momento do desmame. O período de desmame é acompanhado de modificações importantes no nível das sensações, das emoções e das representações de si e do objeto no espaço e no tempo.

Apresento, a seguir, um desses momentos em uma observação de bebê repleta de tensões e dificuldades relacionais.

É dado início ao desmame. Ele é marcado por momentos de fuga do olhar e por outros mais depressivos. Nesse caso, a solidez dos vínculos anteriores construídos entre essa mãe e seu bebê vai permitir que ela tolere as explorações de seu bebê, suas atividades livres, espontâneas. A cena que apresentarei nos faz pensar no princípio do trabalho no berçário de Lóczy, no que se refere à importância de uma atenção calorosa, sem intrusão do adulto, dando espaço às experiências "solitárias" sobre um fundo de presença.

> *A refeição começa com um iogurte com mel. Peter*[2] *engole com uma dupla sonoridade bem delimitada, acompanhada de um "eh, hum", deixando perplexos mãe e observador, ambos sem saber se é uma sonoridade de alegria ou de insatisfação. Cada colher engolida com apetite é acompanhada, sistematicamente, do mesmo som, "eh, hum", até o fim do pote. A mesma coisa se reproduz com o pequeno pote de frutas: esse som duplo, que é diferente, apesar de próximo, acompanha sistematicamente a deglutição. O primeiro som, "eh", é um som na boca, mais na superfície; o segundo, "hum", remete ao movimento de incorporação. Segundo o observador, não se trata nem de alegria, nem de descontentamento, mas talvez simplesmente de uma experiência sonora do conduto orofaríngeo. Estamos no seguinte questionamento: o que estaria em jogo aqui, o corpo ou o soma? Até que ponto se pode psiquizar essa produção sonora?*

O apelo ao somático é raro em uma observação no método E. Bick. Isso provavelmente aponta, simultaneamente, para uma perplexidade dos adultos e sua necessidade de organizar defesas para se distanciar do sofrimento (provável identificação do observador com o sofrimento da separação expresso pela mãe e aquele que pode potencialmente existir por parte do bebê).

Presumivelmente sustentada pela presença do observador que compartilha sua perplexidade, a mãe, a despeito de suas dificuldades

---

2 Os fragmentos relativos a esse bebê são de uma observação conduzida pelo dr. Laforgue.

quanto ao desmame, permanece silenciosamente atenta a esse som e à forma de experiência de sua criança. Aqui, Peter, que habitualmente se dirige aos adultos, não está mais no campo relacional, mas plenamente centrado em si mesmo, em uma forma de experimentação e de tentativa de elaboração sonora daquilo que sente no nível gustativo e emocional. Aqui, ele não está no campo da troca direta. Ele sinaliza, entretanto, mesmo que sem intencionalidade direta de comunicação, sua própria perplexidade e sua ambivalência quanto a esse "gosto novo de separação".

A distância, sua mãe e o observador permanecem atentos à sua experimentação dessa modalidade de alimentação, que ele explora livremente, sem a intervenção de um adulto. Toda a sua atitude e as sonoridade emitidas produzem uma forma de embaraço nos seus "interlocutores" não interpelados diretamente. De meu ponto de vista, Peter experimentava, ali, sua capacidade de estar só em presença. Ele se individualiza e dá prosseguimento ao que havia se iniciado com os ritmos: o processo de separação.

O que ocorre nesse caso permite um "crescimento do continente" (tanto das capacidades psíquicas da mãe, que tolera a mensagem enigmática de seu filho, quanto da criança, cuja atividade é mobilizada por uma pulsão epistemofílica).

Isso faz pensar que, quando há inter-relações de qualidade, as mães são capazes de espontaneamente respeitar as experiências de seus filhos, de apoiá-los com sua atenção sem ir imediatamente na direção de algo que se assemelha a uma tomada de poder. Esse risco pode ser encontrado no âmbito do trabalho terapêutico: em qual momento um trabalho interpretativo auxilia a elaboração e em qual momento ele entrava o pensamento? Estamos em momentos importantes de "descobertas" do objeto e de si mesmo, por meio de *comportamentos* e de *sonoridades* potenciais endereçadas ao outro. Tendo em vista a sua retomada sistemática dos sons "eh/hum" e as experimentações paralelas que o bebê Peter e sua mãe efetuam, esses sons me parecem demonstrar uma modalidade de interiorização da separação associada aos gostos na boca. As idas e vindas da colher não são comparáveis à colagem do rosto do bebê ao seio da mãe, às sensações do corpo colado durante o mamar na mamadeira. O espaço se instaura entre mãe e bebê e são essas idas e vindas da colher que o preenchem, já colocando em ação a brincadeira do "Cadê? Achou!", do "está lá, não está mais lá". Essa brincadeira se divide no interior do próprio bebê: a comida na boca é engolida, circula no interior de seu corpo, nas suas profundezas. É a experiência do corpo separado e de sua interioridade que é aqui vivida, simultaneamente desde o interior e no vínculo não rompido com o objeto, graças ao seu ritmo.

Nesse momento do desmame, também deparamos com um aspecto comovente da separação nos comportamentos de cólera, de evitamento do olhar e, em nível sonoro, nas explosões sonoras inabituais – choros, arrotos, risos. As sonoridades guturais se encontram "descontaminadas" nos jogos sonoros com emissões voluntárias de "RRRR" (sons guturais[3] – com ou sem oclusão –, os quais geralmente manifestam o mal-estar), que são utilizados de forma lúdica e relacional. Além de "coçarem a garganta"[4], eles também a acariciam[5] com uma produção diferenciada ("RRRR" vibrantes e suaves, pronunciados mais no fundo da boca ou rolados para a frente), sons que são carregados de emoções complexas. Algo das condições iniciais da produção desse som foi modificado, "descontaminado". É quase como uma forma de tratar com leveza os momentos difíceis, uma forma de aprendizado do humor, de

---

[3] No original, *grasseyés*, do verbo *grasseyer*, que designa uma forma específica de pronunciar a letra "R" [N.T.].

[4] No original, *gratter la gorge*, que significa coçar, raspar a garganta (internamente) [N.T.].

[5] No original, *chatouiller*, que pode significar "fazer cócegas". Aqui, entendemos que o verbo designe uma modalidade de toque delicada [N.T.].

descontextualização, que abre um espaço entre objeto, estado de ser e proto-representação.

Nesse mesmo período da vida do bebê, assistimos à aparição do riso sonoro e barulhento, parecendo visar à troca. A expressão de emoções mais extremas e mais marcantes, como choros e risos endereçados, aparecem com a busca de mentalização dos *conflitos* internos ligados à separação. Trata-se de um período doloroso, conflitivo e rico, que demandará uma organização da relação mãe-bebê. Vai ser preciso encontrar uma posição intermediária entre colagem, ruptura-arrancamento[6] e separação, sofrimento e ternura infiltrados de agressividade. Nesse momento relacional, o papel do pai é extremamente importante, mesmo que, desde o início da vida, o pai tenha já um papel importante no seu modo de estar presente para o bebê e para sua mulher, enquanto objeto de suporte e de separação. Pode-se pensar em termos de "objeto de pano de fundo" (Grotstein, 1981), indispensável a qualquer manutenção. Nesse período de crise, ele se diferencia da mãe e se afirma como um outro objeto de investimento importante.

Conforme sinalizado por vários autores, essa dinâmica é experimentada a dois de forma motora e linguageira, nos jogos de esconder, de cócegas ou de "bong" no contato de duas cabeças que mobilizam processos múltiplos, particularmente no que se refere à associação contato-separação-antecipação do próximo contato, com o ganho de prazer da surpresa lúdica (Marcelli, 2000), quando a criança integrou o jogo e apenas suas variações se tornam aceitáveis e lúdicas.

Aqui, observamos a dança e a musicalidade dos corpos que são vagamente familiares, mas se desenrolam em um clima radicalmente diferente; certas buscas por aproximação das cabeças, certas oscilações corporais inquietantes e repetitivas de crianças psicóticas tomadas pela solidão de um ritmo que não encontra um ritmo em

[6] No original, *rupture-arrachement* [N.T.].

eco transformador (Boubli, 2007). Retomarei essa questão, mais especificamente no tocante ao fenômeno do eco, seja ele sonoro ou comportamental, e à sua importância significativa na pulsionalidade.

Gostos da separação integrando a temporalidade

Vejamos mais precisamente o que se passa com dois bebês neste momento de vida fundamental que constitui o desmame.

Peter e Amos manifestam suas inquietudes e sua raiva por meio de sonoridades expulsivas, por diversos choros, por arrotos, por desvios da cabeça, dos olhos. Cada uma das crianças aborda e interioriza diferentemente o desmame. Ambos têm pouco menos de dois meses na ocasião das sessões que apresento. Escolhi-as porque me pareceram representativas da mobilização de uma forma narrativa advinda da regularidade e da confiabilidade dos vínculos com a mãe e da previsibilidade que favorece a antecipação de certos ritmos. Os ritmos me parecem comparáveis às marcas sobre as quais G. Haag fala em suas apresentações sobre seu trabalho com crianças que emergem do autismo. Dizem respeito ao já descolado, localizado espacialmente e temporalmente, à separação, à diferenciação nos níveis proto-representativos.

> *Desde a sua primeira semana de idade, após a amamentação, Amos costuma ter suas fraldas trocadas na proximidade de uma parede onde há uma tapeçaria africana pendurada, na qual animais estão representados com linhas em branco e preto nitidamente demarcadas. Durante esse momento de higienização que segue a amamentação, ele manifesta grande interesse por essa tapeçaria, observando-a por longos períodos, sem fixidez excessiva. Sua mãe diz que ele gosta muito*

da tapeçaria. O olhar dirigido à tapeçaria por vezes é combinado a um encontro entre suas duas mãos, ou ao posicionamento do punho na boca, o qual ele chupa enquanto a observa. De vez em quando, ele levanta as mãos, sorri e chilreia em direção à tapeçaria ou à mãe.

O interesse inicial desse bebê pelas rupturas das linhas e por suas conexões acompanha o que ele acaba de experimentar: a ligação entre boca e mamilo seguida do descolamento do corpo da mãe; depois, um momento de adormecimento seguido da higienização e de outros momentos de contato. Com um mês de idade, ele é novamente trocado abaixo da tapeçaria, desta vez logo após despertar, antes da amamentação. Ele "faz uma festa" para essas linhas, sorrindo para elas e emitindo vocalizações. Mesmo ocorrendo antes da amamentação, a experiência descrita não o confunde, e parece mobilizar nele a rememoração de experiências anteriores, mesmo que não sejam idênticas no encadeamento temporal. Mesmo em um contexto um pouco distinto (visto que ele está com fome), as rupturas das linhas não inquietam Amos de forma alguma. Pelo contrário, elas parecem remobilizar os momentos de prazer ligados ao encontro com a mãe. Elas aparecem como signo desse conjunto situacional agradável, ou até mesmo de uma probabilidade futura de retorno do encontro entre o mamilo e a boca. A organização temporal não é fixada a um encadeamento específico dos acontecimentos. Ela inclui o futuro. Trata-se, de certa forma, de uma aposta no futuro.

> *De todo modo, nessa tapeçaria, o espaço reencontrado parece mobilizar um reconhecimento, uma via associativa. Trata-se, a partir de ritmos bem integrados, do início de uma narratividade que é, ao mesmo tempo, inter-relacional e de si a si próprio?*
>
> *Com um mês de idade, podemos observar que Amos está em um mundo analógico, associativo, no qual a temporalidade, a capacidade de espera, de lembrança, de antecipação (tridimensionalidade) já estão na base de uma confiança fundamental devida à tecelagem dos vínculos psíquico estreitos entre uma mãe e seu bebê. Nessa base, as posições passiva e ativa se conjugam em permanência.*
>
> *As coisas se modificam consideravelmente no desmame, quando ele tem pouco mais de dois meses. Amos empurra o seio com raiva, se inquieta diante da tapeçaria de parede que antes parecia ser percebida como um anúncio do retorno do seio. É como se uma grande parte da situação de perda houvesse sido projetada nessas linhas associadas ao seio perdido. Ele grita e chora quando é trocado sob essa tapeçaria de parede. A mãe, que até então considerava que ele gostava dessa tapeçaria, decide retirá-la da parede. As trocas de fralda voltam a ser lúdicas e tranquilas.*

Em uma modalidade de pensamento carregada de projetividade, parece que a tapeçaria estaria completamente associada à situação global de perda do seio, do seio não gratificante, ou até mesmo inquietante. Aqui, provavelmente, não se trata de um funcionamento em equação simbólica (Segal, 1981). Essas capacidades de projeção faltam às crianças que estão em funcionamentos autísticos.

A capacidade projetiva implica a existência de um exterior. Amos parece desenvolver uma espécie de fobia diante da tapeçaria; fobia que protege sua relação com a mãe graças à projeção do perigo para outro lugar, para essas rupturas das linhas já portadoras de *simbolizações*. Vemos que a chamada angústia diante do estranho (Spitz, 1968), atualmente pensada como mais próxima à fobia, possui, muito provavelmente, múltiplas antecipações e indicações de compreensões variadas. O seio, irreconhecível por ter sido desinvestido ou por ser carregado de projeções agressivas no momento do *desmame*, seria vivido como estrangeiro?

Enquanto Amos expressa fortemente seu descontentamento e sua tristeza, ele desenvolve, paralelamente, uma grande vinculação à sua mamadeira, além de se interessar pelos novos gostos e pela alimentação sólida. Seu vínculo com a mãe se torna terno e lúdico enquanto se carrega de ambivalência, a qual, como veremos, vai se sonorizar.

Com Peter assistimos a um primeiro tempo comparável: vemos, na íntegra[7], um trabalho de simbolização na *presença/ausência* do seio

> *Ele tem cinquenta dias de vida. O desmame teve início de forma progressiva. A amamentação é interrompida pela chegada do observador, para quem a mãe vai abrir a porta. Como se mantido sustentado pela apreensão do seio, Peter possui uma certa tonicidade e um interesse por aquele que interrompeu sua mamada. Em seguida, sua tonicidade se reduz, mas seu olhar parece ser dirigido por um movimento associativo. Ele observa os pontos pretos no sutiã de sua mãe, o que a mãe apontará pouco depois. Ela o coloca no seio.*

[7] No original, *sur le vif*, que também pode significar “em flagrante”, “ao vivo” [N.T.].

> *Uma linha associativa se desenha partindo de uma situação: amamentação interrompida por um terceiro no período do desmame; o bebê que observa os pontos pretos; a atenção receptiva da mãe; a recolocação no seio. Em outro momento, é dada continuidade ao movimento associativo que teve início antes da amamentação: Peter não dorme, e observa novamente os pontos negros do bustiê de sua mãe. Depois parece fascinado pela almofada branca com listras pretas. Aqui, novamente, o cruzamento de linhas se torna significante da situação global de separação-reencontros. A mãe nota a atenção mobilizada por essa almofada branca com listras pretas e verbaliza, em um primeiro tempo: "A almofada o interessa. Ela é bonita". Essa observação mútua se carrega de encantamentos estéticos e epistemofílicos. A mãe sucumbe ao interesse magnético de seu bebê pela almofada. Ela parece captar intuitivamente o que está em jogo, pontua verbalmente sua emoção estética por essa almofada tão bela e propõe dar a ele muitas delas. Vemos que a atenção da mãe por aquilo que mobiliza o interesse de seu filho ajuda a sustentar a atenção dele, facilita a emergência de intencionalidade e permite uma forma de atenção compartilhada e de "conversação emocional".*

Conforme indica D. Houzel (2002), é interessante notar que a palavra "emoção" vem do latim *emovere*. Tendo inicialmente o sentido de "colocar algo em movimento fisicamente", a palavra passou a ter em seguida o sentido figurado de algo que se coloca em movimento psíquico. Parece que, para Peter, o que está em jogo é a capacidade de pensar o seio que se ausenta sobre um fundo de presença. Interpretando as produções sonoras, os olhares, as posturas e a tonicidade de seu bebê, a mãe os preenche de "mensagens" (função representativa).

O material primitivo da linguagem *privada* entre uma mãe e seu filho é ligado à situação global e à interpretação das posturas e dos gestos do bebê pela mãe. Colada ao bebê, mas não completamente, a mãe acompanha os barulhos, gestos e mímicas dele, aos quais responde de forma empática e intuitiva. Situamo-nos, então, na identificação adesiva que favorece a simbolização, criando ritmos, favorecendo a separação suave[8] e o início de uma existência separada. Conforme já apontei, isso me parece muito próximo do que declara G. Haag quando sinaliza a aparição de dobras em crianças autistas, assinalando modificações em sua bidimensionalidade.

Como no desenvolvimento normal, para que essas transformações sejam favorecidas no enquadre terapêutico, é necessário que alguém tenha condições de responder introduzindo pequenas diferenças, como um objeto duplo de si (Roussillon, 2002), situando-se no "mesmo", e não no "idêntico" (de M'Uzan, 1970). Em outras palavras, o terapeuta responderia, então, por modalidades de funcionamento muito comparáveis às da criança, a fim de não mobilizar suas angústias e defesas. No entanto, para que isso tenha caráter transformador, ele teria de responder em identificação adesiva, e não em identidade adesiva.

Uma modalidade de vínculo primário: o vínculo de response-ability

Vimos que os bebês nascem capazes de transmitir suas necessidades por suas *expressões corporais* globais, sua sensório-motricidade.

---

[8] No original, *douce* [N.T.].

Essas necessidades se transformarão por meio da interpretação materna, parental, em intencionalidade. Esse trabalho de interpretação indispensável inscreve[9] a qualidade do investimento da criança e a interpulsionalidade das produções, dos comportamentos entre mãe e bebê.

Quando as solicitações não respeitam o ritmo do bebê, não se adequam a ele, quando o adulto está preso em um narcisismo muito profundo no qual pouco espaço foi deixado para o outro, algo da modalidade de vinculação do bebê e da emergência de sua identidade pode ser perturbado. É importante que o objeto materno "*good enough*" (suficientemente bom) saiba se apresentar, mas também se retirar sem violência, com compreensão e respeito aos ritmos do bebê (Ciccone, 2007).

Desde os primeiríssimos estados da vida, os bebês chamam a atenção de suas mães pela linguagem do corpo e pelas produções sonoras. As esperas recíprocas, carregadas de projeções, demonstram, no bebê, uma capacidade inata a se engajar imediatamente em uma dinâmica inter-relacional na qual ele se mobiliza interiormente para responder a necessidades e estimulações internas e externas. Nesses momentos, o bebê age, simultaneamente, sobre si próprio e sobre sua mãe, mobilizando a capacidade desta de responder ao seu apelo.

Similar à tendência da mãe de ouvir o apelo de seu filho e responder adequadamente a ele é a manifestação de uma presença atentiva, de uma ligação afetiva específica que implica um movimento de ida e vinda no "diálogo" tônico afetivo. Conforte dito por G. Haag (2003) a respeito daquilo que ela nomeou de círculo de retorno,[10] para que haja movimento de comunicação, é necessário que algo alcance o outro e retorne.

---

9 No original, *signe* [N.T.].

10 Esse círculo sinaliza a entrada na comunicação de crianças autistas. (No original, *boucle de retour* [N.T.].)

Para que seja eficiente, a *rêverie* materna (bem como a do terapeuta) deve poder ser acolhida pela criança, que a recebe e a transforma para internalizá-la. A criança tem sua parcela de atividade nas relações que se instauram ou não. Desse ponto de vista, podemos observar as comunicações e os fracassos na comunicação das díades mãe-bebê em suas trocas cotidianas.

Para isso, proponho refletir mediante o conceito de *response-ability* e *response-inability*, de Dvora Boubli-Efrat (2005; Boubli & Efrat, 2006, 2009a), o qual me parece muito heurístico para refletir acerca do que está em jogo para os bebês e nos vínculos particulares com crianças autistas e psicóticas. Esse modelo de vínculo se inspira no modelo bioniano, no qual os vínculos são de natureza emocional. Trata-se de um vínculo construído na continuidade dos três outros fundamentais propostos por Bion: vínculos L (*love* – amor), H (*hate* – ódio) e K (*knowledge* – conhecimento). Segundo D. Houzel, mesmo o vínculo K deve ser considerado um vínculo emocional:

> *no sentido de que ele corresponde à emoção, à emoção ligada à incerteza e à tensão que devem ser suportadas diante do desconhecido, à espera de um sentido. O trabalho psicanalítico desenvolve o vínculo K. (Houzel, 2002, p. 511)*

D. Boubli-Efrat propõe um quarto vínculo emocional, nos primórdios da vida psíquica, que explica muito bem a forma como o vínculo K se desenvolve ou não. Trata-se do vínculo de *response-ability* (Re), que remete à "responsabilidade" e à "aptidão" ou "adequação" à resposta. Esse conceito poderia também ser traduzido como "capacidade de responder". No sentido original, de uma "aptidão para conter", o termo "capacidade" poderia ser adequado, no entanto, ele me parece muito carregado de uma conotação deficitária (incapacidade) para retê-lo. A complexidade da tradução me faz optar por manter o termo em inglês.

Acima de tudo, é necessário especificar que esse vínculo de *response-ability* deve ser diferenciado da ideia de responsabilidade conforme se emprega no senso comum, ainda que, no nosso ponto de vista, o sentimento de responsabilidade não dependa de uma maturação cognitiva, como tendemos a pensar, mas de experiência de troca nos primórdios da vida.

O vínculo de response-ability e suas três dinâmicas: questionamento-resposta-diferença

Neste tópico, vamos especificar o que propomos incluir na concepção do vínculo de *response-ability* (Re), a fim de refletir acerca do que ele aporta para uma melhor compreensão do vínculo bebê-mãe e mãe-bebê.

Conforme já precisei, o vínculo de *response-ability* depende das experiências de troca nos primórdios da vida. Ele depende da situação particular na qual três elementos – os elementos questionamento (Q), resposta (R) e diferença (D), implicando um mínimo de separação – se encontram intimamente intricados.

Segue a apresentação desses três elementos:

- O Q (questionamento) do vínculo corresponde à capacidade de estar em um estado de espírito de questionamento e implica, consequentemente, a capacidade de aceitar a dependência dos outros. Isso remete à capacidade negativa da qual fala Bion (1970), que inclui a capacidade de permanecer na incerteza, no mistério, na dúvida, sem mobilização da irritação, mas do interesse e do prazer pela busca de compreensão.

- Sob sua forma negativa, -Q denota a qualidade atacante do vínculo, sua forma de ataque à potencialidade de assumir a dúvida e a dependência dos outros.
- O R (resposta) do vínculo remete aos processos de mobilização por questionamentos internos e externos, que favorecem a emergência de uma "resposta" e o estabelecimento de um movimento de ligação relacional. A mobilização desse processo demanda um estado mental que tolera o engajamento nesse movimento de resposta. O que entendemos por resposta? A língua inglesa diferencia *response* e *answer*. Também é importante apontar com clareza que *response* é indefinido e não implica tipo algum de resposta específica. Podemos responder com um silêncio empático, com outra pergunta ou com uma forma de presença atentiva. Não se trata, de forma alguma, de construir para o outro. Inversamente, isso implica uma mobilização interna que tolera e é capaz de conter aquilo que a questão aporta de incerteza, de exploração. Trata-se de uma presença que acolhe, e cuja receptividade à exploração mobiliza uma comoção interna[11]. Trata-se de estar presente de uma forma que não invade a criança, mas sustenta sua construção específica.
- O –R reflete os ataques contra uma abertura à percepção do apelo e um desengajamento ou desligamento relacional, frequentemente expressado na raiva e nos *acting-outs*.
- O D (diferença) do vínculo é o resultado da conjunção do questionamento com a resposta... Trata-se da capacidade de aceitar e de tolerar a separação, de permanecer separado ao mesmo tempo em que se mantém o vínculo.
- O –D do vínculo expressa os ataques contra a separação e a diferença e reflete modos relacionais nos quais a separação e

[11] No original, *ébranlement* [N.T.].

a diferenciação são substituídas pela confusão dos limites e pela ruptura.

Originalmente, é aqui que se situa a maior assimetria entre mãe e criança. Entretanto, a própria mãe tem um caminho a percorrer, não apenas no que diz respeito a seu "infantil"[12] e seus processos adolescentes, mas também a seu tornar-se mãe. Com efeito, o processo de maternalidade[13] (Racamier, 1979) supõe a possibilidade de se desprender de representações carregadas de conflitualidade (a criança imaginária) para abrir-se ao que há de desconhecido na criança em sua realidade específica.

Para sintetizar, as noções de *response-ability* (Re) e *response-inability* (–Re) são as formas positivas e negativas de um vínculo emocional primário comparável aos vínculos L (amor), H (ódio) e K (conhecimento) de Bion. Três elementos interconectados e simultâneos, questionamento-resposta-diferença, constituem esse vínculo e estão em um constante movimento dinâmico e assimétrico, ligando o mundo intrapsíquico (dentro-dentro) e o mundo exterior (dentro-fora). Em sua forma positiva, o vínculo Re indica o estabelecimento de ligações comunicativas que permitem uma descoberta gradual de si e do outro, e a elaboração do processo de separação. Em sua forma negativa, o vínculo é atacado nos três elementos que o formam. Esses ataques denotam um estado de espírito no qual a diferença é vivida como uma ruptura.

Análise desse vínculo a partir de uma observação de bebê

Na seção intitulada "Tolerância às mensagens indecifráveis do bebê e organização de sua capacidade de estar só em presença",

12 O "infantil" na perspectiva psicanalítica [N.T.].

13 No original, *maternalité*, conceito do psicanalista francês Paul-Claude Racamier [N.T.].

vimos um movimento totalmente exemplar do que se passa quando a dinâmica entre os três elementos (Q, R, D) funciona bem. A situação na qual o bebê Peter experimenta a colher e o sabor do iogurte mostra bem como esse vínculo de *response-ability* (Re) se mobiliza.

Nesse caso, como vimos, tratava-se de um momento de crise potencial na relação mãe-bebê, que se transformou em crise mutativa graças à tolerância da mãe; tolerância à sua própria perplexidade, à sua incompreensão; tolerância a não estar no centro da atenção de seu filho.

Conforme lembramos, essa mãe terna, atenta a seu filho, estava em sofrimento: nesse período conflitivo – de crise do desmame, no caso – seu bebê evitava seu olhar, ignorava-a, manifestava seu descontentamento. Apesar de tudo, ela suportou a frustração de não ter o interesse exclusivo de seu filho por conta do novo gosto explorado, e não tentou recuperar a sua atenção ou captá-la enquanto ele se mobilizava diante de uma nova experiência que a excluía. Provavelmente ajudada pela presença solidária do observador que está tão intrigado quanto ela, a mãe permite, sem irritação, que o bebê tome seu tempo nessa experiência. Isso não é uma tarefa tão simples nesses momentos em que há modificações nas atitudes do bebê, sentidas como uma fonte de sofrimento e de rejeição pelas mães.

Para rememorar rapidamente a situação, a refeição começa com um iogurte de mel que Peter engole com uma dupla sonoridade, bem delimitada, de acompanhamento: "eh, hum", que dificilmente é perceptível emocionalmente, a não ser por não parecer corresponder nem a alegria, nem a insatisfação. Tanto com o pote de iogurte quanto com o pote de frutas, cada colherada ingerida com apetite é acompanhada sistematicamente desse mesmo som, "eh, hum". Peter está no Q (questionamento) do vínculo: sem raiva ou rejeição, ele se interessa pelo novo gosto e pelo novo modo de alimentação. Ele não repele a colher, comendo com apetite e com estupefação. Ele os manifesta e conquista, assim, sua mãe e o observador, os quais permanecem silenciosamente atentos a esse som, se questionam quanto àquilo que Peter pode estar sentindo. Os dois propõem uma presença de acolhimento. Nós nos situamos, ao mesmo tempo, no Q e no R (resposta) do vínculo. Essa tolerância atenciosa à questão de Peter permite que ele, um bebê que costuma ser sociável e estar voltado aos adultos, permaneça totalmente centrado em si próprio. Ele mesmo suporta o fato de não conhecer e se mobiliza nessa forma de experimentação e de tentativa de expressividade sonora daquilo que ele sente em nível gustativo e emocional. Aqui, ele não estabelece uma troca direta, mas "sinaliza", sem uma opção clara de comunicação, sua perplexidade e sua ambivalência diante desse "gosto novo de separação" (a passagem ao uso da colher). Ele se permite e é autorizado a explorar livremente, ainda que sua atitude e as sonoridades por ele emitidas produzam um certo embaraço em seus "interlocutores", não interpelados diretamente.

Nesse mesmo momento, vemos ocorrer para Peter o D (diferença) do vínculo: ele está em um estado de capacidade de estar só na presença, o que sinaliza que o sentimento de continuidade da existência foi estabelecido e que o processo de separação está se desenrolando. Peter talvez esteja em uma "relação com si" (*ego relatedness*), graças ao suporte do eu(*moi*) oferecido por sua mãe. Ele não precisa reagir a uma interferência exterior, podendo permanecer centrado em si mesmo, sem dirigir interesse ou movimentos ao exterior. Trata-se de um momento de solidão compartilhada em uma forma de felicidade sem excitação física, que se parece com momentos de compartilhamento vividos na amizade ou na convivência. É daí que C. Bollas provavelmente extraiu seu conceito de mãe objeto transformacional, encontrado durante as emoções estéticas e de criação.

Acrescenta-se a isso o fato de que a experimentação motora e sensorial é por si só mobilizadora de mudanças internas, visto que "a atividade própria do sujeito possui uma potência individuante" (Piñol-Douriez, 1984, p. 8).

Essa modalidade interativa é uma fonte de crescimento para o bebê e para a mãe, um aprofundamento de seus vínculos. Ao deixá-lo agir, existir sozinho, se separar, ficar sem ela, a mãe favorece um aumento de suas capacidades de continência, trabalhando a sua própria capacidade de se separar. Trata-se, aqui, de respeitar as experiências de seu filho, de apoiá-las com sua atenção sem partir diretamente para uma atribuição de sentido que congela, imobiliza e controla. Quando as inter-relações são de qualidade, as mães são transformadas pela relação. O bebê se situa em momentos importantes de "descoberta" do objeto e de si, por meio de sensações e de comportamentos diversos sonorizados para si. Entretanto, conforme vimos, esses sons podem ser endereçamentos potenciais ao outro, que pode captá-los ou não, sob uma modalidade de resposta não intrusiva.

Esse processo pode ser prototípico de todo trabalho terapêutico: em qual momento o trabalho interpretativo ajuda na elaboração e em qual momento ele entrava o pensamento? Conforme observamos, os sons "eh/hum" me parecem ser, por conta de sua retomada sistemática e das experimentações paralelas dos novos vínculos que o bebê Peter e sua mãe efetuam, uma modalidade de interiorização da separação associada aos novos gostos na boca, às idas e vindas da colher, às sensações dentro da boca que se perdem e se prolongam no interior do corpo, nas suas profundezas.

O vínculo de *response-ability* permite refletir quanto à dupla polaridade do trabalho psíquico entre o ambiente (materno, em particular) e um bebê. Para mim, esse conceito entra em ressonância com os conceitos de *Erfahrung*, de J. Laplanche (1987, p. 19), e de aprender com a experiência, de Bion. Ao nos ajudar a compreender o mundo externo, esse aprender com a experiência – cujo protótipo poderia ser o trabalho psicanalítico – nos modifica desde o interior. Dentre os três termos em alemão que significam experiência – *Experiment* (o experimentalismo se apaga diante do objeto), *Erlebnis* (o objeto se apaga diante da experiência vivida) e *Erfahrung* (movimento no contato com o objeto e com o movimento do objeto) –, Laplanche opta por desenvolver a terceira acepção. Essa última acepção me parece se aproximar do vínculo de *response-ability* que funciona bem. É provável que, com um objeto de pesquisa, o pesquisador desenvolva um vínculo de *response-ability* secundarizado, mas não sem vinculação com o seu vínculo primário.

Com o conceito de *response-ability*, estamos diante de um vínculo comensal carregado de terceiridade, no qual o elemento D (diferença) resulta da conjunção do questionamento com a resposta. Quando um processo de comunicação por meio de trocas mútuas Re entre mãe e bebê dá ao bebê a sensação de espaço contido e mantido em uma continuidade tranquilizadora, ele permite a realização gradual da separação. Essa dimensão relacional dos primeiros instantes da vida permite que seja estabelecido na criança um sentimento de realidade psíquica que confirma e reforça as ligações dentro/dentro e dentro/fora. Quando as coisas se desenrolam suficientemente bem, o sentimento de dependência não apresenta perigo. Pelo contrário, ele é vivido como um dos aspectos positivos da relação e facilita uma aceitação não conflitiva da separação, que não é vivida como uma ruptura.

No entanto, a assimetria natural entre as gerações, que é intrínseca a essa dinâmica, pode ser colocada em xeque quando a mãe se encontra incapaz de suportar esse processo, seja pela não aceitação da separação, seja pelas dificuldades na receptividade ou na resposta às demandas da criança (–Re). Nessa configuração, a separação não pode ser tolerada, pois é vivida como uma ruptura, implicando uma perda de si e do outro. O processo de parentalidade que favoreceria o acesso à sublimação, à socialização e à criatividade de ambos os parceiros não pode se desenvolver. Desse modo, o reinado da violência fundamental – um ou outro – pode por vezes se implantar.

De certa forma, é nessa perspectiva que D. Boubli-Efrat (2005) questionou o mito do Édipo, sob o ângulo das particularidades do primeiro encontro entre o casal parental e o recém-nascido. Na ocasião desse primeiro encontro, carregado de afetos e de fantasias que precedem o nascimento, os pais tentam reconhecer e se adaptar à criança real, em um movimento de separação sem rejeição. A criança se impõe em sua diferença, podendo, por conta disso, ser sentida como uma ameaça por um dos membros do casal ou por ambos. No mito de Édipo, nem Laio, nem Jocasta podem tolerar a chegada de seu recém-nascido e ambos o condenam à morte. Essa condenação é prototípica do vínculo –Re, onipresente no mito. Por outro lado, se o vínculo de *response-ability* constituído por esses três elementos dinâmicos funciona bem, o vínculo diferença, no qual a assimetria entre a mãe e a criança no início de vida é fundamental, os grandes momentos mutativos de estreita ligação e de separação se equilibram pouco a pouco e se transformam para ambos os parceiros.

Em uma interação positiva, nos situamos no contexto de um vínculo comensal conforme define Bion; vínculo que favorece o crescimento psíquico dos dois parceiros e os mobiliza em direção a espaços psíquicos cada vez mais diferenciados, mas suportáveis, por conta das emoções compartilhadas e interiorizadas. É isso que chamamos de processo de subjetivação e separação. Os três elementos (Q, R, D) estão sempre em dinâmica e provocam em permanência a mobilização de sua própria modalidade de vínculo *response-ability* (Re) ou *response-inability* (–Re), para si próprio e para o outro.

Contudo, certas crianças podem se encontrar reféns de um contrato narcísico alienante, até mesmo perverso, ou são "utilizadas" como antidepressivo por um genitor, o que as leva a desenvolver, em função disso, uma hipermaturidade que não é propícia para seu próprio desenvolvimento afetivo. Espera-se delas – ou elas mesmas disso se encarregam – que tenham um funcionamento para além de suas possibilidades e esqueçam de si mesmas em benefício do objeto. Nos situamos em um sistema de vínculo parasitário (Bion, 1970). Essa alienação é, ao mesmo tempo, "forçada" e voluntária, sendo novamente colocada em questão na adolescência e em todos os outros grandes períodos mutativos da vida.

O aprendizado da linguagem: um trabalho de response-ability mútuo na inter-relação mãe-bebê

A criança vai manifestar uma necessidade por meio de um grito ou de um *vocalise*, que podem ter a função de apelo. Conforme vimos anteriormente, mesmo quando as produções sonoras do bebê não são intencionais ou dirigidas a alguém, elas são tomadas em um movimento psíquico de elaboração que liga o bebê à mãe e a mãe ao bebê, em processos de transformações mútuas. É o que já vislumbramos com as sonoridades emitidas pelo bebê que "canta" ao seio.

Quando o grito, o som e o gesto são reconhecidos pela mãe como tendo o estatuto de mensagens, é isso que eles se tornam. O bebê é um parceiro ativo dessa construção, mesmo que tal construção seja obviamente assimétrica.

Quando há urgência orgânica no início da vida, a função expressiva do grito é percebida pela mãe como um chamado[14] imperativo.

[14] No original, *appel*, palavra que optamos por traduzir como "apelo" ou "chamado" de acordo com o contexto [N.T.].

Do ponto de vista linguístico, poderíamos dizer que a função expressiva se identificaria com uma função conativa, pois a mãe transformou o grito em chamado. Simultaneamente, a capacidade de chamar do bebê passa a se transformar.

Na ausência de urgência orgânica, a função expressiva traduz estados afetivos. Ela permite reduzir as tensões e, por meio da mímica e da tonalidade vocal, organiza uma *mise-en-scène* relacional. A partir dos gritos, das primeiras produções, o bebê vai criar expressões fáticas específicas, apelos. Trata-se de criações, na medida em que essas expressões específicas seriam provenientes de uma estruturação do grito, e não da imitação de uma produção adulta. Com efeito, as expressões fáticas das crianças pequenas têm uma forma ascendente (enquanto as dos adultos têm uma forma circunflexa) e seu volume se aproxima do volume dos gritos.

Mesmo que a propensão a chorar e a aceitação em ser consolado variem de um bebê a outro, parece que aqueles que continuam a chorar muito são aqueles cujo choro é ignorado pela mãe. As capacidades comunicativas (mímicas, gestos, vocalizações) desses bebês observados se revelaram inversamente proporcionais à quantidade de choro emitido. Diversos observadores sinalizaram que, em Lóczy, onde as crianças são objeto da atenção benevolente da equipe de cuidadores e têm sua individualidade respeitada, raramente se ouve o choro de uma criança. Isso não se deve ao fato de terem renunciado aos apelos e à esperança, como as crianças que se retraem em si mesmas e se deixam morrer nos casos de hospitalismo (Spitz, 1949), mas à integração dos ritmos e a uma espécie de segurança de base diante do adulto de referência. Nós nos situamos nas formas de vínculo de *response-ability* (Re), nas quais o adulto se situa no plano do interesse e do prazer na busca de compreensão, respeitando o ritmo do bebê. Essa forma de presença favorece as capacidades de busca e de tolerância pela incerteza por parte do bebê e da enfermeira, favorecendo um processo de diferenciação sem violência em uma atividade compartilhada (sendo a presença atenta também da ordem da atividade receptiva).

Há tolerância às mensagens indecifráveis do bebê, favorecendo a apropriação de suas experiências e de sua capacidade de estar só na presença do outro.

Esse conceito de *response-ability*, que mobiliza um duplo movimento (em direção ao outro e em direção ao interior de si próprio), reflete, simultaneamente, essa comunicação carregada de preocupação atenciosa da mãe e aquilo que essa comunicação mobiliza na criança. Ele nos permite refletir sobre o que está em jogo para as crianças autistas, saindo de uma visão etiológica simplista do tipo "o ambiente é que foi inadequado" ou "a criança que é deficitária"...

O desenvolvimento da comunicação parece tributário da qualidade da interação mãe-bebê, da capacidade de escutar e das modalidades de resposta aos gritos diferenciados. Contudo, é preciso também considerar as capacidades de apelo do bebê, bem como sua tolerância à espera e suas capacidades de adaptação às respostas dos adultos.

Responder, para o adulto, significa estar atento, mas também, em parte, poder utilizar as sonoridades emitidas pelo bebê nos "pré-jogos", nas tentativas de ligação ativas, frequentemente lúdicas: a mãe espelha gestos oro-buco-faciais de seu bebê, oferecendo a ele os gestos dela própria. O apelo pode vir do bebê, que aguarda a resposta do objeto, e pode vir do adulto, ele próprio sustentado pela resposta do bebê. Se o bebê não reage, as solicitações não podem se manter ou perdem seu caráter lúdico, tornando-se, por vezes, interferências intrusivas e insistentes, visto que há muita angústia e raiva diante dessas não respostas vividas como uma ferida narcísica, como uma negação de si.

Quando a troca se desenrola nas condições do prazer compartilhado, a comunicação é global: o gesto cinemímico acompanha e completa o gesto fonomímico. Os gestos laringo-bucais vêm substituir ou reforçar determinados gestos corporais ou manuais. Estamos no plano de uma teatralização com modalidades de oralização do gesto global.

Intimidade dos vínculos entre as três funções da linguagem: apelo, expressão, representação

Conforme já assinalei, os gritos – primeiras produções – foram considerados por muito tempo totalmente independentes das lalações. Vimos que essas mensagens sonoras infraverbais são portadoras de indícios que permitem que os adultos que as escutam façam inferências quanto ao estado interno dos bebês que as produzem. Aqui, estamos longe da ideia do primeiro grito como pura descarga.

Quando o grito excorporado com dor pelo bebê pode ser reincorporado estando carregado de vitalidade relacional e de ligações comunicativas, isso vai favorecer uma descoberta gradual de si próprio e do outro, favorecendo a liberdade e a criatividade. Essa forma de trabalho psíquico é identificável quando o bebê pode utilizar um som novo em um contexto diferente daquele no qual ele o descobriu.

Laurent Danon-Boileau (2006, p. 46) considera que a materialidade do grito se organiza quando ele é reconhecido como apelo:

> *A observação direta do bebê mostra, com efeito, que a forma do grito significante, do grito de demanda, é diferente daquela do grito expressivo. No grito expressivo, a energia é dispendida ao acaso, em todos os harmônicos. Inversamente, a partir do momento que se torna signo, a energia se concentra em um harmônico particular, dito "fundamental".*

Sob outro ângulo (desta vez o das produções sonoras de desprazer), encontramos a diferença já assinalada entre *jasis* e balbucios. Transformações e novidades vocais são acrescentadas ao repertório do bebê. As produções adquiridas em situações de mal-estar não permanecem fixadas a esse contexto, podendo também ser utilizadas em situações de prazer. Isso é sinal de que a resposta adaptada da mãe não deixou a criança se desorganizar, tendo indicado a ela que uma situação difícil pode se transformar em situação nova, gratificante, lúdica.

Tomemos como exemplo o bebê Amos, com quatro meses e meio. Ele chora. Seu pai o toma em seus braços e o consola. Ele se acalma, mas continua a se queixar com longos "maaaaaa", "maaaaaa". Sua mãe o escuta e, mobilizada, vem correndo, sentindo-se demandada por seu bebê. Ela o toma em seus braços, apaziguando-o completamente. Essa emissão sonora expressiva, tão eficaz e tão mobilizadora para a mãe, será repetida em tentativas cada vez mais evidentes de provocar o mesmo comportamento por parte da mãe. Depois, o bebê o fará chamando-a de mãe. Listaremos as três funções da linguagem nessa inter-relação subjetivante: a função de apelo, a função de expressão e a função de representação.

I. Fonagy considera que a expressividade tem sempre um duplo valor: expressivo e impressivo[15]. Exprimem-se as emoções para gerar uma impressão – e, portanto, pressão – no interlocutor. Eu acrescentaria que a expressividade me parece sempre potencialmente representacional. Meu trabalho mostra a íntima mistura dessas três funções, construindo e favorecendo o desenvolvimento da linguagem desde o início da vida.

Quando observamos mais de perto, notamos que uma certa separação desses registros parece mais secundária que primária:

---

[15] "Conativo", na terminologia de Jakobson.

Aos sete meses de idade, Amos diferencia apelo insistente de pura denominação. Quando sua mãe está ocupada, ele a chama, com clareza, "marna, marna". É interessante notar a introdução totalmente pessoal da consoante [R], muito presente em suas produções no momento do desmame. Já seria "marna" uma denominação infiltrada de ambivalência por essa mãe ocupada com algo que não ele próprio? É provável, visto que, nesse mesmo período, ele já utiliza o nominativo "mamy". Assim que sua mãe o olha, Amos ri, muito excitado com o prazer dessa comunicação bem-sucedida e, talvez, com aquilo que a agressividade e a ternura expressas simultaneamente podem desenrolar. A partir disso, Amos apreende um modo de interagir com sua mãe e de exercer sua conflitualidade interna, em uma mise-en-scène que é, ao mesmo tempo, dramatizada e não dramatizada. O riso indica que ele se regozija ao perceber que sua experiência comunicativa funciona e se repete sem perigo relacional, com previsibilidade. Prazer da troca, prazer de descobrir uma chave para a comunicação, prazer de ser ouvido. O riso indica esse prazer[16]*, essa liberdade adquirida pela reflexividade de ver-se em ação e de prever as trocas relacionais que vão se seguir. Expressividade e função representativa estão operando.*

Amos vai rapidamente generalizar a dedução da experiência anterior, do sinal impressivo (conativo) de um som prolongado, utilizando intencionalmente, aos oito meses, essa produção longa e um pouco cantada da vogal

[16] No original, *jouissance* [N.T.].

> *aberta "aaaa" para chamar. Ele associará consoantes diversificadas para discriminar o objeto de apelo. Assim, ele chama de "kaaaaa" (cat) o seu gato (Amos é criado em um ambiente trilíngue inglês-francês-hebraico). A tonalidade e a duração da canção vocálica ilustram o tipo de mensagem expressiva ou o imperativo associado ao apelo. Aqui, já se trata de um alongamento da vogal de valor sintáxico, com discriminação das consoantes em função dos objetos aos quais as produções são endereçadas.*

Esse exemplo mostra bem que a natureza da mensagem pode se organizar quando ela é ouvida. Ela vai se constituir como mensagem e organizar uma reflexividade. Progressivamente, as três funções fundamentais da linguagem – expressiva, conativa e representativa (Bühler, 1993) –, fortemente intricadas no início da vida, vão pouco a pouco se desintricar, se diferenciar e ser utilizadas aliando-se umas às outras em função da intencionalidade do locutor. A. Green relembra com frequência essa característica do aparelho psíquico: revelar-se a seu próprio pensamento apenas ao se oferecer para ser pensado por um outro. Trata-se de um processo fundamental: ser ouvido para melhor captar aquilo que se diz. Essa modalidade de decodificação inicial age durante toda a nossa vida na normalidade de funcionamento. O "jogo" analítico é um exemplo marcante disso. As produções sonoras dos bebês não são dirigidas ao objeto, elas não "sabem" que são mensagens. No entanto, elas se tornam mensagens graças à capacidade receptiva e/ou transformativa do auditor. Ao serem ouvidas, elas se modificam no sentido da linguagem endereçada. Nos bebês pouco ouvidos, as produções sonoras permanecem no estado de gritos, cuja potencialidade mensageira é pouco importante.

Produções sonoras e processo de interiorização da inter-relação mãe-bebê

Conforme acabamos de ver, quando alguma coisa do dentro é reconhecida pelo outro, ela muda de estatuto interno. Ao responder e reconhecer o apelo da criança, a mãe permite a transformação. O grito não é mais descarga, ele se pulsionaliza passando pelo objeto.

Amos e Peter, cujas mães respondem de forma rápida e adequada às suas necessidades, gritam pouco, parecendo ter adquirido uma confiança de base. Se sentimos possuir um controle autêntico do mundo relacional e do próprio mundo psíquico, há provavelmente um certo prazer de ser.

Mesmo que a capacidade de transformação da mãe seja significativa, é indispensável que todo um trabalho psíquico de experimentação seja promovido pela própria criança. Um trabalho de apropriação subjetiva é essencial, confirmando a necessidade de oferecer aos bebês, desde as suas primeiras semanas de vida, a possibilidade de experimentar sua capacidade de estar só na presença de um outro protetor e interessado na relação. Para sintetizar, eu diria que em condições propícias, no momento do desmame, cóleras e reivindicações se manifestam por comportamentos e por explosões sonoras – choros-arrotos, sonoridades guturais, posteriores –, mas pouco por via dos gritos.

Com Amos, vimos que outras sonoridades emitidas voluntariamente – de ordem lúdica e relacional e carregadas de emoções complexas – coexistem com as precedentes e se carregam de sentido na história de inter-relação que se constrói (os "R" que arranham a garganta, opostos aos [R] vibrantes que acariciam e fazem cócegas).[17] Um mesmo objeto sonoro é decomposto em mensagens diversas, a polissemia da linguagem já estando presente.

---

[17] Cf. o doutor Knock: "Isso faz cócegas ou arranha?" (Romain, 1924).

É nesses momentos que aparece também o riso sonoro em seu aspecto barulhento e de troca. O riso implica uma capacidade de brincar estando distante de si próprio, sinaliza uma saída da idealização e da colagem. É exatamente isso que vemos na saída do desmame, o que eu qualificaria como "catástrofe fecunda", no sentido da teoria do caos.

Podemos constatar que a expressão de emoções mais extremas e mais concentradas, como choros e risos, aparece com a busca de mentalização de conflitos internos ligados à separação. Trata-se, ao mesmo tempo, de um período doloroso, conflituoso e rico, que vai demandar uma reorganização da relação mãe-bebê. Será necessário reencontrar uma posição intermediária entre colagem e ruptura-arrancamento, tempo de sofrimento para a mãe e para a criança, período fortemente carregado de ternura e de agressividade.

Com o bebê Peter, podemos assistir à aparição de jogos introduzidos pela mãe, encenando de diversas formas a experimentação das dimensionalidades (cócegas, a canção e a brincadeira do "*bateau sur l'eau*" e o som de "*bong*" quando as duas cabeças entram em contato). A isso se acrescentam jogos de "Cadê? Achou!", nos quais partes do corpo são escondidas; jogos que parecem ir em direção à construção do corpo como objeto total.

Para outros bebês, esse período é um momento de crise: as recusas e as rejeições são mais violentas e o processo de incorporação e de *response-ability* se encontra particularmente entravado por raivas e angústias massivas. Assim, no desmame, o bebê observado por M. Perez-Sanchez (1981) recusa o bico da mamadeira em um momento no qual a colher é introduzida com dificuldade. Aos 3 meses e 24 dias de vida, ele fecha a boca com força. A chupeta parece ser sentida como um objeto parcial persecutório na ausência do seio. Os pais pouco toleram suas manifestações agressivas, seus choros, seus gritos e seus grunhidos, rapidamente tapando sua boca com a ajuda de uma chupeta. Se necessário, eles a mantêm ali durante um tempo.

Pouquíssimas palavras tentam traduzir o que o bebê sente. As respostas do bebê, por sua vez, também são mais comportamentais: o conteúdo da mamadeira é vomitado. A incorporação não pode ter lugar por conta de angústias massivas. A relação desse bebê com o seu ambiente, no entanto, não é cortada: uma vez rejeitado o objeto persecutório, o bebê volta a ficar sorridente, aberto à relação. O comportamento de vomitar cederá dentro de alguns dias.

Expulsar o que não é bom também é a forma dominante pela qual o bebê utiliza a matéria sonora: ele chora muito e raspa sua garganta com descontentamento. Suas vocalizações são raras. Por outro lado, outros bebês observados utilizam, conjuntamente, seus receptores sensoriais em outras transferências transmodais. É o caso de Peter, que, aos 50 dias de vida, nos momentos de fome e de busca pelo mamar, observa elementos do mundo externo que parece associar a essa experiência. Sua mão vai ao encontro da blusa de sua mãe ou do objeto que o faz lembrar da situação ou, ainda, da sensação buscada. Esse comportamento é entravado muito cedo na patologia e nos desenvolvimentos que se revelam mais problemáticos. Um exemplo é o bebê do qual fala E. Bick (1986, p. 296); um bebê que a mãe fobicamente evita segurar. Aos três meses e meio, ele não pode utilizar suas mãos nem sua boca para prender[18] algo, como se dedos, gengivas e boca estivessem intimamente ligados ao controle e à agressividade. Por esse motivo, a boca não seria constituída como continente. "Quando a *boca* não apreende[19], nada pode ser apreendido, nem afetivamente, nem intelectualmente" (palavras de E. Bick transcritas por M. Haag, 2002, p. 195).

[18] No original, *attraper*, que também significa "segurar", "apanhar" [N.T.].

[19] No original, *saisit*, que também pode ser traduzido como "agarrar" [N.T.].

Vimos que, de maneira geral, podemos considerar que, nesses bebês que se desenvolvem bem, a ausência do grito se torna sinal da construção de uma inter-relação, justamente pelo fato de que esse grito foi antes escutado. Na medida em que são reconhecidos, esses gritos logo são captados como mensagens pela mãe e pelo bebê, que desenvolvem sua *response-ability*. No caso inverso, os bebês choram muito, e seus gritos são pouco diferenciados e diferenciáveis.

Desde muito cedo, também existem silêncios massivos, inquietantes. Certos bebês proíbem a si próprios de gritar em virtude de patologias maternas (bebê observado por Ciotti, 1984). Não tenho elementos clínicos suficientes para trabalhar essa questão.

Parte III
Matérias sonora e sensorial como elementos de detecção do funcionamento do psíquico

6. Introdução à análise das produções sonoras de duas crianças

O trabalho terapêutico com crianças pouco ou mal organizadas nos mergulha em um estado de grande perplexidade, tanto no que diz respeito à adequação ou à inadequação das respostas a serem propostas à criança, quanto no que se refere à boa distância e ao ritmo mais adaptado às suas modalidades de funcionamento.

Para sobreviver psiquicamente em um trabalho clínico com crianças muito desorganizadas, sem uma linguagem, é necessário se colocar em movimento psíquico (afetivo e intelectual) de múltiplas formas, particularmente para que se consiga encontrar um nível no qual se comunicar com elas. Caso aceitemos expandir o conceito de S. Ferenczi (1933) às diversas modalidades de confrontação dos níveis de funcionamento psíquico primários e secundários, mobilizadores da ternura e do sexual, podemos dizer que, na presença dessas crianças, nós nos encontramos mergulhados em uma espécie de confusão de línguas.

Nessa forma de trabalho, quando as línguas funcionam de forma paralela, sem possibilidade de junção, de ligação, a confusão de línguas e a confusão mais global são um entrave ao pensamento.

No entanto, quando o terapeuta dá voz a essa confusão dentro de si, podem emergir pensamentos ainda não formalizados, favorecendo uma certa receptividade não intelectual aos processos primários de vínculo ao objeto materno, sejam vínculos a uma mãe objeto transformacional (Bollas, 1989) ou objeto homossexual em duplo (Roussillon, 2002), ou, ainda, mãe que integra as duas partes do corpo (Haag, 1983). Por vezes, quando essas crianças crescem ou se apegam a uma masturbação compulsiva, esses processos primários se justapõem a processos já mais diferenciados, por exemplo: mãe "a mesma e uma outra", mãe como mulher que nutre e mulher sexuada... E. Kestemberg (1984) sinalizava que, em uma identificação primária, a relação ocorre com o mesmo, enquanto na homossexualidade primária "o afeto da diferença" já passa a organizar a sexualidade.

Com essas crianças, eu tinha a intuição de que nossa incompreensão se devia, em parte, ao nosso medo e à nossa rejeição. Medo daquilo que nos escapa ou mobiliza em nós deslizes pouco controláveis, rejeição das aproximações que provocam um excesso de excitações intratáveis, provavelmente por ainda serem muito atualizáveis.

Ao escutar a música corporal de cada criança, seu ritmo, suas modalidades de evitamento ou de interpelação do objeto presente, eu descobria, agindo em mim, funcionamentos que costumavam estar distantes do meu funcionamento psíquico geral, o que sinaliza que esses processos se tornam disponíveis rapidamente em cada um de nós, seja qual for nossa organização psíquica dominante. É essa heterogeneidade de funcionamento psíquico que nos permite apreender as modalidades de funcionamento psíquico que um pouco rapidamente postulamos como arcaicas (será que se trata, nesse caso, de uma defesa teorizante?).

A questão do dentro-fora

Em uma clínica de crianças com um eu-pele (Anzieu, 1985) ou uma pele psíquica (Bick, 1968) pouco consistentes, a questão do dentro-fora se impõe imediatamente. Do lado de fora, o que nos permitiria ter acesso ao que provém do interior e ainda não pode ser pensado (ou pensável) por crianças sem linguagem organizada?

Sem ter elaborado uma teoria explícita, e sem ter ainda o conceito de pulsão mensageira à minha disposição, eu havia adotado a posição de tratar tudo o que vem do interior como potencialidades de representação, um pouco como faz a mãe que "impulsiona" os atos e as produções sonoras do bebê em direção à comunicação. Utilizando a teoria da mente, poderíamos dizer que a mãe, o pai e os adultos possuem uma teoria da mente que é utilizada espontaneamente por eles e que lhes permite atribuir emoções e afetos às produções sonoras associadas a gestuais e mímicas. Como terapeuta, parti desse ponto. As crianças colocam seus corpos em movimento e associam – ou não – a sua motricidade a produções sonoras. Esse conjunto de gestualidade sonora é uma tentativa de pôr em pensamento, em narração.

> *Um ato motor, uma moção afetiva, e até mesmo uma expressão somática podem . . . ter uma função de "representância". . . . No momento oportuno, quando o encontro com o outro (Bräten, 1993) puder atribuir um sentido identificável a esse apelo, a sensório-motricidade será plenamente engajada e poderá servir de material para as fantasias constitutivas das relações objetais. (Despinoy & Piñol-Douriez, 2002, p. 11)*

Em uma abordagem psicanalítica, nada pode passar por insignificante ou acidental. Tudo deve ser vislumbrado como produto da mente humana. Um detalhe aparentemente insignificante, fortuito, pode nos dar uma pista de compreensão essencial. Todo elemento, sobretudo o mais repetitivo ou banal, deve ser remetido a uma rede mais global de detalhes, até que uma cena termine por aparecer. De certa forma, nos situamos em uma forma de pintura do tipo pontilista, que apenas toma forma à distância, mas que parece bastante próxima das modalidades de representação apresentadas pelos autistas que conseguem dar conta de suas vivências. Temple Grandin chama a atenção para o fato de, estando em uma praia, não ter uma visão global, mas se encontrar, frente a cada grão de areia, cativada, fascinada, "como se fosse uma cientista olhando pelo microscópio" (Grandin, 1986, p. 44).

Para que eu não me perdesse nessa visão e esquecesse a percepção global, optei por uma forma de escuta em espelho daquilo que operava nelas. Decidi evitar fazer escolhas seletivas, escutando com atenção todos os sons, mesmo as sonoridades pouco explícitas e aparentemente distantes da linguagem. O fato de que os linguistas – provavelmente tomados pela idealização do mundo – tenham demorado tanto tempo para reconhecer os gritos como estando em continuidade com a linguagem me confortou nessa forma de trabalho, de certa forma. Na minha pesquisa, a escolha de não negligenciar nenhuma produção sonora me deu pistas de reflexão estimulantes e inesperadas. O postulado era de que a voz humana seria sempre um endereçamento. O som humano, mesmo inarticulado, é sempre um apelo ao auditor, remetendo-o à sua responsabilidade[1] diante desse outro que emite esses sons.

Ao contrário do que ocorre na vida cotidiana, o analista pode utilizar os mínimos sinais, visto que está centrado na criança

[1] Ver os desenvolvimentos acerca dos conceitos de *response-ability* e *response-inability*.

por um curto período, o que, nos níveis metodológico e terapêutico, lhe permite estar atento, de maneira muito detalhada, aos movimentos diversos e às produções sonoras. Provavelmente em identificação – ou mesmo em mimetismo com as modalidades de funcionamento dessas crianças –, fui "tomada" por uma forma de observar a sua motricidade e as suas produções, inspirando-me no método de observação de bebês de Esther Bick (1968, 1986), que condizia com suas modalidades de expressão e seus processos em vias de psiquização.

Senti a necessidade de permanecer em um estado de receptividade, de estar atenta aos detalhes; havia abandonado a ilusão de decifrá-los diretamente, mas não a esperança de que, pouco a pouco, alguma coisa se esclarecesse para mim. Por conta disso, optei por uma hipótese psicodinâmica, em vez de uma visão segundo a qual haveria algo deficitário ou uma estruturação muito precoce (essa última me parece levar ao mesmo resultado que a primeira). Esse método de trabalho se aproxima completamente daquilo que R. Roussillon (2006) formalizou muito bem ao propor a ideia de um jogo "potencial", no qual o comportamento contém uma "mensagem desconhecida" referente a uma experiência subjetiva do tipo traumática ou, pelo menos, fora da representação, e que busca se fazer conhecer. Isso supõe que o material clínico seja escutado com o que contém de jogo "potencial", virtual, sendo escutado como uma proposição de jogo desconhecida pelo próprio sujeito. Conforme observamos, isso nos situa em uma abordagem metapsicológica da segunda tópica, pois nessa clínica quase não há nada da ordem do recalcado e do representacional. Portanto, é difícil falar em termos de "inconsciente". O "jogo" do qual fala Roussillon seria um jogo "à espera"[2], como falaríamos de uma correspondência que ainda não chegou ao seu destinatário, que está "à espera".

[2] No original, *en souffrance*, que pode ser traduzido como "em aberto" ou "em suspenso" [N.T.].

Durante muito tempo considerei o autismo uma modalidade específica de vínculo e de defesa em relação ao objeto, como uma modalidade desesperada de gestão da separação. Tratava-se de um *a priori* em parte associado a certas referências teóricas sobre o autismo (Meltzer, Tustin) e provavelmente ligado também à minha contratransferência. Por que partir do postulado de uma separação insuportável, da consciência muito precoce da separação, do vínculo suspenso, do vínculo impossível, em vez da ausência de qualquer vínculo? No meu trabalho clínico, por vezes tive de me desviar de certas questões "etiológicas" que poderiam ter atrapalhado minhas capacidades de atenção e de devaneio. Essa ressalva me ajudava a suportar a ausência de sentido e a frustração diante de mudanças tão pequenas, atribuindo-lhes certa importância. É provável que se tratasse da opção por partir da pulsão de vida, e não da pulsão de morte, ainda que a ideia do déficit se presentificasse prontamente no contato com crianças que apresentam uma repetição a serviço da mesmice (*sameness*), da colagem adesiva. Não permanecer aderida a essa conclusão me permitiu perceber as pequenas discrepâncias que sinalizavam os momentos de atrelagens sensoriais, que me esclareciam quanto às angústias e às ameaças de aniquilamento. As angústias subjacentes às atrelagens sensoriais são provavelmente pouco perceptíveis porque são desviadas por essa mecanização do fazer (*acting*), e nessa mecanização e nesse *acting* o terapeuta pode facilmente afundar. Estou de acordo com P. Delion e B. Golse (2006, p. 28), que consideram que, no modelo que faz do autismo infantil uma doença da interação, pouco importa saber se a perturbação princeps se situa mais no lado da criança ou do adulto. De toda forma, é toda a espiral interativa que se encontra rapidamente desviada e à espera, e é a rapidez da intervenção terapêutica que importa.

Sejam quais forem as etiologias cruzadas que estão em questão para essas crianças, eu acreditava na complexidade do vivo.

Eu adotava como princípio interpretar como potencialidade representacional os comportamentos que mobilizavam o corpo; comportamentos como a incapacidade de deglutir, a criação de bolhas de saliva, as explorações orais das qualidades dos objetos, bem como todas as produções sonoras... Isso constitui um salto qualitativo que vai do corpo ao pensamento, na lógica da proposição de S. Freud segundo a qual a pulsão, ancorada no somático, impõe ao psíquico uma demanda de trabalho.

No que diz respeito às produções sonoras, estas mobilizam sensações agradáveis ou desagradáveis; elas se dirigem diretamente a um outro (ou não), são sinais de autoerotismo (ou não), sinalizam o investimento ou o desinvestimento do objeto. Para que possa ser articulada, essa "matéria sonora" – segundo a terminologia de R. Jakobson (1963) – ancora-se no corpo e mobiliza-o e, para ser emitida, atravessa os órgãos bucais carregados de traços e investimentos orais. Para ser decomposta, articulada, ela também faz apelo à analidade. Aqui, está em jogo o trajeto pulsional descrito por S. Freud.

A "matéria sonora" produzida ou retida pelas crianças sem palavras que acompanhei em psicoterapia constituiu o material de pesquisa cuja análise (realizada no *après-coup* do trabalho terapêutico) me forneceu pontos de referência pontuais e precisos de uma dinâmica transferencial-contratransferencial. As produções sonoras, sem que eu tivesse verdadeiramente consciência disso na época, me ajudaram a perceber as variações das transferências em jogo e das modalidades de defesa solicitadas.

Por que Ève, pequena garota ecolálica, opta por fazer desaparecerem as consonantes em detrimento das vogais, enquanto Karl, quando sai de seu mutismo[3], apenas utiliza consonantes oclusivas

[3] No original, *se démutise* [N.T.].

surdas do tipo [t] [k]? Trata-se, nesse caso, de pré-fantasias[4] em ação, de pontos-limite referentes à representação?

Nos momentos em que Karl percorre a sala de terapia "galopando", projetando seus [t] [k], em que momento a expulsão sonora seria apenas pura descarga e quando se aproximaria da projeção libidinizada, carregando as primeiras proto-representações?

Essas são questões que coloquei mais conscientemente sobre um material já antigo, de muitos anos atrás, a partir das anotações que na época tinham apenas um objetivo: me ajudar a pensar o que ocorria no nível transferencial-contratransferencial com essas crianças. As anotações talvez não sejam tão precisas quanto poderiam ter sido no nível das produções sonoras. Por outro lado, elas são exemplos de preconceitos ligados ao objeto de pesquisa.

Nesse trabalho, vamos nos situar em um ponto-limite no qual representação de palavra e representação de coisa dificilmente são diferenciáveis; no qual a entonação por vezes remete a uma sensação corporal que é da ordem da coisa, mesmo que a prosódia já exerça um papel sintáxico e que a representação de palavra não esteja distante. Trata-se de tentar passar, via objeto, da busca pela sensação em si para a fala endereçada.

Abordarei o problema fundamental do desenvolvimento que constitui a construção da linguagem atendo-me particularmente à demonstração dos vínculos entre as produções fonatórias elementares e as representações, reflexos de níveis de organização psíquica que as inter-relações permitiram alcançar.

Este capítulo e o seguinte serão centrados na evolução das formas de comunicação no decorrer da psicoterapia de duas crianças que apresentam modalidades de funcionamento autísticas, mas atualmente organizadas em uma vertente mais psicótica.

---

[4] No original, *préfantasme*, conceito proposto por Serge Lebovici [N.T.].

Os múltiplos componentes da comunicação verbal necessitam da convergência de múltiplos processos:

- A conquista da maestria corporal da zona oral (o que inclui um trabalho de apropriação dos órgãos da fonação).

- A evolução das representações que permitem, pelo desenvolvimento do pensamento, o adiamento das descargas motoras-vocais em benefício de um ajustamento adequado.

- O controle emocional necessário à consideração das mensagens dos pais (ou do terapeuta), a exploração de comunicações sonoras e a modulação de produções pulsionais vocais.

Esse estudo esbarra na dificuldade inerente ao estudo de todos os fenômenos psíquicos dinâmicos, dificuldade que resulta do fato de que a necessidade de inteligibilidade demanda um estudo separado de processos que são, na verdade, indissociáveis. Assim que aparecem os primeiros esboços de comunicação, o controle emocional aumenta as capacidades de pensar e, adicionalmente, os níveis de representação são transformados. Há uma intricação dos três aspectos do desenvolvimento da comunicação linguageira com as modalidades de reversibilidade no tempo, em função das emoções ou do que está em jogo somática e psiquicamente.

À luz dos trabalhos atuais, o processo de aquisição da linguagem poderia ser estudado em sua relação com a subjetivação e a reflexividade. A perspectiva analítica se aproxima dos trabalhos de Brunet, para quem a capacidade de detectar os pensamentos dos pais seria a condição necessária do acesso à linguagem.

Apropriação psíquica dos órgãos da fonação

As qualidades sensoriais e seu poder de ação sobre os órgãos que participam da fonação têm uma característica particular. Trata-se de um aspecto específico da apropriação global do corpo, o qual apenas introduzirei, utilizando as reflexões de V. Tausk (1919) sobre a "descoberta do objeto" e o "corpo próprio".

Esse autor propõe um estudo original dos problemas metapsicológicos colocados pelo processo obscuro de apropriação global do corpo.[5] Ele considera que a identificação no mecanismo de escolha objetal precede a escolha objetal por projeção, e que se trata de uma identificação ao próprio corpo. Nesse texto, ele introduz a noção de "encontro do objeto":

- por escolha objetal, ele designa apenas o investimento libidinal do objeto;
- por descoberta do objeto, a constatação intelectual de sua presença.

Um objeto é encontrado pelo intelecto e escolhido pela libido. Esses processos podem ocorrer simultaneamente ou sequencialmente, mas devem ser considerados distintos. Essa distinção se revela interessante para que pensemos os processos em jogo em certos autistas de tipo Asperger com essa dissociação entre pensamento e afeto.

Quanto à projeção do corpo próprio, ela deveria ser reportada a um estado evolutivo no qual esse corpo era material para a descoberta do objeto. Isso deve se situar em uma época na qual o bebê descobre seu próprio corpo de forma fragmentada enquanto mundo exterior, buscando suas mãos e seus pés como se fossem objetos estranhos a ele. Nesse período, tudo que "acontece" com ele vem de seu próprio corpo. Sua psique é o objeto de estimulações que seu corpo exerce sobre ela, como se tais estimulações emanassem de objetos estrangeiros.

---

5 Grotstein se baseia nessa proposição de Tausk para descrever uma identificação primária ao corpo.

> *Esses disjecta membra então se constituem como um todo bem coordenado, encontrando-se sob o controle de uma unidade psíquica para a qual confluem todas as sensações de prazer e de desprazer provenientes das partes constituintes; elas se encontram, assim, reunidas em um eu que se produz pela via da identificação ao corpo próprio. Dessa forma, esse eu assim encontrado é investido pela libido existente; o narcisismo se constitui em relação ao psiquismo do eu, o autoerotismo em relação aos diversos órgãos enquanto fontes de prazer. Se as teorias psicanalíticas utilizadas por mim até aqui são precisas, essa descoberta do objeto ao nível dos órgãos (que apenas podem ser considerados fragmentos do mundo exterior pela via de um mecanismo de projeção) deve ser precedida pelo estado que geralmente antecipa a projeção do encontro do objeto exterior, pela via da identificação à posição libidinal narcísica. (Tausk, 1919, pp. 229-230)*

Atualmente, a questão daquilo que precede e daquilo que se segue é colocada de forma um pouco particular. Como vimos, não se pensa mais que o bebê inicialmente se situa em uma posição narcísica absoluta, mas que essa posição narcísica é defensiva ou parcial, que ela parece mais composta do que poderíamos imaginar, e constituída de momentos carregados de flutuações constantes nos quais o objeto existe e se apaga, depois existe de novo com maior ou menor nitidez.

Trabalho de desconstrução das funções linguageiras nas crianças autistas e psicóticas

Experimentações sensoriais e fônicas para a expressão de uma função lúdica

Para descrever e analisar a forma como essas crianças tratam as estimulações sensoriais bucais que não podem deixar de experimentar, mesmo que algumas delas pareçam desenvolver sistemas de inibições anestesiantes, parto da ideia de que o "sensorial" constitui a organização prioritária na construção das proto-representações e do mundo interno.

Quando não são expressões diretas de pulsões e de emoções, as experimentações bucais-sonoras se desenvolvem como um jogo entre interior e exterior, iniciado e sustentado na troca com a mãe--sujeito falante.

Esse jogo prossegue, prolonga-se como experimentações diversas da fronteira interior/exterior, e provavelmente também sob a forma de evocações e de representações da mãe na sua ausência. Traços particulares refletem os ritmos predominantes nas relações com os objetos (Ciccone, 2005, 2006) e as ligações introduzidas pela continuidade do *holding* materno para-excitante. Evidentemente, ritmos e ligações prioritariamente abrangem a relação com o objeto-seio, mas também as relações com todos os objetos referentes às relações orais. Trata-se de ritmos como: presença/ausência, satisfação/frustração, atenção ao objeto/restauração da atenção por retração, orientação ao exterior/orientação ao interior...

A criança experimenta essas presenças/ausências com todo o seu corpo. E também por meio dos *jogos bucais*. Assim, quando uma criança pode brincar de forma ritmada com uma experiência de colagem/descolagem da língua contra o palato alto (como veremos com Karl), isso já remete ao que poderia ser pensado em termos de reencontros/separações. Quando não se expressam pelo corpo inteiro, as raivas agidas podem se expressar na boca. As "emoções de base" (medo, raiva, alegria) se expressam, ao mesmo tempo, nos comportamentos corporal e verbal e nas sonoridades produzidas. Com interesse, notei a associação homológica entre punho cerrado e boca fechada na mímica associativa, constatada também por linguistas. Karl entrava na sala de terapia com boca e punhos fechados, e essas mímicas me remetiam à minha impotência em "alimentar" uma criança que sinalizava não poder receber nada de mim.

Quando possíveis, esses jogos utilizam progressivamente e de forma adequada os recursos de órgãos fonatórios. A aprendizagem da linguagem, que necessita da presença de um objeto,[6] faz parte desse processo de interpulsionalidade. Podemos observar a instalação de três articulações e de uma rigorosa adaptação às características da língua materna, o que permite a sua assimilação.

A matéria sonora é então completamente descolada de todas as intrusões sensoriais, sensuais, motoras, parasitagens incômodas e estrangeiras à produção buscada.

Para mim, a função lúdica da linguagem provavelmente serve de base para uma das funções que R. Jakobson acrescenta quando se refere à linguagem estruturada, a função poética da linguagem. A função lúdica interliga as funções linguageiras, favorece a música e a dança presentes nas trocas entre uma mãe e um bebê. Presente no balbucio, ela reaparece na poesia sob uma forma mais complexa e mais bem integrada. Essa função lúdica é o que falta, de forma manifesta, nas crianças sem linguagem cujas dificuldades não são

---

6 Os trabalhos de linguistas sinalizam que os bebês não adquirem uma língua compreensível a menos que seja proposta por um interlocutor presente, ao seu lado.

de ordem fisiológica e fonética, mas de ordem fonológica. Elas se encontram em confusões patológicas por conta da desmotivação e da descontextualização. Elas estão presentes na impossibilidade de estabelecer distância, de "fazer de conta", de fingir, de brincar. Essa função está ausente quando, em virtude de proto-representações rígidas, os órgãos (lábios, dentes, língua) enfrentam conflitos não figuráveis e se enrijecem sob a forma de uma concreção da angústia e de conflitos não evolutivos. Isso torna difícil sua utilização flexível e inconsciente, entrava toda utilização lúdica desses órgãos e, consequentemente, a produção de linguagem oral. É um pouco como se esses órgãos tivessem sido contaminados por experiências desastrosas, o que torna a sua utilização complexa, ou até mesmo impossível. Daí surge a incapacidade de utilizar uma ou outra parte da boca para brincar ou falar. Um trabalho de descontaminação se mostra necessário para que a utilização desses órgãos fonatórios seja feita sem distorção, inibição ou rigidez. Essa descontaminação favorece a descontextualização e a não consciência dos movimentos efetuados por esses órgãos, em um trabalho de ligação flexível, sem excesso de angústias. Tratar-se-ia de um primeiro tempo do lúdico, do brincar?

Na clínica dessas crianças, encontrei um trabalho de transformação da expressão das emoções que se sobrepõe às análises de I. Fonagy.

Mesmo que essas atitudes expressivas evidentemente se mantenham ao longo da vida, passamos globalmente por três etapas de formalização do gesto vocal, com possíveis desconstruções ou deformações:

- Uma retomada estilizada das atitudes corporais globais. Por exemplo, no caso da raiva: uma atitude ameaçadora pelo enrijecimento dos músculos, punhos cerrados; no caso do medo: contrair os ombros, ficar do menor tamanho possível.

- Um trabalho de miniaturização, substituindo a mimética dos órgãos da fala pelos gestos corporais. No caso da raiva: contração dos músculos da laringe, da faringe, articulação tensa dos lábios e da língua, alongamento dos períodos oclusivos, seguidos de explosões violentas. Para o medo: voz sussurrada, restrição dos movimentos da língua, músculos labiais relaxados.
- Instalação da comunicação verbal com integração dos gestos vocais e dos enunciados. Os gestos são inseridos nos fonemas e percebidos pela forma como são pronunciados: uma forma "dura" ou "branda" de pronunciar as consoantes, e o aspecto "claro" ou "escuro" das vogais.

Os gestos vocais são, portanto, mascarados e depreciados como forma de falar, como um estilo vocal.

As metáforas que caracterizam as diferentes maneiras de falar revelam, no entanto, as fantasias associadas a esses gestos camuflados. A metáfora de uma voz estrangulada desvela a fantasia associada à constrição da laringe. S Ferenczi (1927-1933) já considerava o hiperfuncionamento dos músculos esfincterianos da glote como uma espécie de ataque simbólico.

Nos casos patológicos, esse jogo sutil, essencial ao trabalho teatral, se degrada e, sob a pressão de emoções violentas não elaboráveis, os sons expressivos se desagregam. A emoção é diretamente agida. A função representativa da palavra está ausente: há "representação" direta no ato. No caso de Karl, por exemplo, o assassinato ou o suicídio são agidos no espaço fonatório. Com Ève, o fluxo sonoro jamais interrompido se junta à música. Assistimos a um verdadeiro trabalho psíquico de desconstrução das funções linguageiras. As funções expressivas e conativas distorcem a expressão da função representativa.

Nesse trabalho de pesquisa, analisando duas crianças com grandes dificuldades de desenvolvimento, o material sonoro pulsionalizado, a música das produções sonoras foram um guia privilegiado, carregado de múltiplos esclarecimentos quanto aos processos operantes e aos movimentos transferenciais. À maleabilidade da coalescência entre órgão sensível e fenômeno vivenciado - que define as proto-representações em constante desenvolvimento - vai se opor a fixidez compulsiva e antidesenvolvimental do apego e/ou desprendimento do objeto, levando à paralisação do trabalho de experimentação lúdica dos órgãos fonatórios para a organização de uma fala. Crianças pequenas com dificuldades não brincam com sons na boca e quase nunca estão envolvidas em *jasis* ou balbucios. No trabalho terapêutico - que implica ritmos, objetivação e subjetivação progressivas em um vínculo com o objeto -, a aceitação progressiva seguida da integração do quadro terapêutico favorece a emissão de "materiais sonoros" ritmados e temporalizados.

Proposta de detecção das modalidades de funcionamento psíquico das crianças sem linguagem

A forma particular como um som é produzido é uma fonte importante de informação quanto às angústias, aos afetos, às defesas operantes. A matéria sonora expressa as clivagens e uma série de modalidades de defesa da criança que ainda não possui linguagem. Ela é diferente conforme essas crianças se situam mais próximas a formas de relação de objeto de tipo simbiótico ou esquizoparanoide. Vou ilustrar as especificidades das emissões sonoras a partir de duas crianças, Ève e Karl. A primeira apresenta inúmeros traços autísticos, e o segundo, traços paranoides.

As crianças em psicose simbiótica recorrem frequentemente a produções sonoras cantadas, ecolálicas, carregadas de vogais. Em contrapartida, evitam as consoantes e todas as rupturas rítmicas que remobilizam suas angústias de separação. Trata-se claramente de evitamento, e não de incapacidade de qualquer ordem que seja, conforme demonstrarei. Essa matéria sonora pode ser comparada àquela que encontramos nas crianças autistas em processo de desmutização.

Ève mantém um "contato de superfície" com os elementos do mundo externo, e se cola às pessoas. Ela produz permanentemente sonoridades monocórdias ou faixas sonoras fortemente carregadas de vogais, em especial o [a], pronunciadas de forma muito libidinizada. A boca de Ève está constantemente cheia dessas sonoridades de tipo vogal, sendo pouco reconhecíveis, como se estivessem aglutinadas umas às outras. Pareceu-me que Ève – que produzia gritos aterrorizados quando se encontrava em uma poça d'água, como se temesse liquefazer-se – utilizava suas primeiras produções sonoras e suas atrelagens sensoriais aos objetos suaves e a essas produções sonoras. É como se, nesse caso, tratássemos de um material que vedasse os buracos, tampasse os orifícios, protegesse de um vazio e impedisse o esvaziamento.

Tenho o sentimento de que se trata, aqui, de um material quase táctil, que provavelmente tem a função de continente auxiliar, mesmo que as produções sonoras, conforme veremos, sejam fortemente investidas defensivamente.

No nível da tonicidade corporal, o contraste entre Ève e Karl é marcante. Diferentemente do que pude observar em Ève, a boca e o corpo de Karl nunca relaxam, não traduzem nenhuma distensão ou relaxamento: seus lábios finos e cerrados não deixam escapar som algum. O silêncio reina. Apenas os gritos de raiva ou os "aaaa" sonoros e imperativos afrouxam o entorno dos lábios mantidos tensionados. O ranger dos dentes sinaliza, durante quase toda a duração das primeiras sessões, a pressão dos dentes sendo friccionados uns contra os outros.

Conforme acabo de indicar, em crianças nas quais aspectos paranoides predominam, por vezes encontramos um mutismo total. A desmutização dessas crianças é difícil e ocorre de maneira particular. Quando começam a emitir sons, suas produções sonoras incluem poucas vogais, privilegiando consoantes surdas e oclusivas, das quais elas acentuam o aspecto explosivo e de ruptura. Trata-se de verdadeiros projéteis sonoros. Em 1965, H. Searles já expunha o caso de um paciente que sentia as palavras como pedras em sua boca. As labiais e as vogais aparecem com a atenuação das angústias paranoides. As raras palavras que lhes escapam não são quase nunca retomadas. Enquanto a repetição e o eco são muito presentes em Ève, eles são inexistentes em Karl. Quando aparecem as primeiras retomadas ritmadas, isso sinaliza uma modificação importante de seu modo de funcionamento baseado na necessidade de domínio e no distanciamento do objeto.

Mesmo quando o trabalho terapêutico começa a dar frutos, a matéria sonora permanece diferente conforme a criança com dificuldades se situa majoritariamente em formas de relação de objeto de tipo adesivo e simbiótico ou esquizoparanoide. Um mesmo som pode ressoar de forma totalmente diferente. Assim, quando Karl ou Ève utilizam a vogal [a], eles o fazem de forma paradoxal. O [a] de Karl não é pronunciado de forma habitual, com a língua plana, em uma posição próxima à posição de repouso. Sua boca se abre amplamente, sua língua é tensionada, apontada em direção ao exterior, assemelhando-se a um dardo. Inversamente, para Ève, o som [a] é investido de forma extremamente libidinizada, como um doce dentro da boca.

Essas duas modalidades de produção do som [a] se revelam paradoxais se nos referimos ao que postula Jakobson: "A oclusiva oral se apresenta . . . como uma entidade mais independente das emoções, ou seja, menos contaminada de afeto: ela não serve, assim, para se queixar, mas para mostrar algo, repeli-lo ou recusá-lo" (1967, p. 78).

Ele considera que, nesse caso, se trata de uma designação calma e indiferente, que anuncia a transição da expressão.

Vemos que está longe de ser esse o caso para Ève e para Karl, e que todo um trabalho psíquico de desconstrução, e por isso mesmo de apropriação e de transformação da linguagem, é ativamente mobilizado em toda produção sonora.

Pareceu-me necessário propor material clínico de sessões a fim de tornar mais compreensíveis as questões psíquicas associadas às produções sonoras. No entanto, no contexto desta pesquisa, eu não vou fazer uma análise do trabalho terapêutico efetuado com Ève e Karl. Ao descrever certos movimentos psíquicos, tentarei apreender aquilo que torna o processo de desmutização dessas duas crianças tão diferente e tão semelhante. Mas, antes, relatarei algumas sessões e a atmosfera do trabalho terapêutico com Ève e com Karl.

Trata-se de dois trabalhos terapêuticos complexos, com crianças que apresentam movimentos psíquicos de uma rapidez extrema, por vezes pouco perceptíveis, acessíveis a uma forma de atenção particular. Não saberia dizer se tal atenção pode ser qualificada de "flutuante". Todavia, quando o pensamento não está paralisado pela identificação ao pensamento dessas crianças, poucos pensamentos secundarizados são mobilizados. Entretanto, quando a relação transferencial é mobilizada, muitas "sensações"[7], vivências sensoriais, emocionais e afetivas afluem.

[7] No original, *ressentis* [N.T.].

Ève: um bocado de sensações

Breve anamnese

Mesmo rechonchuda, Ève, aos três anos, parecia não ter forma e manifestava grandes angústias de liquefação. Ela se utilizava muito pouco de sua boca, que permanecia apagada, sem expressão. Ela não levava à boca objeto algum a não ser a comida que ela engolia avidamente, sem mastigar. Ève foi amamentada por dois meses; amamentação que foi interrompida brutalmente na ocasião do retorno da avó ao seu país de origem, privando a mãe de um apoio importante.

Houve uma repetição desse desmame brutal após a perda da chupeta. Em um dia no qual as lojas estavam fechadas, seus pais decidiram aproveitar a ocasião para não substituir a chupeta, pensando que a maior parte do choro já havia passado. Muito angustiada pela perda de um bebê poucas horas após seu nascimento, dois anos antes, a mãe parece se atrelar defensivamente a preocupações educativas para se fazer presente para sua filha e não desmoronar. Ela pouco é apoiada pelo pai, que renunciou a toda e qualquer esperança. Ele trabalha muito e a mãe se encontra extremamente sozinha com Ève, pois sua família está no exterior.

Ève foi afetada por um estrabismo convergente e por uma hipermetropia, necessitando utilizar óculos com oclusão. Ela vai passar por duas operações malsucedidas para seu estrabismo.

Sua visão só se normaliza aos 5 anos. Isso me pareceu coincidir com relações de objeto de melhor qualidade e angústias reduzidas.

Nos primeiros meses de nosso trabalho analítico, na frequência de três sessões por semana, a hipotonia do corpo de Ève está em correspondência estreita com suas primeiras formas de produção sonora, totalmente monocórdicas, fascinantes, emitidas com a boca fechada. Essas produções sonoras enchem permanentemente sua boca e sua cabeça, ilustrando sua atrelagem às sensações sonoras, sensações "rolha" que preservam do perigo do esvaziamento. Essas sensações sonoras, vibratórias e tácteis sinalizavam sua tentativa de se autopreencher sem jamais consegui-lo, o que levava à necessidade de manter os sons que qualifiquei de "queixosos" e os "mmm". Entretanto, cada uma dessas produções sonoras ilustra variações de afetos sentidos de maneira confusa, o que leva à dificuldade do ouvinte de captar verdadeiramente o seu impacto. Retomo, posteriormente, uma análise das sonoridades emitidas por Ève.

Enquanto sua boca e seu corpo estavam geralmente hipotônicos, Ève possuía uma capacidade extraordinária de fazer grandes e formidáveis bolhas de saliva. De maneira geral, ela fabricava uma, enorme, e conseguia reintroduzi-la na boca sem estourá-la, até o fechamento de suas mandíbulas. Era impressionante observar essa produção – que necessita de uma coordenação motora fina e adaptada (sopro, abertura da boca, posicionamento dos lábios, da língua, dos dentes...) – suceder a hipotonicidade. Enquanto a bolha estourava na boca, Ève ficava muito excitada. Ela então batia os pés no chão e agitava as suas mãos de forma estereotipada, perto de seu rosto. Eu admirava essas magníficas bolhas de saliva e sua destreza em reintroduzi-las em si e, ao mesmo tempo, ficava perplexa com sua tonicidade tão contrastante.

Mesmo que essa brincadeira com sua saliva e sua boca pudesse revelar uma experiência autoerótica, me parecia mais que se tratava, ali, de uma tentativa de pôr "em representância" (Green, 1985; David, 1985) traços sensoriais-emocionais de um objeto parcial procurado a partir de seu corpo. Visto que, por vezes, devemos emprestar a essas crianças com falta de representações nosso aparelho de pensar, fantasiei esse prazer experimentado com uma parte de seu corpo (boca-lábios-saliva...) como uma forma de reativação de traços confusos ligados a proto-representações do seio, objeto não si.

Mas, com essa bolha na boca, percebemos toda a complexidade do que está ocorrendo: uma parte do corpo de Ève "é" ou "representa" confusamente o objeto-seio, mesmo que seja consigo mesma, narcisicamente, que ela experiencie o prazer. Aqui, parece se tratar de uma tentativa de escolha objetal por libidinização no nível dos órgãos (se com isso designarmos, como Tausk, o investimento libidinal do objeto), e não ainda uma descoberta do objeto pelo intelecto.

Ève, conforme veremos, oscilará frequentemente entre buscas sensoriais, adesividade e clivagem diante dos objetos. Com a criação da bolha de saliva, parece-me que assistimos a uma situação na qual a confusão eu/não eu começa a ser questionada: ela coloca esse objeto si/não si no exterior, e depois o reintroduz em si. Pela impossibilidade de poder expressar "para fora" o que ela sente "por dentro", ela mostra, ela age, com essa bolha, proto-representações associadas às primeiras continências na relação boca-seio. Ela me parece não estar mais totalmente no narcisismo, mas em um processo de pensamento e de triagem, criando para si um equivalente do seio ideal. Aqui, há uma espécie de descoberta pessoal, de verdadeira criação.

Ève, em sua adesividade aos objetos e aos membros e órgãos do corpo próprio, utiliza uma estratégia comparável para a linguagem oral. Novamente, trata-se de uma estratégia da "boca cheia", que assusta deixar que se esvazie.

Com efeito, durante os primeiros meses da terapia, Ève se preenchia constantemente de sons, de bolhas, de comida, como se lutasse contra a angústia de se esvaziar de forma hemorrágica. Encontrar-se em uma poça d'água a aterroriza. Mais tarde, na terapia, ela lutará contra essa angústia apertando uma perna contra a outra com muita força. Ela então se tornava hipertônica, e até mesmo rígida.

Envelopar-se em sons evita para Ève o risco de depender de um outro na relação. Esse comportamento verbal evidencia, em uma modalidade diferente da pressão entre duas partes de seu corpo, sua busca pela constituição de uma segunda pele, uma espécie de válvula de proteção das falhas de seu *self*.

Contudo, o contato com sua mãe e com a voz dela pode ser capaz de acalmá-la temporariamente em momentos de grande angústia. Um exemplo:

> *Em uma entrevista, na presença de sua mãe, Ève cai. Sua mãe a ajuda a se levantar. Ève se enrosca nela, esconde sua cabeça em suas pernas e tenta se acalmar. Quando ela sai dessa posição, o mundo parece assustador. Ela vem em direção a mim, me interrogando: "Mamãe? Mamãe?", como se ela tivesse perdido tudo. Sua mãe termina por acalmá-la cantando próxima a ela, acariciando-a um pouco. Ève sai de seu marasmo e cantarola, mas quando sua mãe se levanta, ela para de cantar, volta a se sentar. O encanto de um espaço magicamente reconstruído é quebrado. Ève se desintegra novamente. A mesma sequência se repete mais duas vezes. Percebemos a imensa fragilidade de seu envelope psíquico, que necessita de um vínculo táctil, sensorial e corporal com o objeto.*

Não podendo colar-se totalmente ao outro, Ève opta geralmente por soluções mais autárquicas, com predominância do recurso às sensações como modo de agarramento. Assim, na sequência descrita ou em situações nas quais ela não pode fazer seu circuito habitual para vir à sessão, Ève se sente perdida e tenta se recompor passando, de forma repetitiva, seu polegar sobre a borda do lábio inferior de sua mãe (ela assim recorre, na ausência da mãe, aos contornos de seus próprios lábios). A segurança encontrada passa pela repetição incessante de gestos que mobilizam certas sensações.

No nível de suas modalidades de relação de objeto, as flutuações também são importantes: conforme vimos, ela perde a continuidade de *seu sentimento de ser* e, ao mesmo tempo, os contornos do objeto.

Entretanto, como sinalizado parcialmente pela bolha de saliva, Ève parece apoiar-se nas experiências arcaicas continentes e satisfatórias, ou, mais precisamente, nos traços sensoriais por elas deixados, tentando reorganizar, reelaborar uma relação com o objeto. Isso me parece aproximar-se das "formas autísticas" de F. Tustin (1980, 1984a, 1985), as quais participam da organização de rudimentos de limite, tornando-as carregadas de potencialidade libidinal ligada ao objeto e de uma pulsionalização potencial na relação transferencial, ao contrário do que ocorre com o objeto autístico. Enquanto as formas-sensações autísticas são engendradas por sensações corporais suaves, como o escoamento da urina e da saliva, os objetos-sensações autísticos, por sua vez, se originam de partes duras do corpo: fezes, língua, músculos contraídos etc., ou pelo contato com objetos duros (chaves, carrinhos...), os quais, amalgamados ao seu próprio corpo, proporcionam à criança uma experiência sensorial tranquilizante – a de existir em um dado lugar. Trata-se, aqui, de um sentimento primitivo de continuidade de ser. Não se trata de objetos investidos pulsionalmente: são as sensações proporcionadas pelo objeto que importam, sendo o "objeto" intercambiável... O que está em questão é a possibilidade de manter-se, de assegurar-se sem carga libidinal.

Esse não é o caso das formas-sensações experimentadas que parecem oferecer um certo prazer, tranquilizando e acalmando essas crianças. Elas não são pura atrelagem, visto que são maleáveis e que as crianças podem inventar novas formas em função de suas necessidades, sentindo-se, assim, sempre contidas nesse "turbilhão de sensações". Os movimentos de rotação, de oscilação, os estereótipos, as bolhas de saliva etc. produzem "formas" tranquilizadoras e calmantes.

A atrelagem às sensações, para Ève, mesmo que predominante, não era representativa de seu nível permanente de funcionamento. A seguir, um exemplo:

> *Durante uma sessão, ela me dá uma mamadeira para alimentar uma folha de papel em branco embalada como um bebê. Essa conduta me parece revelar primeiras simbolizações já complexas. No momento em que recebi Ève e sua mãe e evocamos a partida de sua avó e a interrupção da amamentação que veio na sequência, ela me pareceu ser o "continente psíquico" de sua própria mãe (certamente ligada, para a mãe, à angústia de não poder ser uma boa mãe, capaz de alimentar sua filha, e a um sentimento de que ela própria foi abandonada).*
>
> *Nesse ato, Ève evoca, à sua maneira, um momento-chave do desentendimento mútuo de compreensão, reativado quando a chupeta foi perdida. Talvez Ève também dê sentido à forma como ela se percebe em alguns momentos: como uma folha branca, sem volume. Ao me estender a mamadeira para alimentar a folha branca, ela me indica sua nova tentativa de confiar em alguém que poderia alimentá-la e ajudá-la a pensar? Esses atos são mensagens potenciais em busca de deciframento.*

Em virtude de circunstâncias internas e externas, o desenvolvimento da "barreira de contato", criadora de recalcamentos, conforme definida por W. R. Bion (1962), não pôde se constituir para Ève e, portanto, suas impressões dos sentidos e das emoções não foram utilizáveis para o pensamento onírico e para o pensamento da vigília inconsciente. Cabe ao terapeuta tentar, com ela, uma aventura comparável à de uma mãe com seu bebê, enquanto empresta sua função alfa. Ele também deve tentar, ao mesmo tempo, uma aventura extremamente diferente, no sentido de que aquilo que é colocado muito rapidamente em movimento no bebê passa então a ser parasitado por defesas e angústias massivas. Quando "o continente e o conteúdo são suscetíveis de serem reunidos, penetrados ou ambos, eles são submetidos a um tipo de transformação que chamamos de crescimento. Quando separados ou despojados da emoção, perdem sua vitalidade. Dito de outra forma, eles se aproximam de objetos inanimados" (Bion, 1962a, p. 110).

Para tentar realizar essa junção, é necessário utilizar tudo o que essas crianças são capazes de nos propor dentro dos seus níveis de funcionamento. Assim, as produções sonoras persistentes de Ève me pareceram, em grande parte, comparáveis à sua bolha na boca: reveladoras das angústias que estão em jogo e, ao mesmo tempo, das tentativas de anulá-las.

Algumas sessões para mostrar a atmosfera das trocas transferenciais-contratransferenciais

Uma sessão do início do tratamento

Um grande túnel plástico está no pátio que leva à nossa sala. Ève se fixa nele, totalmente capturada por batidas nas tiras plásticas com a palma de sua mão, evitando o contato sensorial com a armação de ferro (dedos levantados, estendidos).

Para Ève, é difícil aceitar entrar na sala; ao saber disso, sua mãe pega-a no colo para fazê-la entrar antes de nos deixar. Ève choraminga e sai rapidamente da sala, duas vezes. Sua mãe a recoloca pela terceira vez sobre um pequeno tapete (posteriormente investido como local de contato privilegiado comigo e de organização).

Ela diz [mamâmamâ], e depois repete, como uma longa música, [nananamamâmamâatâatâatâata...].

Eu comento a sua inquietação ao se encontrar sozinha comigo. Onde está a mamãe? Ela vai reencontrar a mamãe? Eu a tranquilizo quanto a isso e lhe digo que, como nas outras vezes, a mãe estará esperando quando terminarmos.

Ela recomeça [nananamamâmamâatâatâatâata...].

Ève procura formas de sair: a porta de comunicação entre os dois cômodos, a janela, contra a qual bate a cabeça; ela choraminga.

Abaixando o som da minha voz, eu comento a respeito da inquietação e da confusão que a invadem. Ela vem em minha direção, cola seu rosto contra o meu e repete "né né né né...", colocando o dedo na minha boca.

Falo do desejo de se sentir bem próxima, colada, mas também de adcntrar no meu interior.

Ela repete [dəədâəədâdəədâdəədâ...], que podemos entender de diversas formas.

Eu opto por nomear e comentar diferentes interiores: a sala, o armário, a cabeça, o corpo.

Ela vai em direção ao armário, abre-o, cai.

Em seguida, ela passa a ter medo desse armário durante inúmeras sessões, armário no qual ela encontra uma almofada.

[dəədâdəədâdəədâdəədâ...]

Ela chora, quer sair (me puxa, coloca a minha mão na maçaneta).

Comento a inquietação de Ève, seu sofrimento, e seu questionamento quanto à minha capacidade de contê-lo.

Ela toca seus genitais, o que a mãe sempre interpreta como uma demanda para fazer "xixi" (para fugir de um espaço sentido como perigoso?).

Seria possível guardar coisas inquietantes em sua mente?

Ela bate a sua cabeça contra a minha. Seria possível confiar na minha cabeça para guardá-las, para ajudar Ève a não se sentir muito capturada por coisas amedrontadoras?

Ela encontra um vidro plastificado branco e coloca-o na boca.

Ela toca com seu dedo a superfície lisa do vidro, e depois as superfícies mais onduladas, um pouco na mesma atmosfera de quando ela se absorve no contato com os lábios de sua mãe ou de seus próprios lábios. Mas, nesse caso, trata-se de um objeto que pertence ao enquadre terapêutico.

Comento as sensações suaves proporcionadas pelo contato com o vidro liso e branco como o leite, bem como as sensações mais duras das pequenas ondulações.

Ela interrompe esse gestual e tenta colocar uma mão – e depois a outra – dentro do copo.

Meses depois

Ève esteve doente (faltou duas vezes antes desta sessão).

Uma sacola da FNAC a ajuda a "retomar o contato" por meio dos tapinhas (da mesma forma que ela batia no túnel, dá tapas na sacola colocada sobre uma superfície plana e maleável, ou mantida no ar). Mas, dessa vez, ela não é totalmente tomada pelas sensações. Ela cria um vínculo com essa sacola plástica: ela me entrega a sacola para que eu possa tocá-la. Durante essa sessão, outra forma de troca se instaura pelo cantarolar, em uma melodia que ela intitulará mais tarde de "nininina". Reconheço a melodia da canção "Vive la rose et le lilas".

Eu cantarolo e comento a nossa situação com a ajuda da letra da canção, que começa com "meu amor me deixa"[8].

Ela posiciona a sacola plástica por toda parte: onde estou, onde me sento, para onde me desloco. É como se fosse uma representação concreta que preenche o buraco deixado pelas minhas ausências no enquadre dos meus deslocamentos na sala. Uma espécie de fio de Ariadne em construção.

Ela toca as lâminas das persianas, separa-as, reconecta-as. Vemos que a questão do vínculo, da separação e do vão está sendo trabalhada.

Ela põe a sacola sobre a superfície de uma pequena mesa.

[ato] é enunciado como uma palavra isolada.

Retomo sua "palavra": [ato?] e pergunto se se trata de um bolo[9], de coisas doces e gostosas que deixamos entrar na boca.

Ela sorri e coloca a sacola em cima de mim.

[atoatolabesə la sâsô labesə]

[nininina]

Eu faço comentários, e relaciono suas produções linguageiras às sessões nas quais eu a ajudava a vestir seu casaco[10] no final da

---

[8] No original, *Mon ami me délaisse*, *ami* sendo usado com a conotação de "namorado" e *délaisse* podendo também significar "abandonar" [N.T.].

[9] Em francês, *un gateau* (ato) [N.T.].

[10] Em francês, *la veste* [labesə] [N.T.].

sessão, comentando o que fazíamos: quando a gente veste o casaco para ir embora, sente como se fosse abandonada, e precisa de coisas boas dentro da gente.

[lasâsô]

"Qual canção[11], Ève?"

[laest?]

A canção do casaco, da separação?

"Nininina". Ela se aproxima de mim, com a sacola [asiaər]

Eu retomo o termo "aspirador" de forma interrogativa. Com sua mãe, havíamos falado de seu medo do barulho do aspirador.

"Não, não", ela toca os meus lábios, seus contornos e os relevos do lábio inferior, assim como faz com sua mãe, para acalmar-se.

Ela coloca sua mão diante da minha boca para que eu pare de falar. Ela quer sair. Ela choraminga um pouco.

"Isso dá medo? Está se vingando da mamãe Boubli perigosa?"

Ela se deita sobre o tapete para se recompor.

Ela choraminga.

"Talvez seja necessário alimentar o bebê Ève com coisas 'ato' para esquecer do casaco, da separação?"

Ela sorri. Eu aproximo uma colher (que ela já havia utilizado), ela sorri, morde a colher com cautela, como se prestasse muita atenção aos dentes, que poderiam rapidamente se tornar perigosos.

Ela fala de "flan", depois parece estar menos apreensiva e diz novamente [asssiaər].

Para se acalmar, ela cantarola "nininina", e eu retomo a melodia, sem as palavras.

[11] Em francês, *chanson* [lasâsô] [N.T.].

Escutamos um vento forte lá fora, e ela fica interessada.

Digo que Ève talvez se pergunte se, na sua ausência, posso mantê-la bem próxima, colada no fundo da minha cabeça, ou se o vento violento leva tudo, como o aspirador da raiva. Mas também digo que ela pode se dar conta de que eu me lembro bem de tudo que trabalhamos juntas.

Ela sorri.

Ela sobe no divã em que costumo me sentar para observá-la quando ela está sobre o tapete. Após um tempo, ela retoma [assiər], quer ir embora, chora um pouco.

Vemos que Ève parece buscar corajosamente uma forma de pensamento acerca de uma situação inquietante. Pergunto-me se o seu desejo de deixar a sala sinaliza, para além de sua angústia, sua previsão da separação futura devida ao fim da sessão, a qual ela preferiria controlar, evitar. O fato de que ela vai se sentar longe de mim, em cima de seu casaco, estabelecendo uma distância, me parece estar relacionado a isso (adicionalmente, a separação futura faz de mim provavelmente mais perigosa).

É o fim da sessão.

Antes de partir, Ève entra no banheiro que fica dentro da nossa sala de terapia e, diante do espelho, mostra a língua, olha o buraco de sua garganta (aspirador?), toca sua saliva e faz dela uma espécie de fio, até que ele se desfaça.

Ela toca sua grande bolsa de brinquedos, e o relevo dos brinquedos que estão ali dentro.

Relaciono esse gesto à sessão anterior: na hora de ir embora, Ève havia mordido a sacola.

Na sala de espera, ela não quer mais que eu fale com sua mãe, e coloca a sua mão na frente da própria boca, em uma confusão ela-eu.

Sessão após um ano de tratamento

Ela se interessa pelos pratos. Eu comento, e falo sobre comer[12].

Ela retoma [âje].

Começo uma brincadeira de lhe dar comida. Ela abre a boca, mas precisa que minha mão a toque; ela não consegue fazer de conta que está comendo de longe. Ela coloca na minha escrivaninha um prato de plástico, com um coelho desenhado, e um de ferro, com uma casa desenhada no fundo e um pássaro desenhado na parte de trás.

Ela diz [up] e eu digo "sopa?"[13].

Ela transporta o prato de sopa de um lugar ao outro dentro da sala.

Trata-se de preencher, de fazer de toda a sala nutridora?

Ela diz algo que parece [ubi] com um tom de interrogação.

"Você está chamando a Boubli, Ève? Eu estou aqui[14]".

Rindo, ela diz [uila] [âta]. Ela coloca a sua mão diante de seus óculos (dando início a um jogo de "Cadê? Achou!"). Ela fala de "flan" e canta, de forma ligada, "nouseontouuni".

Eu comento sobre o nascimento de Ève (seu aniversário havia sido alguns dias antes). Ela foi encarregada de reunir todos os membros da família. Eu comento seus sons colados, não separados, "todos reunidos"[15]. Mamãe Boubli e Ève juntas, em nossa sala. Me dou conta de que, tomada pela brincadeira de alimentação, Ève esqueceu de transportar a sacola plástica de brinquedos, que está sempre com ela e na qual costuma dar tapinhas (como com o túnel).

---

[12] Em francês, *manger* [N.T.].

[13] Em francês, *soupe* [N.T.].

[14] Em francês, *Je suis là* [N.T.].

[15] Em francês, *tout réunis* [N.T.].

A qualidade do que se passava naquele momento permitiu que ela se desligasse um pouco do que parecem ser traços autísticos? Ela retoma a sacola, transporta-a para cima do divã e da escrivaninha, com seus tapinhas habituais.

Eu comento: "Quando podemos falar de coisas que ligam, temos menos necessidade de nos mantermos coladas, por não nos sentirmos mais separadas[16]".

Ela repete [paepaepaepaepae...].

Volto a falar dos problemas de sono durante a noite, do medo de cair no sono e de não ter mais a mamãe consigo, de estar totalmente só[17].

Com o plástico entre as pernas, ela retoma a formulação [tusəl tusəl tusəl tusəl...] inúmeras vezes.

Eu falo da necessidade de ainda permanecer colada à mãe para não se escoar[18] (não digo nada sobre a provável rivalidade com o pai; a angústia de queda me parece predominante naquele momento). Estar colada, não separada, é também repetir inúmeras vezes a mesma coisa, em ecolalia.

Ela ocupa o lugar onde costumo me sentar e posiciona as almofadas entre as pernas, uma após outra.

Sinto que ela está sonolenta. Ela me olha fixamente, parecendo pronta para adormecer. Ela chupa o seu polegar.

A sessão se encerra. Ève está serena, calma.

Ela me espera enquanto guardo os seus brinquedos.

Tenho a sensação de que tivemos uma sessão muito agradável, com o estabelecimento de um vínculo sólido entre nós e, desde

[16] Em francês, *séparée* [N.T.].

[17] Em francês, *toute seule* [N.T.].

[18] No original, *s'écouler*, usado em um sentido semelhante a "escoar", "cair" [N.T.].

então, ocorrem algumas sessões com verdadeiras comunicações. (Minha atenção a esse momento em que ela se joga no tapete, nossas trocas de olhares ajudaram-na a "encontrar" o seu polegar em vez de recorrer à excitação masturbatória ao esfregar as pernas?).

Ela me espera para deixar a sala enquanto abro a porta. É a primeira vez que isso acontece.

Vários meses mais tarde

Algumas sessões antes, Ève veio com a imagem de um imenso crocodilo. A função dos dentes mais parece a de dedos que seguram, prendendo como dentes que capturam, em uma forma de apreensão que será mencionada, bem como a inquietude que aquilo mobiliza nela, fazendo-a evitar o contato entre os dedos e superfícies moles e flexíveis.

Durante diversas sessões, todo esse aspecto "crocodilo" será temporariamente projetado em uma terapeuta que ela deve dividir com outras crianças em um pequeno grupo. Entretanto, permanece a capacidade de conservar vínculos em relação ao que foi trabalhado no início da terapia. Posso compreender melhor, então, que ela tentava, até aquele momento, me manter como um seio-objeto perfeitamente bom (como quando fazia bolhas), que ela temia fazer desaparecer totalmente por conta de sua avidez. Ela pode pensar, com distanciamento, nos conflitos relacionados à sua boca.

Nesse período da terapia, a clivagem permite que ela lute contra sua principal defesa: a confusão. Parece-me que ela serviu, nesse momento, como um apoio para o trabalho psíquico, permitindo-lhe que mantivesse constantes as primeiras organizações, protegendo, assim, seus aspectos amorosos – capazes de ligação, de curiosidade e de interesse – de seus aspectos destrutivos e invejosos.

A angústia não é mais tão grande a ponto de não permitir a utilização da boca: parece-me que, em parte graças à clivagem, palavras aparecem separadas. É possível um trabalho de reflexão acerca daquilo que a outra terapeuta representa para ela, a parte de si própria que a boca devoradora expulsa para fora. Ela pode associar "hospital" ao lugar de cura, onde ajuda é oferecida e socorros são prestados. A possibilidade de reparar as coisas atacadas aparece.

Ève não é mais bulímica, ainda que permaneça pequena, com formas arredondadas. Ela continua a pedir um "briosse"[19] para a mãe ao fim da terapia, mas aceita bem o ritmo imposto por ela: nos dias em que há atividade em grupo, sim (para ajudá-la a ter paciência entre a sua sessão individual e a de grupo), nos outros dias, não. A frustração é mais suportável. São instituídos marcadores temporais, espaciais e referentes a pessoas. Ela tolera melhor necessitar do outro e demanda regularmente seu "endez-vous"[20] ao final da sessão.

Apresento duas sessões que ilustram o tipo de trabalho que efetuamos juntas nesse período.

Sessão 1

"Voiraline"[21], "la biosse". Aline é responsável pelo grupo de psicopedagogia do qual Ève começou a participar recentemente, com outras duas crianças.

Ela se apossa de um cubo com o qual, no início de sua terapia, eu havia provavelmente trabalhado, de maneira antecipada, em

[19] *Brioche* [briosse, biosse] (ver referência da terapeuta a um ritual de Karl com a mãe, que lhe oferece pãozinho "brioche" com manteiga ao final das sessões).

[20] Forma da paciente de dizer "*rendez-vous*", que aqui se refere ao horário no qual um compromisso é marcado [N.T.].

[21] *Voir Aline* (ver Aline [N.T.]).

termos de rivalidade com outros bebês. Trata-se de um cubo de resina com imagens coladas na superfície e pequenos grãos coloridos no interior. Ève provavelmente o agitava na intenção de escutar o barulho dos grãos em movimento. Atualmente, o cubo tem uma imagem a menos (a de uma tangerina). Ève a descolou, criando um buraco no cubo, e retirou pequenas pedrinhas de seu interior. Ela observa uma das faces do cubo, com imagens de morangos. Ela o gira, observando suas diferentes facetas. Ela manifesta uma grande atenção, e eu a observo.

"Não ponha na boca", diz ela.

Da sala ao lado, ela escuta uma psicomotricista, que ela conhece, fazendo música com outra criança. Elas estão na sala utilizada por sua outra terapeuta e seu pequeno grupo.

"Aline?"

"Você está se perguntando onde está Aline, se é ela que está na sala ao lado com outra criança que não é a Ève?"

"*La biosse*... Não ponha na boca (o pequeno cubo)."

Agachada entre o armário e a cama, ela bate o cubo na cabeça. Ela põe a mão dentro da calça e toca seu sexo.

"*Un ptipealine*."

Surpresa e tocada pela bela nuance do *un petit peu* ("um pouquinho"), eu repito, dissociando o aglomerado sonoro, "um pouquinho Aline?".

Ela vai em direção ao divã e retira coisas de dentro de seu saco de brinquedos. Ela encontra uma massa de modelar, toda embrulhada em folhas de papel branco que ela havia colocado ali dentro muitas sessões antes. Ela abre as folhas, amassa o papel e vai jogá-lo na lixeira. Cada coisa em seu lugar: raiva e rivalidade?

Ela aperta uma bola de plástico laranja dura, que tem saliências e buracos regulares e apita quando pressionada. A bola me faz lembrar uma tangerina amassada.

Ela pega a cama de casal de brinquedo e coloca em cima de sua mesa.

"A massa". Ela pega um pouco de massa de modelar. "Aline."

Eu me surpreendo ao pensar em voz alta: "O que representa Aline na cabeça de Ève?"

"*La bousse.*"

"Aline é algo da boca[22] de Ève?"

"*Un ptipealine.* Programa de TV[23]... o hospital... esta tarde."

Ela pega sua caixa de canetinhas hidrográficas e se senta diante de mim.

"Mamãe", diz ela, me pedindo para abrir a caixa de canetinhas.

Eu pergunto se há coisas quebradas que precisam ser reparadas no hospital (ela havia atacado uma criança do grupo e espalhado o material de pedagogia).

"Programa de TV, *voiraline.*"

Ela pega uma canetinha preta e vai em direção a seus livros ilustrados que estão no divã. Ela "pinta" o que está desenhado em cima de um prato e no interior de uma lixeira. Mas isso seria percebido dessa forma?

Habitualmente, Ève pinta de preto as bocas abertas, agressivas. Ela opta particularmente por livros ilustrados como os de Mickey ou de Léo, com grandes narizes redondos e olhos imensos.

---

[22] Em francês, *bouche* [N.T.].

[23] No original, *émission*, que também pode significar "transmissão" ou "emissão" [N.T.].

Na sequência, ela vem na minha direção com o jornal para que procuremos o "Mac Donald", um sanduíche redondo desenhado ao lado de uma porção de fritas que transbordam o recipiente. Com a canetinha, ela pinta a cabeça de um menininho com a boca aberta. Ela observa bem as imagens. Sua capacidade de concentração parece bem diferente. Ela recobre com tinta a cabeça de um gato que recebe uma bola na cabeça, e também a bola recebida. Em outra imagem, um personagem cospe na comida. Ela também pinta por cima dessa imagem.

Eu comento o fato de que ela não está contente com a comida que eu dou a ela. Que ela se pergunta como pensar a parte Aline e a parte Boubli (duas partes maternas? Parte paterna e parte materna? Ève e a parte materna que eu represento na transferência?).

"*Un ptipealine.*"

Ela põe sua mão sobre seu sexo e se vira para mim.

Ela coloca dois dedos dentro da boca e diz "*lémantines*".

Em outras sessões, as *clémentines*[24], os "*lait*[25]*-mentines*", representam seios mordidos, atacados.

Ela toca seu sexo por pouco tempo enquanto olha pela janela, fazendo um novo som "ptptptpt", um pouco como se fizesse um barulhinho de bolhas de saliva. Isso me faz pensar nas bolhas que ela fazia no primeiro ano de terapia, ainda que, agora, não fosse uma grande bolha mantida por ela, mas pequenas bolhas que explodem rapidamente, e cujo som é acentuado pelos lábios fechados-abertos.

Ela toca brevemente seu sexo. Isso não me parece ter caráter masturbatório, diferente de quando apertava com força suas pernas. Sua respiração não se modifica. Eu tenho o sentimento de que se trata de uma exploração, que ela se toca com interesse.

24 Tangerinas [N.T.]

25 Leite [N.T.].

Ela tira a casinha do armário e abre. É uma casinha da Fisher-Price que pode ser dividida em duas metades.

"Aline."

Ela olha pela porta da garagem e insere um bonequinho. Eu percebo, nesse momento, que a massa branca chamada de "*biosse*" está em cima da minha escrivaninha.

Ela pega a canetinha roxa e começa a rabiscar o teto da garagem. Em seguida, ela utiliza uma canetinha marrom.

"A casa", diz ela, "ponho dentro". Ela colore um pouco o interior da casa.

"O que Ève está pondo no teto da casa e que pode entrar na casa? Marrom? Um pouco de raiva, de ataques?

"*Un ptipealine.*"

Ela deixa a casa aberta, joga a canetinha marrom e diz "a massinha".

Ela joga no chão a esponja cortada em duas. Durante inúmeras sessões, essa esponja havia servido para fazer mousse – leite bom –, brioche...

Ela separa os objetos que estavam encaixados dentro dos potes e diz "a massinha".

Eu falo sobre separar, sobre cortar para poder pensar, para não ter medo das partes "mamãe Boubli gentil" e "mamãe Boubli malvada" unidas. Coisas brancas como o leite e a massinha e coisas marrons como o cocô.

Ela segura um pote amarelo, de tamanho intermediário, que tem pequenos objetos dentro. Ela o utiliza para bater na parede que separa os dois cômodos. Ela o derruba.

"Cair Aline."

Quem é quem? Nós provavelmente somos objetos parciais intercambiáveis, mas, no entanto, diferenciados.

Ela diz algo que não entendo. Ela vem na minha direção com uma mão em sua calça, ela a abaixa e me olha de esguelha.

"*Tavualine*?"[26]

Ela passa por trás de mim com o pote.

"Aine... *un ptipealine... toutenu.*"

"*Tout tenu?*"[27] Até logo?[28] Totalmente nua?[29] Pergunto-me se Ève não teria mantido oralidade e excitação sexual separadas por meio da clivagem entre as terapeutas, e se ela tentava triar essas sensações e excitações, passando por modalidades de identificação ainda carregadas de clivagem. A não ser que a clivagem a ajude na organização dessas "triagens"[30].

Atrás de mim, perto da janela, ela enrola uma lâmina da persiana. Parece-me que ela fala de alguém chamado Mitaël (nome de uma criança de um outro grupo, que ela não encontra mais, e de um primo).

"Ana ou dane, eu[31] ou dane."

É o "ou" que me interessa. Não seria possível termos dois personagens ou duas ideias em mente ao mesmo tempo? A não ser que aqui também se trate de um processo que lhe permita pensar, separar, classificar. Eu digo a mim mesma que, muito provavelmente, o "ou" se refere também à diferença dos sexos: menina ou menino?

---

26 Em francês, soa como *Tu as vu Aline*? (Você viu Aline?) [N.T.].

27 *Tout*, "tudo, todo(a)"; *tenu*, particípio passado do verbo *tenir*, "segurar, aguentar, manter" [N.T.].

28 Em francês, *tout à l'heure* [N.T.].

29 Em francês, *toute nue* [N.T.].

30 No original, *des tris* [N.T.].

31 No original, *moi* [N.T.]

Penso no primeiro bebê da mãe, menino que morreu no parto; se trataria também de uma questão do tipo: "eu estou viva ou morta?".

"Esta tarde, *tavualine*?"

Ela me mostra a massinha de modelar.

"É branca."

"'*Egade*'[32] a flor", me mostra sua camiseta.

Eu digo que Ève é uma menina, que ela tem uma linda flor em seu peito.

Com a boca aberta, ela faz expirações que me fazem pensar em mulheres dando à luz; talvez seja a respiração que escuta dos pais durante a noite.

Na sequência, eu a escuto fazer "aaah, aaah" e, aparentemente, isso está ligado a contrações da zona anal. Depois, pequenos sons de "abbabbabbb", "Mitaël" e outros que não consigo entender.

Quando arrumo os brinquedos, me dou conta de que, dentro do pote amarelo, há um outro, azul, e que dentro dele há uma bola redonda de massinha de modelar, de uma coloração amarronzada, constituída de várias massinhas misturadas.

Ela esmaga com o pé um balão laranja, que faz um som sibilante, e fala de Aline. Ela me estende a mão com o balão estourado e diz "mamãe", "mm", para que eu o conserte e recomece.

Na sala ao lado, uma criança chora. Ela quer fazer a girafa entrar no buraco da porta da casinha amarela.

"É um *aourt*?"

Como ela não consegue fazer a girafa entrar dessa forma, ela abre a casinha e coloca a girafa dentro.

---

32 Provavelmente com a intenção de dizer *regarde*, "veja" [N.T.].

Ela tira seus sapatos e suas meias.

"E *rruma*?" ("Vamos arrumar"[33] que digo depois de anunciar o final da sessão).

Digo a ela que ainda não é hora de arrumar, que Ève sabe que ainda temos tempo: ela tirou seus sapatos e meias como se dissesse "eu fico", "como quando nos deitamos à noite para dormir".

"A casa."

Ela segura a minha mão, segura a casa com a outra e, enquanto estou sentada no chão ao lado dela, me puxa na direção do tapete, no qual se deita.

Eu comento a sua posição corporal, um pouco sobre o tapete, um pouco para fora, com a cabeça entre as duas partes abertas da casa.

Ela cantarola algo que eu não consigo entender.

"*Anisananissa*, *anisatiti*, *anisatitoeure*, a casa."

Ela se levanta e vai procurar uma segunda casa com teto marrom, que está dentro do armário. Ela a coloca sobre o divã e a abre.

Eu faço um comentário sobre as duas casas separadas, sobre a clivagem na transferência.

No nível da linguagem, podemos notar a aparição de verbos conjugados, de palavras associadas em pequenas frases e o desaparecimento das cantigas. Em compensação, palavras nitidamente reconhecíveis e separadas umas das outras aparecem. Seu timbre vocal é mais alegre, mais próximo da música linguageira.

---

[33] Em francês, *On range* [N.T.].

Sessão 2

As férias chegarão em breve.

Sua mãe decidiu interromper as sessões ao longo de todo o período das férias. Na sala de espera, Ève me vê sair com um menino. Ela deve me esperar terminar de secar a água que a outra criança jogou no chão. Eu a escuto manifestar sua impaciência e sua raiva.

Quando venho buscá-la, ela me segue com tranquilidade, me dizendo para ir buscar o saco de brinquedos várias vezes durante o caminho: [sitadepitâ].

Entramos na sala de terapia e ela se senta no divã, ao lado do saco de brinquedos.

"É Mitaël."

"Você está me dizendo que me viu sair da sala com um outro menino e que ele te fez lembrar do Mickaël, que participava do mesmo grupo que você."

"É você a *maîtesse*... É você a *étole*... Está encolhido[34], molhado.

"Oh, Madame Boubli é como uma professora[35], com muitas crianças. A escola[36] está fechada durante as férias, mas Ève está se perguntando se a professora vê as outras crianças durante as férias e se também vou me tornar ríspida, se eu vou ver outras crianças quando a Ève não estiver aqui, outras crianças que podem destruir a nossa sala."

A cabeça de Ève está repleta de perguntas.

Objetos caem, a água escorre...

---

[34] No original, *c'est tassé*, que também pode significar algo como "enfiado" ou "embutido" [N.T.].

[35] Em francês, *maîtresse* [N.T.].

[36] Em francês, *école* [N.T.].

"A professora Boubli vai guardar o lugar de Ève ou vai deixá-la cair como as coisas quebradas e como a água no chão?"

Ève tira a meia esponja do saco e enxuga o chão. Ela espreme a esponja, deixa a água cair no chão novamente e limpa.

"É a sua casa?"[37] e, depois, [setamenô] em um tom interrogativo. Eu não sei como escutar isso. Penso sobretudo em "é você, mas não é?"[38], "é seu, mas não é?"[39].

Tenho a sensação de dois movimentos contraditórios, um em direção à afirmação e à segurança, e outro na via da denegação, da dúvida, da incerteza.

Ela se dirige ao quadro negro "vazio", que ela apaga. Tenho a sensação de que ela apaga os traços deixados por outras crianças. Há giz branco e vermelho. Ela pega o vermelho e faz um círculo com um pedaço pontudo. Depois, com a esponja, ela joga água no giz vermelho; ela quer ir ao banheiro comigo e leva a esponja suja junto.

Digo que Ève tem sua própria esponja, que ela está suja (na verdade, estou irritada porque ela coloca a esponja na boca e a chupa).

"Não [está] suja."

Vamos então ao banheiro, e ela coloca água e sabão na esponja, ela a retorce na pia e dela sai um líquido com uma cor indefinida.

"Suja", ela conclui.

Presentemente, a realidade pode modificar sua percepção do mundo.

Ève quer limpar o corredor que liga a nossa sala ao exterior.

---

[37] Em francês, *C'est ta Maison*? [N.T.].

[38] Em francês, *c'est toi mais non*? [N.T.].

[39] Em francês, *c'est à toi mais non*? [N.T.].

Eu digo que é melhor entrarmos na sala para refletirmos sobre tudo aquilo que atormenta Ève, mesmo que isso seja um pouco assustador e encha-a de tristeza.

Ela estapeia meus braços sem violência, mas em uma manifestação de raiva entristecida e vai na minha frente.

Ela enxuga novamente o chão e o quadro negro e pede pelo "*saon*"[40] mais uma vez.

Ela se dirige até o banheiro; eu lhe pergunto se ela vai precisar da cadeira ou não (para conseguir abrir a torneira). Ainda que, como de costume, ela faça como se não estivesse me escutando, ela retorna e pega a cadeira.

No banheiro, em vez de me puxar pelo braço para que eu abra a torneira, ela me diz, pela primeira vez, "empurre". Ela quer subir na cadeira, que está mal posicionada em relação à torneira. Ela bate nos meus braços.

"Oh, você está com raiva porque eu não sou o braço que faz as coisas por você sem que você me peça. Talvez você ache que eu posso adivinhar o que se passa na sua cabeça? Eu não posso adivinhar o que está na sua cabeça."

Ela posiciona a cadeira

Eu me posiciono atrás, de maneira a garantir que a cadeira não escorregue.

Ela enche um copo de brinquedo e despeja a água na lixeira e em um cesto deixado por outras crianças.

Eu comento a sua rivalidade.

Eu estou atrás dela, ela me vê no espelho.

---

[40] Na tentativa de dizer *savon*, "sabão" [N.T.].

Ela coloca água na sua boca, olha as suas bochechas inchadas no espelho e cospe a água como um jato.

Estou surpresa. É a primeira vez que eu a vejo fazer isso, e é como se, intuitivamente, ela houvesse percebido a tonalidade do jeito de ser da criança que veio antes dela e que ela encontrou na sala de espera.

Ela começa a rir, me olha no espelho e olha a si própria, radiante. Eu também rio.

Ela procura o cubo que utilizava no início da terapia e que continha os bebês-grãos rivais; ela o enche de água. Ela bebe a água de um copo e cospe.

"Oh, você cospe, você cospe tudo aquilo que te irrita, que não é bom!"

"Não boa"[41], diz ela, no feminino.

"Eu não sou boa, Ève?"

"*Tata bouilla*", acrescenta ela enquanto corta, de forma excessiva, a palavra em três partes.

Nós duas rimos.

Ela engole água com um estalar da língua e um "aaaa" profundo de satisfação.

"Se você tem fome... se você tem *fede*[42]."

Ela bebe novamente com um estalar da língua e um "aaaa" de satisfação.

Em seguida, ela pega a água do cubo, bebe, e começa com uma música vocal barulhenta e pouco compreensível em nível lexical.

---

[41] Em francês, *pas bonne* [N.T.].

[42] No original, "*foif*", tentativa de pronunciar a palavra *soif*, "sede" [N.T.].

[sisetəba ninaninaaaa], o que ela parece querer repetir de forma cada vez mais barulhenta.

Eu imito o som que ela produz. Ela começa a rir. Emerge uma espécie de humor, de capacidade de rir de si mesma, de reflexividade.

Naquele momento, eu não percebi que o fim da "melodia" era próximo da canção do início, "nininina"; a tonalidade é tão forte que eu me pergunto se, ali, não se trataria de uma forma de camuflagem, de evacuação dos afetos que emergem.

[mesetəbaninaniiiii]

"Como o i é pontudo, Ève. Ele entra forte no buraco do ouvido e pica."

Ela cospe a água na lixeira. Ela preenche novamente sua boca com água, toca a sua garganta, puxa a pele da garganta e cospe no lavado. Ela pega mais água e a engole.

Depois, em outro tom de voz, mais triste, ela diz: "*tata bouilla*... o *endez-vous*... está na hora".

Digo que, efetivamente, em breve nos separaremos, que isso é difícil, triste, que isso é como "*caca bouilla*", mas que teremos um novo horário e que ainda nos encontraremos mais duas vezes, e que também nos encontraremos após as férias.

Ela me diz "quente, quente" diversas vezes, para que eu retifique a boa temperatura da água.

Eu falo do "muito quente" da raiva, que queima, e do "muito frio" da solidão e da tristeza. É difícil guardar as coisas na sua cabeça em uma temperatura adequada, mas, juntas, podemos aprender como fazer isso.

Ela se distancia em direção à sala de terapia e deixa a torneira ligada dizendo "se você tiver fome, se você tiver *fede*".

Eu realmente tenho a sensação de que ela se preocupa comigo, que também vou ficar sozinha, sem ela.

Ela retorna. Pela primeira vez ela nomeia a torneira[43] de "*niné*" e conclui "*on ange*"[44].

Alguns meses mais tarde, desta vez antes das férias de verão

Novamente, ela me vê, da sala de espera, sair da sala de terapia com um menino pequeno. Ela não faz como habitualmente: não o ignora, mas o designa "o menininho", o que faz sua mãe rir. Ela me escuta quando eu digo à mãe dele que aquela seria nossa última sessão antes das férias. Ela me puxa para me afastar. Eu peço a ela que tenha paciência. Assim que o menino vai embora, eu pego algumas folhas e, na nossa sala de terapia, ela fala os nomes "*Caoline*" e "Jean-Baptiste".

Eu repito os nomes. Seriam meninas e meninos que Ève imagina que eu poderia ver enquanto ela não estivesse aqui?

Ela repete "as meninas, *os farçons*[45]".

Dentro da sala de terapia, ela permanece no divã por alguns momentos, folheia o livro de "Tarzan" e fala sobre o hipopótamo.

Eu falo das crianças da escola que ela não vê mais e da questão subjacente: o que ocorreu com elas (Caroline e Jean-Baptiste são nomes de crianças da sua sala)?

Ela então fala de Aline, Maina, Maxime (crianças do grupo do qual ela participava).

---

[43] Em francês, *robinet* [N.T.].

[44] Provavelmente tentando pronunciar o *On range* enunciado pela terapeuta ao final das sessões [N.T.].

[45] Tentativa de pronunciar *garçons*, "meninos" [N.T.].

Ela diz "caca", abaixa as suas calças e vai ao banheiro.

Eu a espero. Ela retorna rapidamente.

Ela pega a esponja, coloca-a dentro da boca e a qualifica de "*caca bouilla*".

Ela tira o boneco de dentro do saco – uma das raras ocasiões nas quais ela o utiliza. Ela o coloca debaixo da torneira do banheiro ligada e diz "Jean-Baptiste, François, a família, oh, não!".

(Seria isso uma tentativa de elaboração da questão: de onde vêm os bebês, a família?)

Ela tenta despir o boneco, mas é difícil... Ela me diz: "tire".

Pergunto a ela se é realmente tão difícil, se o bebê é difícil de despir ou se Ève utiliza seus dedos sem flexibilidade.

Ela tenta longamente, sem impaciência, e me pede novamente "tire". Eu a ajudo. Eu começo, ela termina.

Ela o coloca debaixo da água. "Está quente", ela diz ao mostrar a torneira. Juntas, ligamos a torneira.

"E *m'en fais pas*"[46], ela diz enquanto lava as roupas do boneco, como se assim o protegesse dos ataques possíveis. A água transborda e escorre no chão. Ela interrompe o que está fazendo para enxugar a água do chão, como se estivesse se contendo para não esfregar em excesso, por medo de danificar algo antes de me deixar durante o período de férias. Nesses últimos tempos, ela quase não teme a inundação. Essa ideia parece ser confrontada pela frase que surge na sequência: "Vamos *enerrar*"[47].

Eu comento o seu medo de danificar, sua vontade de consertar tudo, seu medo de interromper, seu pesar e sua raiva. Mas digo que

[46] Tentativa de pronunciar "*Je m'en fais pas*", "Eu não estou preocupada" [N.T.].

[47] No original, "*On va s'aéter*",tentativa de pronunciar *On va s'arrêter*, algo como "Vamos encerrar por aqui" [N.T.].

ainda temos todo o tempo daquela sessão para trabalhar, assim como a sessão que teremos em dois dias.

"Não vamos *enerrar*?", ela diz com um belo sorriso interrogativo.

Eu sinto meu coração apertar. Também estou emocionada e triste pelo seu pesar e sua nova esperança quanto à qualidade de uma relação que se mantém.

"Caroline", diz ela.

Eu comento a tristeza e a raiva ligadas à separação das férias e ao medo de que alguém tome o seu lugar.

"O sabão. De fato, não me preocupo."

"Você está tentando pensar que não deve se preocupar muito com a separação e apagar os restos da tristeza com o sabão. Mas, mesmo assim, é um pouco difícil... Mas nós já nos separamos e você sabe que nós duas vamos nos reencontrar na nossa sala após as férias."

"Com efeito, não me preocupo."

Ela se permite inundar a sala um pouco mais. Eu seco a água quando ela escorre muito, explicando que, se não fizer isso, dá medo, como quando pensamos que atacamos demais ou que algo transborda demais.

Falando dos objetos colocados no lavabo, ela diz: "Vamos secá-los".

É possível arrumar, secar e consertar os objetos.

"É *caca bouilla*, você é *caca bouilla*, vamos secá-los, vamos *enerrar*", ela diz com uma voz monótona e cantarolante, mas de forma muito distinta, ainda que com a voz abafada.

Em seguida, ela procura o saco de brinquedos. Em vez de esvaziá-lo completamente, espalhando o conteúdo no chão, ela me dá o saco. Eu o abro e o mantenho aberto. Aos poucos, ela tira dele os objetos que a interessam. Ela pega guardanapos de papel marrom e coloca um pedaço na boca, engolindo-o. Ela pega uma bola de pelúcia com guizos no interior, coloca folhas de papel marrom embaixo dela, molha-a completamente e a coloca na boca.

O bom e o não bom: tudo está misturado?

Ela a apoia e diz "palitinho curto... para saber quem...". Trata-se de parte de uma canção: "tirar no palitinho" para saber quem será comido.[48]

Ao dizer isso, ela pega os potes encaixados uns nos outros e abre-os no lavabo. Em seguida, ela esvazia o saco, mas sem espalhar muito os brinquedos. Ela me mostra o prato de metal que há alguns anos ela havia nomeado de "prato na beirada", o qual ela me mostrava em situações nas quais eu era "Cadete Rousselle", pessoa pouco confiável que tem três casas sem vigas.[49]

Eu comento tudo isso. Ela me mostra a casa desenhada no prato, que eu nomeio de "Cadete Rousselle". Ela associa: "*petit navire*".

Trata-se de uma canção que termina da seguinte forma: "o menor será comido".

Ela diz "menino pequeno, Caroline e François, Jean Baptiste esqueceu sua pasta".

Eu repito a última frase de forma interrogativa.

Ela me responde: "Sim, na *estola*[50]".

Eu comento o trabalho de ligação que ela faz.

---

[48] "Il était un petit navire" ou "La courte paille", antiga canção infantil francesa [N.T.].

[49] Trecho da canção infantil "Cadet Rousselle". A outra canção é "Le petit navire" ("On tira à la courte paille/ Pour savoir qui-qui-qui serait mangé/ Ohé, ohé" [N.T.].

[50] No original, "*étole*", tentativa de pronunciar *école*, "escola" [N.T.].

"Vamos *enerrar.*"

"Ainda não terminamos a nossa sessão, Ève. Ainda temos tempo. Você gostaria que você mesma pudesse controlar quando vamos encerrar, para que fosse menos difícil."

Ela bebe.

"Se você tem fome, se você tem *fede.*"

Faço-a lembrar-se de que já me havia dito isso em outras interrupções anteriores às férias, digo que ela toma providências antes das férias, tomando conta de mim e que, dentro de mim, eu devo tomar conta dela.

Ela pega um pedaço pequeno de tecido que havia retirado de uma cama e o coloca na boca.

"*Caca bouilla*, não me preocupo."

É realmente triste!

Ela retira o tecido da boca, depois coloca diferentes objetos na boca (como crianças pequenas fazem), a fim de conhecê-los. Era algo que ela não fazia no início de sua terapia. Ela bebe água, engole, mas cospe se olhando no espelho. Ela bebe de diferentes recipientes, mas também coloca objetos duros na boca.

"Isso é muito bom... se você tem fome... *caca bouilla.*"

Ela pede que eu lhe dê sabão, e depois o coloca na esponja, faz bolhas dizendo "não me preocupo, o lencinho". Como se fossem lágrimas, ela enxuga a água do chão. Eu a ajudo. Pela primeira vez, a arrumação dos brinquedos se faz verdadeiramente a dois. Os objetos que devem secar são colocados em uma bacia. Os outros são reunidos no saco que eu seguro diante dela. Primeiramente, ela coloca todas as peças de cozinha e jantar, e em seguida os trenzinhos de madeira, um após o outro. Ela dá a sensação de fazê-lo em ligação.

Ela até mesmo posiciona corretamente os cubos de madeira que ficam nos vagões dos trens.

O trabalho com Ève será analisado no âmbito da evolução de suas produções linguageiras no capítulo seguinte. Para mim, em nível clínico, a questão é principalmente a de colocar-me como objeto de investimento e de instaurar uma comunicação. O ponto essencial do material que apresentei é que minhas intervenções visam essencialmente ajudá-la a qualificar suas sensações-afetos e a se organizar e inscrever nossa relação em uma continuidade e uma temporalidade. Retomaremos isso posteriormente.

Karl: a boca como sede de sensações angustiantes e enrijecidas

Breve anamnese

Karl é uma criança não desejada pelos pais. Seu pai, descrito pela mãe de Karl como muito ciumento e possessivo, imaginava-o como sendo produto de uma outra relação, mas acabou reconhecendo-o. A mãe diz não ter podido pensar naquela criança, cujo segundo nome é o mesmo de seu pai, falecido havia pouco. Ela foi invadida pela ideia de que a uma vida correspondia uma morte: Karl havia tomado a vida de seu pai. Por muito tempo, ela teve rancor dele, não conseguindo amá-lo. Após seu nascimento, Karl permaneceu adormecido durante dois dias, se recusando a se alimentar. Sua mãe conseguiu amamentá-lo graças ao apoio ativo de uma enfermeira: elas colocavam um produto amargo em sua boca, o que o fazia acordar. Mais tarde, ele acabaria virando um comilão.

Karl foi amamentado por dez meses. Entretanto, a relação boca do bebê-seio da mãe praticamente não era libidinizada, mas vivida sob a forma de ataques, tanto de um lado quanto do outro. Sem tomar verdadeiramente consciência disso, a mãe vivia uma angústia de estar sendo devorada, esvaziada por esse bebê vampiro: "O tempo que levava pra beber, o tempo que levava pra digerir, já era preciso recomeçar".

Quando bebê, Karl gritava muito, e sua mãe devia carregá-lo e niná-lo sem prazer. Ela dizia que, nessa época, temia uma morte súbita do bebê, particularmente à noite: "Mas como não dormíamos à noite, esse risco não existia".

"Incapazes" de proporcionar prazer um ao outro, eles permaneciam dolorosamente atrelados. Durante toda a noite, ele com o seio na boca, ela com o corpo em movimento, em um ninar mecânico que leva à exasperação, à descarga, aos gritos, à raiva, à vivência de culpabilidade e à retomada do bebê nos braços. Aqui, vemos que a mãe consegue acalmar o bebê, mas não consegue apaziguá-lo (Fain, 1992). Conforme veremos, o próprio Karl se estimula permanentemente para se acalmar. Ele é privado do acesso à passividade. Podemos nos perguntar se Karl, pelos seus comportamentos, não tentaria mobilizar os traços do objeto negativado. Não estamos na rememoração, mas em uma repetição não simbolizável, em um setor siderado, mantido fora do trabalho de elaboração e funcionando no registro da compulsão à repetição.

"Eu não o amava, o mal em mim foi passado para ele", diz a sua mãe, dando-se conta do eczema que seu filho tinha nas bochechas, no pescoço, nas coxas. Karl certamente não era um bebê fácil: "Se o seio não era oferecido na hora certa, ele cuspia o leite". O desmame também foi insustentável para esse bebê, que teve anorexia severa por algumas semanas, demandando uma hospitalização mãe-bebê.

Com um ano, Karl teria balbuciado, dizendo "mamãe" e "bonito" antes de se tornar totalmente mudo. A mãe não consegue dizer com precisão com que idade Karl começou a andar; ela diz que apenas se deu conta disso *après-coup*. "Eu não me preocupava muito com isso. Ele era carregado muito frequentemente. Eu estava tomada por afazeres."

Ela o descreve como não tendo consciência dos perigos e sendo muito reativo a barulhos desde o seu nascimento. Esse início de vida, para Karl, foi ritmado por crises violentas do casal parental, com experiências repetidas de abandono por parte do pai, até que, quando Karl tinha dois anos e meio, ele partiu definitivamente.

Quando seu pai foi embora, Karl passou diversos meses em uma retração completa, cortado do resto do mundo e não reagindo nem aos chamados, nem aos barulhos. Eu imaginava que, para sobreviver, Karl dever ter tido que se encapsular, construindo uma concha autística para si próprio a fim de se proteger daquele momento de "degelo".

Quando encontro Karl pela primeira vez, ele tem quase quatro anos, não está mais em retração total, mas em um momento que eu qualificaria de pós-autístico. Sua principal preocupação parece ser a busca por um envelope que o protegesse das angústias ligadas ao desmoronamento. Ele me parece estar tentando desesperadamente constituir uma pele para si próprio, com a ajuda de sensações dolorosas ou advindas da motricidade. Fisicamente, é um menino tenso, com um olhar fugaz, mas que pode se fixar com intensidade em alguns momentos.

Nos primeiros meses, os aspectos paranoides de sua personalidade são extremamente dominantes. A sala de terapia parece perigosa, repleta de projeções agressivas às quais ele reage correndo bruscamente e de forma intrusiva pelo cômodo, gritando, rangendo os dentes, tentando fugir, intercalando com momentos nos quais ele está parado e sinto como se estivesse à espreita. Ele me evita, está em um momento de excitação global permanente que parece ser necessário para que ele se sinta sustentado por uma carapaça muscular. Tudo o invade como se ele fosse desprovido de um pré--consciente protetor.

Para C. Smadja (2001, pp. 209-210), isso tem "como consequência privar o sujeito do acesso à passividade. . . . O eu [*moi*] é prematuramente solicitado para constituir uma para-excitação autônoma em relação aos efeitos do traumatismo. Em breve isso é substituído pelas condutas autocalmantes, representantes da pulsão de morte em sua função de neutralização, ou até mesmo de mortificação da excitação".

O grito: expulsão da emoção e evacuação da função representativa

As produções sonoras de Karl se resumiam ao ranger de seus dentes[51] e a gritos bruscos.

Apesar de seus evitamentos do olhar e de se manter a distância, sua transferência comigo não parece ser apenas negativa: a cada início de sessão, ele entra na nossa sala de terapia antes de mim.

Extremamente controlador e onipotente, Karl queria decidir sozinho o início e o fim das sessões. Sua mãe parece confiar em mim. Ao mesmo tempo, conforme me contará mais tarde, enquanto está na sala de espera e escuta Karl gritar, ela teme que "alguém" o esteja machucando.

---

[51] No primeiro ano de nosso trabalho, o ranger de seus dentes é muito presente. Inicialmente, isso ocorre durante toda a sessão. Depois, me parece que ele aparecer quando ele tenta dominar a sua raiva e a sua inquietação.

Todo o primeiro ano da terapia foi pontuado por gritos violentos. Depois, mais esporadicamente, eles ressurgirão em momentos muito angustiantes para ele, como se lhe permitissem uma defesa da depressão. Já que os olhos de Karl não sabem chorar e a sua boca não sabe emitir queixas, quando algo não ocorre como ele gostaria, Karl começa a berrar.

Em uma comunicação arcaica, o grito, habitualmente percebido pela mãe como sinal de alarme, se transforma rapidamente em instrumento de comunicação mais sutil e modulado quando os dois parceiros da díade sintonizam. Para Karl, o grito se tornou um meio de ação potente sobre o seu ambiente, o qual ele tenta controlar, mas também um suplício para essa mãe deprimida, invadida violentamente por esse bebê não desejado. Ele mantém sua mãe acordada ao longo de um ano de noites mal dormidas, agarrados um ao outro, em um interminável ninar mecânico. *A posteriori*, me parece que no início, contratransferencialmente, a própria tonalidade desse grito me distanciou desse garotinho. Mais tarde, em uma empatia ligada a um trabalho de luto pessoal, pude sentir melhor o desamparo que subjazia a esse distanciamento, a essa busca por onipotência. É provável que um afeto compartilhado tenha permitido que nos encontrássemos ao redor de uma vivência de depressão, de tristeza.

Na ausência da mãe, apenas o grito podia sustentá-lo. Quando sua mãe o deixava na avó para ir trabalhar, Karl era capaz de gritar por duas ou três horas sem interrupção. Nenhum reconforto era possível, e ele permanecia inconsolável até o retorno – percebido como controlado por ele? – da mãe. Quanto a esse grito sustentado até o retorno de sua mãe, seria ele também uma tentativa desesperada de ligação das suas partes não religadas pelo contato com o corpo materno?

O preço a pagar por se sentir sempre pleno e sustentado (pelo braço de sua mãe, pela tensão do grito que atravessava seu pequeno corpo tenso) era extremamente alto: a cada ocasião, devia se sentir mortalmente esvaziado, separado dos outros, separado de si mesmo, sem emoção nem pensamento por conta desse preenchimento forçado de todo o seu corpo, de todos os seus sentidos.

A violência da relação deles talvez explique, em parte, o fato de Karl não poder retomar momentos simbióticos com vocalizações leves, ligadas, carregadas de doçura e de prazer e que lhe permitam acariciar-se para se consolar.

Encontro transferencial-contratransferencial em torno de afetos de luto

No quarto mês de nosso trabalho, eu vivo um luto. É nesse momento que algo pode ser tecido entre nós. É como se Karl[52] reconhecesse uma situação emocional global que impacta aquilo que ele sente. Não estamos distantes das férias de verão.

Pela primeira vez, Karl utiliza brinquedos para organizar uma das raras representações de caráter tão explícito. É provável que, na minha forma de ser, ele tenha reconhecido aspectos do que sentia com a sua mãe deprimida.

Karl pega um caminhão e um carro que ele faz andar pelo escorregador. Embaixo do escorregador, encontra-se uma pequena barreira que não pode deter o carro, que passa por baixo dela. Eu falo sobre barreiras que não são capazes de reter, sobre sensações, sentimentos de ter sido deixado, sobre a cabeça, o medo de cair sem que ninguém o segure. Ele agarra seu pulso direito com a mão esquerda e mexe a mão. Eu comento sobre as vinculações que

---

52 Quando Karl nasceu, sua mãe estava em luto pelo pai (avô de Karl), e ele mesmo se retirou de todas as relações quando o seu pai partiu.

o ligam e permitem que a mão e o braço se sustentem e funcionem juntos. Seria possível ser contido e manter os vínculos?

Ele coloca novamente o caminhão no escorregador e me lança um olhar discreto. Ele o coloca no ponto mais alto da plataforma, e depois o aproxima do vão do elevador. Ele se dirige à casinha da Fisher-Price, que abre e fecha. Ele se afasta e tenho a sensação de que está segurando a urina.

Ele então derrama a água de uma garrafa em um pequeno potinho, e tudo acaba caindo no chão. Ele grita. Ele me puxa para ir buscar água no banheiro.[53] Mesmo que seja um lugar que o aflige e que ele evita, ele vem comigo. Ele está agitado. Ele sai, entra novamente, sai do banheiro mais uma vez e fica me esperando do lado de fora. Eu comento a dificuldade em reviver sentimentos que agitam, que transbordam.

Ele se senta na minha escrivaninha, posiciona a mamadeira na sua quina. Ele se posiciona na extremidade da escrivaninha, com a mamadeira de frente para ele, e seus braços arredondados ficam dos dois lados da mamadeira, como em um abraço.

Nessa cena, sinto que há muita doçura, e fico tocada por essa manifestação de afeto.

Ele derrama água na tampa da garrafa para bebê-la. Por vezes, ele retém a água em sua boca e a engole. Em outras situações, ele a cospe em um jato.

Poder reter a água dentro da boca sinaliza uma nova confiança. Eu falo de coisas boas, que podem ser bebidas e engolidas, mas que também podem se tornar perigosas, inquietantes e repletas de tristeza, que devem ser colocadas para fora com força e rapidez.

---

[53] O banheiro e o lavabo estão integrados a um espaço ligado à nossa sala de terapia, separados por um corredor e um pátio. A porta do pátio pode ser fechada, separando-o do restante dos ambientes.

Ele me puxa novamente para ir buscar mais água. Ele toca o seu suéter molhado. Uma vez que a porta se abre, ele quer sair. Eu o seguro, ele urra, mas se acalma rapidamente.

Ele recolhe seus brinquedos e os coloca no saco.

Eu falo sobre o ato de juntar diferentes partes dele, de tê-las todas juntas dentro do saco, dentro daquela sala, mas também da vontade de controlar o horário, de interromper a sessão magicamente ao guardar todos os objetos.

Eu falo sobre a possibilidade de conter, aqui, a tristeza, a raiva, o medo.

Ele emite sons e toca seu suéter. Ele está molhado.

Ele me puxa para ir buscar mais água (me estendendo a garrafa). Eu aceito, e digo que permanecemos juntos durante todo o tempo da sessão, que podemos suportar até mesmo aquilo que é da ordem do ataque, do medo e da tristeza. Dessa vez, ele não faz o movimento de quem vai embora.

Ele derrama água no chão. Coloca água dentro da boca e a rejeita como se a vomitasse (em um movimento distinto do jato). Eu comento.

Karl passa a água da mamadeira à garrafa.

Então, eu falo da possibilidade de despejar a água de um recipiente no outro, de sentir e comunicar aquilo que se passa no nosso interior.

Fim da sessão.

Enquanto guardo os brinquedos no saco antes de deixarmos a sala, encontro, embaixo da mesa, a chupeta e um boneco que representa um pai. Eu comento sobre aquilo que alimenta e aquilo que sustenta, os aspectos mamãe e papai, e sobre a dificuldade de não se deixar "escorrer" sem que haja um bom pai sólido dentro de si. Aqui, vimos que as coisas difíceis podem ser suportadas.

Karl tinha se acostumado a levar um cartão com o agendamento do horário da sessão seguinte. De início, no momento de ir embora, ele se recusa a pegá-lo, e depois o aceita, colocando-o sobre a cabeça. Em seguida, ele o deixa cair, e o cartão plana e rodopia até o chão. Isso continuará a ser feito por muitos meses. A mãe se diverte com isso, e sempre amassa o cartão de agendamento antes de ir embora.

Algumas sessões mais tarde

Karl vai "investir" (ainda que o termo possa parecer muito antecipado) um objeto durante múltiplas sessões: um carro de passeio[54] do personagem Smurf. Esse brinquedo vai mobilizar toda a sua atenção; ele se perde em defesas autísticas ou se lança em atividades motoras bruscas quando se distancia desse objeto fascinante. Ele o utiliza da seguinte forma: Karl o coloca sobre uma mesa pequena e o observa atentamente, de todos os ângulos. Ele parece estar fascinado pelos olhos e pelos parafusos brilhantes, por meio dos quais é possível se entrever, se dispersar. Ele se perde no reflexo distorcido, espelhado pelos parafusos cromados das rodas, que ele coloca em movimento. Ele normalmente coloca o carro na extremidade de sua pequena mesa, mas nunca o deixa cair. Ele não tenta se sentar nele. Esse carro nunca foi utilizado por Karl como um suporte sólido e confiável, como uma base sobre a qual ele poderia se apoiar. Conforme a sua confiança em mim cresce e ele passa a me investir como objeto, ele não busca mais o Smurf (cujo nome é em si bastante representativo das produções sonoras expulsivas de Karl). Essas contemplações são marcadas por momentos nos quais ele corre repentinamente pela sala, em uma

[54] No original, *porteur*, um carro de tamanho proporcional a uma criança pequena, no qual ela pode se sentar [N.T.].

ou duas voltas, passando por trás da minha escrivaninha e da sua mesinha, colocada no centro da sala. Ele por vezes interrompe a sua corrida para dar pequenos saltos.

Esse Smurf parece reunir e condensar um conjunto de sensações (visuais e tácteis), angústias sensoriais (de queda, de restrição física, de explosão em reflexos múltiplos) e, talvez, emoções (aspecto rígido e inexpressivo do Smurf). Eu me pergunto se, na minha presença, essa fixação no Smurf não lhe permitiria, por vezes, favorecer uma reunião dessas sensorialidades. Antes de poder investir um objeto vivo, foi necessário passar por esse objeto fixo e controlável.

Nesse período e ao longo de mais três anos, Karl apresenta uma relação com seus lábios que, abusiva e antecipadamente, eu qualificaria de "masoquista". Sem nenhuma manifestação de dor ou de prazer, ele arranca, com os dedos, pedaços de pele dos seus lábios, que permanentemente estão rachados, em carne viva. Imagino que estejam doloridos, sensíveis ao extremo a qualquer movimento alimentar ou produção sonora. É sobretudo o lábio inferior, mais arredondado, que recebe esse tratamento.

Contratransferencialmente, eu sinto, de maneira confusa, como se esse ataque fosse dirigido a mim: não posso suportar vê-lo se mutilar dessa forma. Para poder suportar essa sensação diante de algo que, talvez, não fosse nada além de outra modalidade de atrelagem sensorial, aparentemente tive de traçar uma compreensão mais pulsionalizada, carregada de controle. Contudo, é muito provável que se tratasse de um comportamento visando à estabilidade, por meio de uma sensorialidade dolorosa: notei que esses "ataques" eram mais pronunciados nos momentos em que sua boca ficava um pouco mais relaxada, com menor tensão.

Habitualmente submetidos a sensações agradáveis e libidinalmente investidos, os lábios são, como podemos ver, utilizados por Karl para experimentar sensações que imagino que sejam dolorosas.

Eles me fazem pensar no eczema que seus dedos esfregavam e arranhavam quando bebê. A lamentável consequência desse eczema foi, segundo a mãe, torná-lo ainda mais difícil de tocar, de "segurar" fisicamente e psiquicamente. Essas fricções incansáveis me parecem, ao mesmo tempo, uma incapacidade de pensar na separação e na perda, e um arrancamento violento e brutal de uma parte de si. Adicionalmente, parecem uma forma de abordar o seu conflito ligado à relação oral (de um modo que, provavelmente, ainda não é masoquista) e de sinalizá-lo para mim. Talvez possamos falar, nesse caso, de "sensações-reivindicativas" ou "sensações-contestativas"[55] diante do adulto incapaz de acalmá-lo e de protegê-lo? Karl estaria me propondo um relato sensorial e gestual de seus traumatismos relacionais precoces e de sua raiva? Aqui, estariam os dedos representando os dentes, que atacam o seio (parte macia e arredondada de seus lábios)? Estaria ele tentando elaborar, passando por esses atos repetidos e mobilizando sensações dolorosas, a sensação de amargura nos lábios e a sensação intolerável do seio deixando a boca, sem conseguir encontrar uma forma de confrontar psiquicamente tudo isso? Nessa época, foi impressionante observar a sua insistência em evitar qualquer contato da boca com a mamadeira, arrancando a tampa da mamadeira sistematicamente. Ele derramava a água em sua boca a partir do corpo da mamadeira e, mesmo assim, seus lábios pareciam incapazes de se adaptar ao conteúdo, de se articular a ele.

Em uma criança pequena que se desenvolve harmoniosamente, os lábios permanecem ligados, em parte, aos afetos associados à busca pelo seio e à tentativa de exercer domínio sobre ele. Eles também são associados a sensações agradáveis múltiplas de contato (tácteis, olfativas, sonoras, visuais), ao prazer de recriar o seio, ao tempo de espera preenchido, à previsão do seu retorno.

Os lábios de Karl parecem ter mantido não o vínculo psíquico dessa relação de amamentação, mas o controle físico, o que

[55] No original, *sensations-rétorsives* [N.T.].

aparentemente levava à exclusão do prazer: eles pareciam homólogos às gengivas, aos dentes primitivos atacando e capturando. Foi dessa forma que a sua mãe viveu a relação com esse bebê, de início anoréxico e depois ávido.

Durante dois anos, Karl tenta, de forma repetitiva, me transmitir experiências por meio de comportamentos que apreendo como tentativas de elaboração da sua relação com o mamilo, a mamadeira, a sua mãe. Assim, ele transfere a água de um recipiente ao outro. Depois, a sua boca se torna um dos recipientes possíveis; em seguida, a mamadeira, e por fim o bico da mamadeira. Mas o bico da mamadeira nunca penetra a sua boca e a água quase nunca é engolida, mas ejetada com maior ou menor tensão. No primeiro ano de terapia, quando Karl se permite beber, sua forma de fazê-lo me deixa perplexa: seus lábios nunca se fecham em volta do buraco da mamadeira, nem se tensionam para se ajustar à sua superfície. Temos a imagem de dois orifícios (o da garrafa ou da mamadeira sem tampa e o da sua boca) estabelecendo contato: um outro buraco contra o buraco da boca.

Ao longo das sessões, ele parece isolado de mim, ainda que eu o perceba atento aos meus comentários e à minha busca de compreensão. Mas eu me pergunto como não invadir Karl, que sinaliza dificuldades tão grandes de incorporação e de adaptação da sua boca à mamadeira, além de sua total incapacidade de deglutir o líquido.

Ele me lembra outra criança, Damien, que apresenta, mais claramente, uma psicose de tipo simbiótico e tem comportamentos comparáveis: ele posiciona a sua boca em volta do gargalo de uma garrafa, sem nunca apertar seus lábios nem nunca deixar a água entrar em sua boca. Baal, outra criança, também utiliza seus lábios da mesma forma que Karl e Damien: ele deixa a boca bem aberta, sem fazer qualquer movimento em direção à mamadeira, sem ousar ou desejar ligar-se com ela. Porém, enquanto Baal esvazia de uma só vez a mamadeira na sua boca, o que tem como consequência a água transbordar e fazê-lo engasgar-se e sufocar, Karl, por sua vez, derrama habilmente a água em sua boca. Ele pode manter a água na boca durante um tempo curto antes de ejetá-la na sala ou em outro recipiente, fechando seus lábios para projetá-la em forma de jato, fino e curvado, semelhante a um jato de urina. Por vezes, seus ataques expulsivos repetidos parecem deixar a sala perigosa e ele tenta fugir dela. Mas, na maioria das vezes, ele tenta evitar os transbordamentos d'água que o deixam alarmado. Mais precisas e mais hábeis, suas condutas correspondem às de uma criança que progrediu mais em sua motricidade quando comparada a Baal ou a Damien. No nível corporal, suas mãos sabem se adaptar aos objetos com habilidade, e ele pode transferir água de um recipiente a outro com grande precisão, sem derramá-la. Ele consegue até mesmo fazer a água escorrer de maneira a criar um movimento circular antes de ficar plana, como uma onda antes de estourar. Ele então se curva e aspira com seus lábios esse "excesso", antes de cuspi-lo em outro recipiente. Me faz pensar na bolha de Ève, ainda que seja algo diferente.

Em suas raras produções sonoras, suas zonas de produção fonemática são claras, nitidamente diferenciadas.[56] O que sofre perturbação é a produção em si, por implicar o relaxamento, a perda de controle e a aceitação da ligação.[57] No nível corporal, suas mãos sabem se adaptar aos objetos com destreza, sua gestualidade é habilidosa e precisa. Parece que é o mesmo caso de sua gestualidade fonatória, mas ele não utiliza sua boca para produzir sons, e muito menos para jogos bucais. Por outro lado, me parece tentador decifrar seu jogo potencial com a água na boca na relação transferencial. Senti-o carregado de controle e de pulsionalidade anal. Nesse sentido, tenho o sentimento de que já houve uma escolha objetal, no sentido empregado por Tausk.

Nesses "jogos de água", senti que havia uma espécie de trabalho exploratório de uma questão difícil, ligada à capacidade de continência

[56] A terceira articulação, conforme definida por Buyssens, não apresenta problemas.

[57] Segunda e primeira articulações de Martinet.

e de ligação, e não apenas uma espécie de "mostração" do estado de sua boca, como era o caso dos exemplos de Baal e de Damien. Isso foi sentido por mim como uma espécie de sinal de uma reativação de seu pensamento e de sua tentativa de compreensão do que estava em jogo para ele. Durante inúmeras sessões, ele vai explorar sua incapacidade de deixar a mamadeira penetrar sua boca, mesmo que sem o bico. Deixar-se penetrar pela mamadeira anularia a separação, a ruptura e o buraco entre sua boca e o objeto potencialmente nutritivo, satisfatório e perigoso? Quais seriam os perigos dessa ligação? Com a ajuda de objetos do mundo externo, ele estabelece técnicas de experimentação mais distanciadas dessa ligação. Ele posiciona a mamadeira vazia em continuidade com a garrafa, com as duas aberturas colocadas uma contra a outra (uma penetrando a outra), e a mamadeira virada para cima. O que é que está sendo transposto da garrafa à mamadeira? Seria a troca uma transposição que esvazia?

Por fim, após quase seis meses de trabalho conjunto, a hipertonicidade do corpo cede um pouco. Pouco a pouco, Karl pode utilizar a boca para deglutir e seu xixi flui lentamente durante uma sessão que tem tonalidades suaves e tristes. Uma transferência mais positiva se instala e Karl aceita a relação, em particular na troca de sonoridades carregadas de emoções diversas. O riso aparece. Na terapia, a qualidade da relação se transforma, o interesse pelos livros – mais frequentemente sob a forma de uma atrelagem – substitui o interesse pelo Smurf. Karl ainda tem uma grande dificuldade, sobretudo no que diz respeito às suas capacidades de produção verbal, que permanecem extremamente raras, pouco repetitivas, pouco exploratórias. Qualquer separação é sentida como um abandono, uma rejeição, uma ferida que o faz reagir durante um tempo com um mutismo que é, ao mesmo tempo, vingativo e protetor. Entretanto, outras produções sonoras para além do grito violento podem sinalizar a raiva pela separação. No retorno das férias, trata-se de um pequeno grito agudo, um "aaaaa" emitido pela língua apontada para frente, como um dardo.

Para ilustrar a modalidade de trabalho, apresentarei algumas sessões.

Karl vem da sala de espera com um livro que sua mãe comprou para ele. Ele me entrega um panfleto de publicidade que se destaca do livro.[58] No panfleto, há um desenho do Mickey com tesoura, fita isolante e coisas que separam e reparam. Ele se interessa muito pela capa de seu álbum, que eu não consigo ver. Ele se senta no divã e observa um personagem no álbum: um Mickey vestido de jogador de hóquei no gelo, com as devidas proteções e com seu taco de hóquei em mãos. Ele está em posição de dar um golpe, com o taco no ar.

Comento o que há de semelhante nas duas imagens que lhe interessam: os perigos potenciais e as armaduras necessárias para se proteger. É preciso proteger-se dos perigos com uma armadura muscular e um controle onipotente?

Ele exprime um "aaaaa", que parece um grito de guerra, vai abrir a porta e bate-a.

Talvez Karl esteja me dizendo que ele está muito zangado. Não nos vemos há muito tempo. "Você me diz que está com raiva e que é necessária uma boa armadura para se proteger contra o sofrimento, se proteger daquilo que se sente."

Ele recomeça a abrir e fechar a porta, mas, dessa vez, fecha-a lentamente, sem batê-la. Ele observa como o trinco entra no buraco...

Sorriso.

Ele vem em direção ao divã e, em seguida, recomeça a abrir e fechar a porta da mesma forma. Comento sobre a pequena extremidade pontuda no orifício da porta.

---

58 Durante outra sessão, ele me entrega um pequeno pompom que se descolou de seu suéter, para que eu o guarde.

Ele bate novamente a porta e sai pelo corredor, mas retorna quase imediatamente.

Isso é algo novo... Normalmente, quando sai, a sessão termina para ele. Aceitação, interiorização do tempo a ser passado juntos, sentimento de que as coisas podem ser trabalhadas ali, início de uma confiança nesse espaço?

Comento que ele tem pensamentos em mente, sobre como as coisas funcionam umas em relação às outras, sobre como se encaixam.

Com sua coluna vertebral, ele segue uma "fenda", a falha na lateral da porta, e depois se afasta dela como se quisesse observá-la de mais longe.

De início, Karl parecia inteiramente tomado pela porta que batia, como se ele mesmo fosse a porta. Agora, ele se posiciona em um local onde as duas partes abertas da porta, que estão separadas, se encontram para que a porta possa ser inteiramente fechada (para se... nos juntar?).

Eu digo: "Bom dia, Karl. Está sendo difícil nos encontrarmos depois de uma longa ausência, principalmente quando você chega e me vê conversando com uma garotinha e o pai dela".

Vou em sua direção. Sinto que ele está desconcertado. Estala a língua com força, mas se aproxima de mim.

Eu me agacho e estabeleço contato visual com ele. Ele vem na minha direção, eu crio um círculo com meus braços em volta dele, mantendo uma certa distância do seu corpo. Ele produz um suave grito agudo: "iiiiii". Eu abro um pouco mais os braços a fim de acentuar a distância entre nós, e comento o que ele está sentindo. No chão, percebo uma imagem que não estava vendo, mas que ele observava enquanto abria e batia a porta, como se fosse um manual de instruções. Trata-se de um dragão que aponta a sua língua para fora. Sobre a espada que o combate, há uma águia de três cabeças com bicos pontudos. Eu falo sobre coisas que assustam, que podem atacar, são pontudas e picam, falo de dores de separações associadas ao prazer de se reencontrar. Ele esfrega o seu queixo pontudo na minha clavícula, e emite um novo grito agudo "iiiii". É um gesto afetuoso, como o movimento de aconchego de um bebê, mas também agressivo: me pergunto se os seus dentes podem aparecer em algum momento.

Na sequência, Karl vai novamente em direção à porta que ele fecha e bate. Depois, ele tem um novo acesso de raiva. Ele grita bem alto. Ele vai em direção à janela, junta as lâminas das persianas e deixa-as cair com força. Uma das lâminas se solta. Ele não está mais com raiva e me entrega a lâmina. Para que eu a conserte? Para guardá-la, assim como o panfleto retirado do livro? Ele toca o aquecedor. Eu comento. Ele observa e toca individualmente as lâminas das cortinas, mantendo-as todas juntas de qualquer maneira.

Eu faço associações entre o tempo entre as sessões e a sua inquietação diante da lâmina que cai, mas também penso na sua confiança na minha capacidade de sustentar e reparar. Uma das lâminas da persiana não está na posição que ele deseja. Ele berra.

Ele se dirige ao aquecedor. A luz que indica que o aquecedor está ligado está apagada. Ele liga um pequeno botão. A lâmpada se acende, o que o deixa mais calmo. Ele retorna à persiana. A sessão chega ao final. Ele me mostra o desenho da primeira página de seu livro e eu faço comentários. Ele me dá seu álbum, para que eu o segure.

Na sala de espera, eu lhe entrego o cartão com a data da próxima sessão. Ele o segura e, pela primeira vez, entrega-o à mãe.

Apresentarei três sessões que indicam uma reflexão acerca da rivalidade e a emergência de afetos depressivos e ternos.

Sessão 1

Algumas crianças brincam no pátio.

Karl tira o seu casaco e entra na sala, me espera e fecha a porta após a minha passagem. Eu coloco o seu saco de brinquedos e seu Smurf sobre o divã. Esqueci-me de verificar a sala antes de ele entrar e me dou conta de que os móveis não estão exatamente em seus lugares, e de que há traços de giz na lousa.

Ele grita com raiva. Menciono umas desculpas e apago os traços na lousa. Reposiciono a sua pequena mesa, ele observa e espalha seu casaco em cima dela. No início do tratamento, ele espalhava longamente sua saliva sobre a mesinha. Ele se acalma, mas sua raiva retorna.

Eu faço comentários e introduzo os afetos ligados à rivalidade. Outras crianças entraram na "sua" sala. Ele correria o risco de que seu lugar tivesse sido tomado? Essas outras crianças estariam comigo?

A insegurança ligada ao enquadre não respeitado – mas já acompanhada de um certo investimento em mim como objeto não totalmente perigoso – leva-o a me entregar seu casaco, a fim de que eu ajeite as mangas para que ele possa colocá-lo novamente. Ele dá um chute na janela e depois me puxa para sair da sala.

Eu lhe digo que entendo sua raiva, sua inquietação e sua necessidade de ser contido por suas roupas, como um envelope bom, que o sustenta, visto que eu não preservei a sua sala corretamente. Mas digo também que trabalharemos aquilo que produz medo e que ninguém entrará ali.

Ele me pede para fechar seu casaco e se senta na mesinha.

Em seguida, ele toca minha caneta posicionada sobre folhas brancas, fazendo um movimento "pontudo" com a boca, fazendo um "bico" com os lábios (mimetizando a caneta?). Depois, ele se debruça para observar a minha caneta e, durante alguns segundos, apoia sua cabeça sobre os meus joelhos.

Ele retorna à janela e toca a pequena luz do aquecedor. Eu penso que nosso vínculo não foi muito danificado, mesmo com esse descuido de minha parte.

Após ter tocado o telefone que está no armário atrás de mim, ele refaz a sua mímica da boca "pontuda" e assovia (pela primeira vez). Ele corre atrás da minha cadeira com algumas produções que parecem estalos, do tipo [ktakta].

Um fio elétrico conecta o aquecedor à tomada. Ele pisa no fio e olha pela janela (pode-se escutar a voz de crianças). Ele puxa o aquecedor. Eu comento a sua observação da conexão entre o aquecedor e a tomada. Ele coloca lentamente um pé sobre o fio e o aquecedor é deslocado para trás. Ele então posiciona o seu segundo pé sobre o fio. Em seguida, ele gira ao meu redor e recomeça a mesma manobra com o fio do aquecedor. Ele gira novamente ao meu redor e, ao fazê-lo, toca no seu saco de brinquedos no divã. Ele sorri. Ele toca a superfície dura dos relevos do aquecedor, pisa com mais força no fio elétrico e toca a cabeça do Smurf com seus múltiplos relevos duros.

A cada ocorrência, comento suas experiências repetidas, que são, simultaneamente, parecidas e distintas.

Ele me olha e sorri. Eu sigo dizendo que nós também estamos em contato, que diversos pensamentos e sentimentos nos ligam.

Ele retorna à janela e toca a cabeça do Smurf. Ele anda e toca a superfície superior do armário, que é suave e lisa. Ele passa por trás de mim, toca um dos meus ombros e, em seguida, o outro. Toca demoradamente a superfície macia das ombreiras da minha roupa. Depois, posiciona as duas mãos nos meus ombros e, por trás, coloca a sua cabeça contra as minhas costas. É muito delicado.

Ele se distancia, retorna, "desliza" ao meu lado direito e repete um gestual comparável: ele toca meu ombro e apoia a sua cabeça em minhas costas. Na sequência, ele se afasta e joga os gizes no chão (eles estavam dentro de um pequeno cubo vermelho, que não faz parte do seu material). Eu falo da raiva contida na rivalidade. Ele me puxa com o pequeno cubo em sua mão. Ele aguarda, me puxa pela mão sem impaciência.

"Acho que você quer buscar água".

Ele me puxa novamente.

Eu me levanto, ele espera que eu abra a porta. Ele vai até à porta entre os cômodos verificar se as outras crianças não estão mais lá e entra no banheiro. Eu aproximo uma cadeira. Ele abre a torneira. Ele enche o cubo e retorna à nossa sala, sorrindo.

Ele bebe um pouco da água e cospe-a no cubo. Ele passeia pela sala com um sorriso no rosto. Ele assobia um pouco e anda em direção ao divã, onde se encontram os brinquedos. Depois, ele brinca com a língua dentro da boca, infla uma bochecha com a língua e faz o mesmo com a outra.

Ele quer se sentar no divã, coloca um pouco de água na boca e infla uma de suas bochechas. Na sequência, ele engole a água.

Seu nariz escorre. Ele funga com força e, em um movimento simultâneo, mexe a sua boca. Isso é engraçado e me faz rir.

Ele reage à minha risada: [ookse]?

Retomo e traduzo: "Oh! O que é isso?".

Ele me olha. Ele enche a boca, cospe no cubo e bebe a água. Eu noto que, apesar da rivalidade, dessa vez ele engole a água. Depois, ele enche suas bochechas, como um hamster, e cospe novamente no cubo em um jato tenso e violento. Nem um pouco de água cai para fora. Ele suspira, olha pela janela com um olhar triste.

Eu comento a sua tristeza.

Ele faz movimentos com a boca que sugerem sons, mas nenhum som é emitido. Pode-se pensar em sons de [o] e de [e]. Em seguida, ele diz [ate], [sasesase] e assobia.

Ele enche sua boca com mais água, coloca seus dedos no cubo e, pouco a pouco, cospe nele. Com o cubo em mãos, ele olha pela janela e tem um pequeno sorriso no rosto. Sentado no divã, balança suas pernas lentamente, movimenta a língua na sua boca da direita à esquerda, e a mordisca suavemente.

Sinto a mesma emoção de quando observamos um bebê que aprende coisas... Aliás, após ter cuspido novamente a água, ele diz “mamama”.

Ele bebe da água colocando o cubo sobre as costas da mão direita, e posiciona a palma dessa mão sobre a outra. Ele cruza e separa as pernas. Ele transfere a água de uma bochecha à outra. Bebe, cospe, pressiona o cubo contra a bochecha em um gesto delicado.

Sessão seguinte

Sua mãe fala comigo, ele aguarda, dirige-se ao pátio e espera que eu o acompanhe.

Vou buscar os brinquedos, ele me segue com o olhar e sorri discretamente enquanto nos dirigimos à nossa sala de terapia.

Ele se senta no divã e enfia a cabeça nas almofadas, bate nelas com a cabeça, grita. Em seguida, pega um cubo transparente no saco de brinquedos. Dentro do cubo de fundo duplo, através de um plástico com pequenos buracos, pequenas pérolas aparecem e desaparecem. Sentado no divã, ele faz essas pequenas pérolas aparecerem e desaparecem girando o cubo e insiste para que todas desapareçam. Essas ações provocam um bonito ruído, semelhante ao som dos chocalhos agitados pelos bebês. Ele se levanta bruscamente, emite um pequeno grito de raiva e se desloca com rapidez pela sala. Eu comento sobre os reencontros do início da sessão após a separação do fim de semana, falo da sua necessidade de se afundar nas almofadas como já havia feito na sessão anterior, quando colocou a cabeça sobre os meus joelhos. A raiva também retorna. Seria possível controlar as separações e os reencontros como é feito com as pérolas nos buracos do cubo transparente?

Ele volta a se sentar no divã e recomeça a "trabalhar" com esse cubo, colocando-o, com os braços estendidos, acima da cabeça, para observar as pequenas pérolas que saem dos buracos e fazem um ruído suave. Ele sorri. Abaixa os braços e a cabeça. Na sequência, é a cabeça que está por cima enquanto ele faz as pérolas penetrarem os buracos da lâmina de plástico. Ao mesmo tempo que ele as faz penetrarem novamente os buracos, seus dois pés se esbarram lateralmente com certa força, começando pelos dedões. Ele se desloca, se senta na extremidade do divã, ao lado do armário que contém uma casinha da Fisher-Price.

Ele recomeça a fazer as pérolas aparecerem e desaparecerem, e esfrega seu rosto contra uma grande almofada. Isso se assemelha ao movimento de cavar. Ele fecha seus olhos e, em seguida, encosta sua bochecha no cubo, fazendo um suave barulho: [pofpayou]. É um som que me parece, simultaneamente, agressivo e terno. Eu me lembro da forma como ele posicionou seu queixo na minha clavícula, de maneira agressiva e doce. Ele coloca os seus lábios no fundo transparente do cubo e volta a fazer as pérolas passarem pelos buracos do plástico.

Ele coça a cabeça... Sinto uma forma de perplexidade.

Eu comento: "Isso parece um pouco com aquilo que se passa na cabeça, com as ideias que vão e vêm, que aparecem e se vão. É parecido com as pessoas que guardamos no fundo da cabeça, mesmo quando não estão mais lá".

Ele me olha e recomeça.

Deixo que continue observando-o, e quando me dirige seu olhar, eu prossigo: "É interessante ver as pérolas aparecerem e desaparecerem. Mesmo quando acreditamos que elas vão cair, se separar, tudo fica mantido bem próximo. É isso que acontece com as ideias na cabeça, é assim entre Karl e Madame Boubli?".

Ele continua por mais um tempo e me olha novamente. Digo a mim mesma que estamos estabelecendo um ritmo de conversa. Eu então prossigo: "É você que faz as pérolas aparecerem e desaparecerem, mas não podemos controlar tudo. Às vezes, você precisa da mamãe Madame Boubli, e ela não está lá para você".

Ele interrompe a brincadeira e, segurando o cubo, pressiona a cabeça contra a almofada com cada vez mais força e grita. Eu me sinto malvada, e fico emotiva. Ele tampa um ouvido e bate seu cotovelo no cubo. Depois, sua cabeça reemerge da almofada e, surpreendentemente, sorri e recomeça a fazer as pérolas desaparecerem. Mostra um pouco os dentes e emite um grito de irritação. Ele se apoia confortavelmente na parede, entre duas almofadas. Permanece assim durante algum tempo e se levanta, vai até a janela e retorna. Próximo de mim, ele coloca a boca no interior do cubo, com o nariz para fora, com a superfície do cubo pressionando com força a parte de baixo do seu nariz. Penso em uma criança muito pequena, mergulhada no seio sem que o nariz fique obstruído. Escuto um barulho de saliva. Com sua mão, ele bate na cabeça. É como se algo dentro dele o incomodasse (as ideias na sua mente?). Eu acompanho seus comportamentos com empatia.

Ele se deita e esconde a cabeça sob uma almofada grande, mas não inteiramente. Com a mão esquerda, mantém o cubo próximo de si. Eu o observo e, com o mesmo tom de voz compassivo, prossigo: "*Oh là là*, Karl, é difícil, é verdadeiramente muito, muito difícil".

Sob a almofada, ele sorri. Após alguns minutos, retira sua cabeça da almofada, se senta com as costas contra a parede, coloca uma almofada grande sobre os joelhos, acrescenta uma segunda, e depois uma terceira, menor que as outras duas. Os membros inferiores de seu corpo estão, simultaneamente, recobertos e cercados de almofadas. O cubo está debaixo de uma almofada sustentada pela sua mão direita. Com a mão esquerda, com o dedo indicador, ele toca o fundo transparente do cubo, que mantém o movimento de queda das pérolas.

Eu falo de coisas que são, ao mesmo tempo, suaves e duras, que se sustentam mesmo quando não podemos vê-las. Enquanto as pérolas são represadas pelo fundo do cubo, a almofada pequena é mantida firmemente pelas duas almofadas grandes.

O fim da sessão se aproxima, e eu lembro que em breve chegarão as férias, mas que ainda nos veremos duas vezes e que, após as férias, nos reencontraremos na nossa sala, nos mesmos dias, nos mesmos horários.

Ele se levanta, coloca o cubo no armário, vai para a frente da janela, depois volta a se deitar entre as almofadas, em um "movimento triste". Seu corpo amolece, ele está muito menos hipertônico. Já faz algum tempo que a sua tonicidade diminui. No momento da separação, me dou conta de que um xixi "triste" escorre silenciosamente.

Será que a tristeza lá de cima, da sua cabeça, se transforma em um xixi que escapa? Isso não me parece conter agressividade.

Comento sua tonalidade triste, a possibilidade de entregar-se um pouco quando se é sustentado.

Ele toca a sua cabeça diversas vezes.

Falo de novas coisas que acontecem com ele, e da possibilidade de guardar ideias na cabeça. Ele se levanta, corre rapidamente e dá uma volta na sala. Ao final, ele se joga no divã, entre as almofadas. A menor almofada é inicialmente posicionada entre suas pernas quando ele se senta. Falo da inquietação de não poder guardar as coisas dentro de si, do medo de que elas possam escapar. Ele se deita no divã e se "aconchega" nas almofadas. Ele está de costas para mim. E acho que isso mostra a sua confiança. Após permanecer nessa posição durante algum tempo, ele se vira novamente e fica de frente para mim, com uma almofada entre os braços. Uma mão está em cima da almofada, a outra por baixo e, com o polegar dessa mão, ele faz um movimento sutil de vaivém. Ele começa a acessar a passividade.

Eu falo de coisas suaves que ele tem mãos, sob os dedos e dentro da cabeça. Também falo da eventual tristeza de quando se teme a perda dessas coisas.

Ele se senta, abraça a almofada e me observa longamente.

Sinto uma imensa ternura por ele.

Ele se deita novamente, e, dessa vez, a cabeça não está sobre o divã, ao lado do armário, mas ao lado da porta, com uma almofada na cabeça e outra entre os braços. Não sei bem o motivo, mas murmuro lentamente: "Sim, Karl, sim, estou aqui". Ele sorri para mim e seus lábios se movimentam sem emitir sons. Mesmo assim, eu o vejo – e quase o escuto – dizer "sim". Sorrimos um para o outro.

Ele se levanta e corre pela sala.

Ele se senta na extremidade do divã (ao lado da porta), com as costas apoiadas na parede, uma almofada entre as pernas e seu dedo indicador esquerdo na boca. Ele mordisca suavemente sua unha e seus pés fazem novamente aquele movimento de união/separação, acompanhado de um ruído. Retira seu dedo da boca e permanece sem movimento por um momento, como alguém que está sonhando.

Ele se levanta, se dirige rapidamente ao armário e retoma o cubo que havia deixado ali, e o mordisca.

Karl me olha profunda e longamente. Ele faz um movimento na minha direção, para e retorna à janela que está atrás de mim.

Digo que, quando vamos nos separar de alguém de quem gostamos, por vezes nos sentimos mal, muito mal.

Ele segura uma lâmina da persiana e a solta bruscamente. Passa ao meu lado e toca o meu braço. Seria a sua sensação interna de cair no vazio? Ele volta a ficar atrás de mim, de frente para a janela. Pega uma lâmina da persiana, enrola-a, e dessa vez desenrola-a lentamente, controlando sua queda. Ele retorna ao divã. Nós nos olhamos de novo por um longo período. Ele vem na minha direção. Digo seu nome bem lentamente, "Karl", e falo, em um tom baixo, sobre a possibilidade de guardá-lo na minha cabeça.

Ele inclina sua cabeça lateralmente e toca a minha, segura a minha mão e assim permanece por um momento, com a sua cabeça colada na minha, bochecha com bochecha. É um momento de plena ternura. Ele volta a se sentar sobre o divã, de frente para mim. É o fim da sessão.

Coloco o cubo no saco e me agacho próxima de Karl, para dizer-lhe que ainda temos dois encontros antes das férias, mas que hoje precisamos nos separar. Ele me olha profundamente, sua boca está entreaberta. Vejo sua boca se movimentar, imitando o movimento da minha própria língua: ela sobe, desce, se curva, fica plana.

Partindo do grito como potencialidade de apelo na inter-relação mãe-bebê, apresentarei, no próximo capítulo, as especificidades dos gritos de Ève e de Karl. Poderíamos qualificá-los como "descobertas idiossincrásicas", nos informando sobre determinados processos internos, bem como suas modalidades de identificações e organizações de seus próprios corpos.

7. Análise da matéria sonora de duas crianças

S. Freud falou do corpo a partir de diversos pontos de vista, tal era a sua convicção quanto à influência do corpo sobre o psiquismo e do psiquismo sobre o corpo. O corpo está no centro de suas pesquisas sobre a psique humana, como mostram, por exemplo, suas suposições sobre o impacto do caminhar no investimento e no desinvestimento do excremento. Em 1905 (pp. 107-108), considera que há zonas predestinadas a se tornar erógenas, mas também que qualquer parte do corpo pode se tornar uma zona erógena. A excitação sexual surge também de processos orgânicos internos. Uma fonte interna isolada ou associada a uma estimulação das zonas erógenas está na origem do que chamamos de pulsão parcial. Mas Freud vai mais longe: a erogeneidade é uma propriedade de todos os órgãos – as mudanças de erogeneidade nos órgãos poderiam provocar mudanças da libido no eu(*moi*). Ele retoma sua reflexão no final de 1922:

> *O corpo, principalmente sua superfície, é um lugar do qual podem partir percepções internas e externas simultaneamente. É visto como um outro objeto, mas*

> *ao ser tocado produz dois tipos de sensações, um dos quais pode equivaler a uma percepção interna . . . Também a dor parece ter nisso um papel, e o modo como adquirimos um novo conhecimento de nossos órgãos, nas doenças dolorosas, talvez seja um modelo para a forma como chegamos à ideia de nosso corpo. (Freud, 1923/2011, pp. 31-32)*

E: "O eu é sobretudo corporal, não é apenas uma entidade superficial, mas ele mesmo a projeção de uma superfície" (Freud, 1923/2011, p. 32).

Na tradução inglesa de 1927, uma nota de rodapé é acrescentada com a autorização de Freud:

> *Ou seja, o eu deriva, em última instância, das sensações corporais, principalmente daquelas oriundas da superfície do corpo. Pode ser visto, assim, como uma projeção mental da superfície do corpo . . . (Freud, 1923/2011, p. 32)*

Quando as crianças se situam em comportamentos estereotipados com partes de seus corpos, a questão para os terapeutas é saber como transformar essa zona do corpo utilizada para atrelagens sensoriais em locais de investimento libidinizado e, a partir disso, ajudar na emergência e na organização de seu eu. Trata-se de encontrar uma forma de fazer com que aquilo que era apenas atrelagem sensorial mude de estatuto na inter-relação para se tornar objeto investido, objeto de intricação pulsional graças à capacidade de atenção benevolente, de devaneio (*rêverie*) por parte do adulto terapeuta.

Ève: um magma sonoro em negativo do grito?

No início do tratamento, Ève apresenta uma criação sonora idiossincrática que, pouco a pouco, me pareceu sinalizar uma forma de desespero, uma forma de extinção do grito de apelo que, ao mesmo tempo, extingue os gritos, a raiva, a cólera, a dor e a necessidade do outro, em uma pseudo-onipotência que visa à autossuficiência, ainda que um sinal de mal-estar continue sendo emitido.

No início do tratamento, a marcação emocional das produções sonoras de Ève é muito dificultosamente apreciada. Trata-se de produções contínuas confusionais, que impregnam o espaço no qual ela se encontra e, em virtude das ressonâncias sensoriais, o corpo próprio de Ève.

A primeira dessas emissões é muito particular a ela. Eu nunca a havia escutado com nenhuma outra criança. E é por isso que falo de verdadeiras descobertas sonoras idiossincráticas nessas crianças, as quais de fato se revelam carregadas de possíveis representâncias favoráveis aos encontros psíquicos.

Vejamos como elas se exprimem.

Complexos proto-representativos que ilustram um si em tentativa de emergência

Trata-se de sonoridades emitidas com a boca fechada, em uma modalidade vibratória, muito difíceis de qualificar. Não posso ilustrá-las senão a partir daquilo que elas mobilizaram contratransferencialmente em mim e naqueles que estavam na sala de espera.

Era na sala de espera que Ève produzia uma espécie de queixa difícil de ser definida emocionalmente: trata-se de um continuum sonoro bastante desagradável, que provocava um sentimento confuso de mal-estar em todos e mobilizava poucos sentimentos de simpatia e compaixão. Mais do que buscar consolar Ève, os ouvintes tentavam interromper essa avalanche incômoda.

Essa "queixa" – palavra que utilizo na ausência de outro termo mais adequado – de Ève não se modulava diversamente em função das repostas mobilizadas nos adultos – respostas que eram sobretudo de ordem comportamental. As crianças, por sua vez, observavam Ève a distância, com reserva e um pouco inquietas. Na sala de espera, poucos movimentos de simpatia por Ève eram observáveis. Todos eram tomados por uma espécie de irritação. Particularmente, eu tinha a impressão de que Ève falava para os bastidores, a exemplo do poeta Christophe Tarkos, quando sofria de distúrbios neurológicos:

> *Eu não estou longe de mim, eu estou pelo entorno, eu não posso dizer exatamente onde estou porque não vejo onde e porque isso muda regularmente, eu não sei exatamente onde me encontro, eu não poderia por exemplo com conhecimento de causa colocar diretamente a mão em cima . . . (Tarkos, 1998, p. 62)*[1]

É provável que uma irritação geral emergisse naqueles que estavam na sala de espera e sentiam-se presos nessa *sonoridade invasiva*, que os impedia de pensar e os deixava impotentes. Nenhuma resposta parecia ser adaptada. Não era fácil nem para ela, nem para os ouvintes, os quais, por sua vez, sentiam-se perdidos nesse campo do "entorno". De todo modo, todas as pessoas adultas presentes tentavam ter compaixão, mas terminavam se retirando da relação com uma espécie de irritação.

1 Tradução retirada do artigo "Tradução de 'Je ne suis pas loin de moi', de Christophe Tarkos" (Sagayama, 2012).

Para mim, esse "barulho-queixa" se tornou, pouco a pouco, um sinal interpretável do provável mal-estar de Ève, de sua angústia associada à mudança de espaço, e sobretudo de sua dificuldade em suportar a frustração (esperar pelo horário da sua sessão). Uma raiva confusa, ignorada por ela própria, estava imbricada nessa queixa. Esses múltiplos afetos amalgamados e a dominância dessa tonalidade vindicativa, percebida inconscientemente, dificultavam a compaixão por Ève. Da minha parte, a pressão que eu sentia ao escutar esse continuum sonoro me fazia tomar gradualmente consciência da função imperativa (função conativa) que estava ligada a essa produção.

Para Stern, os *feelings* (complexo de *autorrepresentações* no bebê) ilustram, pela sua sucessão no tempo, as provações da inter-relação para as crianças com grandes dificuldades psíquicas. Há todo um trabalho de desconstrução que as afasta da emoção, ainda que esta seja sinalizada minimamente. A constituição de um envelope de tipo protonarrativo, que se instala muito rapidamente nos bebês, demanda, com essas crianças, um longo trabalho de construção. Tentarei demonstrar certas modalidades de organização dessa primeira forma de narratividade a duas vozes.

O inverso do apelo: um som carregado de autossuficiência

A "queixa" emitida na sala de espera e durante o trajeto que levava ao meu consultório cedia rapidamente durante a sessão, para dar lugar a outro som, um "mmmmmm" contínuo e monótono.

Ainda que a melodia entonativa desse outro som fosse bastante plana e monocórdica, a modificação sistemática de um som pelo outro a cada vez que passávamos da sala de espera à nossa sala de terapia confirmava que se tratava de dois estados de espírito diferentes comunicados por Ève. Essa oposição entre duas queixas, uma na ausência e uma em presença, sinalizava para mim sua sensibilidade à mudança de situação, à minha presença e à modificação do espaço.

Esse segundo som, muito carregado de vibrações suaves, é um "mmmmmm..." ininterrupto, regular. Eu tinha a ideia de que esse início de tratamento devia ter sido inquietante para Ève, e que essa produção carregada em carícias vibratórias internas e externas formava uma espécie de bolha protetora.[2] Esses sons suaves na boca deviam protegê-la da minha "estranheza", do excesso da minha presença, e logravam me amalgamar a ela.

É interessante ter em mente que, para muitos linguistas, entre os quais I. Fonagy (1983, p. 75), o [m] é a normalização linguística do movimento de sucção dos lábios, acompanhado do relaxamento do palato mole. É o que permite à criança respirar sem soltar o mamilo, e o que concede o som nasal ao som [m]. Na linguagem humana, é essa espécie de apoio inconsciente que nos faz encontrar esse som tão frequentemente na denominação das mães.

Essa sonoridade sem contorno real e sem fim, que não é necessariamente musical, parecia aplanar o espaço e anular a separação, preenchendo o vazio que nos separava de sons suaves e familiares, que não mobilizavam tensão.

Do ponto de vista da minha contratransferência, eu mesma me sentia envelopada por essas sonoridades, e não invadida, como era o caso da produção precedente. Eu pensava nos mantras dos monges budistas, particularmente no mantra "OM", que é carregado de continuidade e favorece a perda de referência, a confusão entre si e o *universo*. Nesse caso, o objetivo também é o de acalmar as tensões

---

2 Nos momentos em que ela produzia bolhas de saliva, eu tinha a fantasia de que se tratava de uma espécie de *alogon* (acordo marcado pelo irracional) da nossa relação.

e se cindir dos afetos, para adentrar um estado suave, carregado de autossuficiência, isolando as necessidades do corpo. Assim, vemos que processos comparáveis podem ser utilizados nos funcionamentos primários, mas também nos funcionamentos secundarizados, do tipo jornada mística ou criação artística. Tanto a permanência dos processos primários ao longo de toda a vida quanto a relação entre processo artístico e processo autístico mobilizam a nossa reflexão.

Nas primeiras sessões, Ève dormia em um pequeno tapete estendido sobre o chão, com a cabeça entre duas almofadas redondas, como se estivesse plenamente saciada. Essas produções sonoras a acalmavam, como se fossem um autoembalar, e eram utilizadas em função do fracasso ou da insuficiência da fantasia de uma mãe apaziguante (Braunschweig & Fain, 1975). Para mim, nessa proximidade associada a essa sonoridade suave, havia representações de uma mãe segurando o seu bebê contra o seio. Graças a longas vibrações ininterruptas, Ève preenchia os ouvidos, a boca, a cabeça, se mantinha plena, viva. Esses "mmmm..." funcionaram pela produção de um conjunto de sensações, próximas daquelas experimentadas por um bebê que canta ao seio, mas que não pode suportar a interrupção desse ressoar. Essa continuidade sem ritmo, sem escansão, sinaliza a inquietude intensa do desapego e da boca vazia.

Essa sonoridade deve ser localizada ao lado da *alucinação do seio*,[3] ou já seria possível aproximá-la do processo de chupar o dedo? Esse som "substitui" o seio bruscamente perdido com a partida de sua avó? Ou, ainda, a chupeta que Ève tinha investido fortemente, de forma autoerótica (chupeta da qual, segundo a sua mãe, ela necessitava enormemente, mas que foi perdida posteriormente e nunca substituída por outra)? Será que Ève, um bebê frágil, percebeu os

---

3 Conforme já sinalizado, nesse mesmo período Ève produzia enormes bolhas de saliva, as quais ela conseguia manter por um tempo antes que estourassem e mobilizassem nela uma série de estereotipias com as mãos, que se agitavam diante de seus olhos e sua boca. Aqui, não seria possível desenvolver os aspectos disso.

múltiplos retraimentos do objeto materno como uma perda definitiva do objeto; uma perda que ela sinalizava nessas repetições frenéticas? Essas duas emissões sonoras revelam ser sinais de uma oralidade dissociada da confiança na capacidade de esperar por uma resposta do objeto, da crença na sua própria aptidão em demandar; uma oralidade destituída de sua agressividade. O caráter pouco enfático dessas duas litanias entonativas, sem tonicidade, carregadas de sensações, mas, no caso da primeira dentre elas, sem libido, é pouco dirigido ao objeto. Situamo-nos na onipotência defensiva. Entretanto, por sua continuidade, elas sinalizam a existência de Ève para os outros e, provavelmente, para ela mesma.

Há nisso uma experiência de encontro consigo mesma, uma verdadeira criação para expressar, aproximativamente, seu estado de espírito e as oscilações de seu vínculo com o objeto, eternamente ausente ou constantemente em sua boca. Estas poderiam ser consideradas produções de significantes formais: "som-mal-estar", "som-seio nutridor". Aqui, vejo uma tentativa de iniciar, por meio da clivagem, uma ordenação que vai pouco a pouco se diferenciar e se organizar. Aliás, muito rapidamente, essas duas sonoridades sem um verdadeiro ritmo e sem escansão me parecem demonstrar duas facetas de seu problemático vínculo com o objeto:

- Uma das sonoridades tornava perceptível um desejo negativado de vinculação ao outro, um apelo desiludido e desenganado, ainda que repleto de uma raiva "decantada"[4] (som-mal-estar); esse som se descondensará e se tornará mais preciso, seja por uma vertente reivindicativa, seja por uma vertente depressiva mais orientada para o objeto.
- A outra sonoridade era impregnada de idealização e de busca por confundir-se, pela comunhão oceânica (*som nutridor*). O segundo som permanecerá claramente diferenciado do

[4] No original, *tamisée* [N.T.]

primeiro. Sua tonalidade nitidamente mais otimista e, por vezes, até mesmo maníaca é reencontrada nas canções que, pouco a pouco, ganham destaque e favorecem o estabelecimento de vínculos transferenciais positivos.

Antes de serem expressivos, esses dois tipos de som tentavam circunscrever um si[5] em busca de emergência.

Se nos referirmos às funções linguísticas da linguagem, provavelmente poderemos pensar, nesse caso, em uma função fática:[6] trata-se de buscar captar a atenção do outro, aqui sob uma forma de agarramento[7] verbal. Essa função fática provavelmente precede a função conativa (imperativa), que supõe uma distância entre o locutor e o interlocutor, um em frente ao outro. Aqui, estamos em um aquém, mas em um já lá da função conativa, carregada de tonalidades imperativas e expressivas, já repletas de emocionalidade, ou seja, de afetos. No entanto, a normalidade do funcionamento linguageiro mostra o quanto a função fática se associa às outras funções da linguagem, permitindo fisgar a atenção do auditor, exceto quando ela se torna intrusiva ou adesiva. Nesses casos, o sentido das palavras se perde, dando lugar ao sentimento, para o locutor, de estar sendo dominado ou sugado. No que descrevemos, não é o caso para Ève.

Vejamos o que se passa com Karl, a exemplo de crianças mergulhadas em um marasmo profundo.

---

5 Parece-me que aqui seria prematuro falar de um eu(*moi*). Opto por falar em si, de forma ampla, conforme definido por M. Klein (1932), que inclui o isso, o eu e o supereu.

6 O trabalho de Jakobson diferencia a função conativa (protótipo: o imperativo) da função fática (protótipo: "você me acompanha?").

7 No original, *agrippement* [N.T.].

Karl: gritos, atos e sonorização progressiva do afeto

O grito como objeto e modalidade de manutenção do vínculo a um objeto inadequado, porém investido

Quando conheço Karl, ele apresenta diversos traços paranoicos. Ele nunca chora, sua boca não emite qualquer tipo de queixa. Quando algo não ocorre como ele gostaria, ele berra. Gritos agudos pontuaram todo o primeiro ano da terapia. Em seguida, esses gritos desapareceram, e apenas reaparecem raramente, em situações muito angustiantes, como se ele tentasse se consolidar em uma armadura sólida, por meio dos efeitos da tensão que o grito produz sobre o corpo. Essa busca por consolidação vai no sentido de sua corrida contínua pela sala, com pequenos saltos. Corridas e saltos que mantêm tensionado o conjunto da sua musculatura quase permanentemente. Pareceu-me que se tratava, para ele, de uma maneira de se agarrar a uma hipertonicidade muscular ou vocal, se protegendo contra abandonos como aqueles dos quais a sua vida já havia sido repleta.

O clima sonoro que mantém o grito é comparável àquele do ambiente no qual ele foi imerso durante seus primeiros anos de vida. O grito, simultaneamente, desata e mantém os vínculos aos seus primeiros objetos. O bebê Karl foi uma dessas crianças que não pôde se beneficiar do estado de indiferenciação relativa, propício às sincronias interacionais e emocionais e aos processos de comunicação dos estados psíquicos, que operam por identificações adesivas e projetivas.

Quando bebê, apenas o grito – na ausência de sua mãe – podia manter Karl preenchido diante do risco de uma solidão total. Ele obviamente reencontrava a sua mãe, por vezes apenas após duas ou três horas de choro. Mas, em cada uma dessas ocasiões, ele provavelmente se sentia mortalmente esvaziado, separado dos outros, rompido em si mesmo, por conta desse preenchimento forçado de todo o seu corpo e de seus sentidos, como se estivesse sendo invadido, sem emoção nem pensamento.

No início de sua terapia, o grito continuava sendo, ao mesmo tempo, uma espécie de proteção-carapaça-segunda pele, com a função de isolamento, e uma modalidade de identificação à sua mãe e aos vínculos que existiam no casal parental.

Mas o grito não deixa de ter um efeito sobre si próprio: quando utilizado para a expulsão para fora, para ejetar e vomitar o mau, ele também provoca o esvaziamento total do interior e da superfície do corpo. Em virtude da violência extrema da qual a criança é, simultaneamente, sujeito e objeto, ele cria, psiquicamente, uma forma de confusão na qual nada mais é distinguível. Essa confusão provoca a perda de qualquer referência, de toda capacidade de pensar. A violência contida nas primeiras interações talvez explique parcialmente os seguintes fatos: o de que Karl não pudesse, defensivamente, recorrer a momentos simbióticos, e o de haver tido dificuldade em instalar e emitir vocalizações leves, encadeadas e repletas de doçura e prazer nos momentos em que ele começa a investir a relação. Sua desmutização permanecerá difícil e precária.

Essa má "respiração psíquica" (Guignard, 1985), feita de incorporação e de projeção imediata, e essa forma de estar junto a distância não permitiram que a díade mãe-bebê encontrasse soluções flexíveis e adaptadas tornadas possíveis pelo pensamento, o qual, por sua vez, não pôde ser favorecido por elas. Em parte, é por conta disso que Karl não pode manter um bom objeto materno em si e tem necessidade da presença real e constante de sua mãe. Entretanto, esse grito não deixava de ser um SOS de desespero direcionado ao objeto. Quando ele desaparece, o desespero é total (retraimento em um autismo secundário). O grito reaparece quando Karl pode assumir novamente os vínculos relacionais e sua carga persecutória. Mas é provável que esse retraimento autístico o tenha protegido parcialmente do excesso de excitações, do excesso de desorganizações e do excesso de angústias persecutórias.

Não podemos deixar de notar que, diferentemente das crianças que foram submetidas a maus-tratos, com o evitamento do contato e do olhar da mãe (Fraiberg, 1999), Karl necessitou, quando bebê, de um corpo a corpo desvairado, agarrando-se a ela. A hipótese atual que formularei é a de que, mesmo que a relação com o seio não tenha sido suficientemente boa, Karl encontrou nela gratificações e, sobretudo, modalidades de organização de sua sensorialidade, permitindo as primeiras construções de seu eu(*moi*) frágil, como sinalizado pelas suas primeiras aquisições de palavras. Apesar da rejeição e do medo desse bebê percebido por ela como vampírico, a mãe de Karl respondeu como pôde a seus gritos, mesmo que a sua resposta tenha sido frequentemente mecânica e sentida por ela como um constrangimento.

Esse caso não é o mesmo de bebês cujas mães têm fobias de toque e que são alimentados em suas camas, distantes do corpo materno. Podemos considerar que Karl investiu seu objeto, mas que a insegurança interna e ambiental não lhe permitiu renunciar a ele (isso pode ser visto na terapia, em sua forma de investimento de um Smurf com a face estática).

Para Karl, o grito cria um ambiente carregado de confusões, no qual nada mais é distinguível em função da extrema violência da qual ele é o sujeito e o objeto. Essas confusões provocam a perda de toda referência, de toda capacidade de pensar e, por fim, provavelmente também provocam a perda de si e do objeto. De todo modo, ainda que o grito construa um isolamento temporário, ele permanece carregado de intensidade e de capacidade de apelo, contrariamente ao mutismo e ao retraimento autístico, posteriores à partida de seu pai.

É provável que os gritos de Karl combinem uma multiplicidade de vínculos e estados de espírito mal diferenciados, e que eles tenham tido diversas funções (objetais, defensivas, expressivas...) durante seus primeiros anos de vida.

Vou ilustrá-los esquematicamente, propondo ordená-los de uma maneira que não deve ser considerada cronologicamente, nem é tão claramente diferenciada. Experimento com uma forma de descondensação. O grito seria, ao mesmo tempo:

- Uma forma de se manter sensorialmente em uma espécie de hipertonicidade muscular e sonora, que faz uma barricada contra o exterior e o interior de seu corpo; o grito é, então, uma forma de segunda pele, dolorosa, mas que o sustenta na ausência da mãe.
- Um apelo, com o fulgor de uma esperança de ser ouvido.
- Um sinal de investimento do objeto. É apenas na partida de seu pai, quando Karl não pode mais administrar esse excesso de excitações impensáveis, que ele se afunda em um mutismo total e vira as costas para a relação. É apenas quando sua mãe consegue "vê-lo" (segundo os termos dela) que ele volta a se mobilizar pouco a pouco para religar os vínculos carregados de desconfiança e reencontrar o grito. Aqui, há uma espécie de apoio da pulsão em um objeto específico, uma movimentação de um processo de interpulsionalidade.
- Uma forma de retomada em eco e/ou em imitação das tonalidades da voz de sua mãe, que, nessa época, era incapaz de

deixar de gritar na sua relação com seu bebê tirânico. Nessa tonalidade de voz forte e não musical, provavelmente estão presentes formas de identificações primitivas à sua mãe, ao casal parental e ao seu ambiente sonoro, em razão das repetidas brigas dos pais. Ocorrem também por essa via identificações às suas modalidades relacionais.

- Comportamentos do tipo penetrar/ser penetrado, agir sobre o outro pela força do grito. Seria o movimento do ar, uma espécie de evicção de som interior, algum tipo de evicção do objeto persecutório? De certa forma, era assim que sua mãe percebia os seus gritos: eles confirmavam a ela a sua incapacidade de ser uma boa mãe e a sua percepção persecutória de uma criança "voraz". Até mesmo a sua falta de apetite era sentida como sendo vampírica, pois ele a imobilizava e não comia nada, ou comia muito pouco: "Você precisa se sentar e esperar que ele coma de um lado, digira você do outro, e já tem de recomeçar".

A forma de relação perseguidor-perseguido está presente na qualidade da matéria sonora produzida bem como nos comportamentos de Karl. A função conativa é predominante. Ela é infiltrada de uma "função mágica": o grito só é interrompido quando a mãe retorna, como se o grito houvesse cumprido a sua função.

Na terapia, Karl tenta me controlar por meio do grito, a fim de obter imediatamente o que ele deseja: que um recipiente seja preenchido, que a sessão se interrompa, que eu esteja em tal ou tal lugar, que o objeto no qual ele está pensando se torne visível imediatamente. Ele provavelmente imagina que eu posso adivinhar o que se passa na sua cabeça. Em inúmeras sessões, tive de resistir aos seus gritos (gritos que, conforme observamos, mobilizaram em sua mãe, que o escutava da sala de espera, a preocupação de que eu fizesse mal a ele, algo que ela me confessa mais tarde).

Presente seja na qualidade da matéria sonora, seja nos comportamentos de Karl, sua relação perseguidor-perseguido entravou um verdadeiro trabalho psíquico de assimilação das qualidades do objeto por incorporação. O movimento desenfreado do ar, espécie de projeção do que é mau para fora de si, também mobilizava uma evicção de seu interior. Esse processo de projeção contaminava o mundo exterior, tornando-o persecutório ou deixando-o fora do vínculo com o objeto e consigo mesmo.

O grito contínuo que invade o espaço tem como resultado dissolver a diferenciação dentro-fora que está na origem do grito. Observamos nesse ponto o movimento do segundo tempo defensivo de busca pela fusão ao qual se referem, de maneiras diferentes, Meltzer, Grotstein e Stern.

Os sons, o trajeto do ar na laringe e a garganta permanecem carregados de traços persecutórios. Por conta disso, gritar mobiliza uma reatualização de uma zona traumática não representada, carregada de transpulsionalidade. Para a mãe, inconscientemente, o grito se associa ao assassinato de seu pai e ao "desaparecimento" de seu esposo. Nesse caso, nos situamos na transpulsionalidade. Sinto como se Karl fosse um menino que foi submetido a múltiplas efrações: efração do som da voz deprimida e irritada da mãe; efração dos ruídos ambiente, vividos como bombardeios sonoros, dos quais é necessário proteger-se por meio de uma aparente surdez; efração de seu próprio grito; efração do olhar vazio e não caloroso; efração de perdas repetidas, não psiquizáveis.

Do ponto de vista contratransferencial, em um primeiro momento, a própria tonalidade do grito me fez manter distância desse garoto. Foi apenas após algumas semanas que, em um movimento empático ligado a um trabalho pessoal de luto, pude pressentir o desamparo subjacente a esse distanciamento e a essa busca por onipotência: uma tentativa paradoxal de se acalmar agarrando-se à excitação, ao "duro", para retomar da terminologia de Tustin. Reencontramos o que R. Roussillon (2001) sinaliza em seu trabalho sobre a repetição. S. Ferenczi já havia apontado que a dor traumática de não ser escutado é quase inevitavelmente encenada outra vez no trabalho analítico.

Os sons de mal-estar, os gritos, os choros do bebê e da criança mal diferenciada estão mais relacionados à expulsão e à rejeição que à projeção para fora de si, tendo em vista a grande confusão dos limites e das zonas. O som que vou expor na sequência, por sua vez, se associa mais claramente à projeção. Nesse caso, a função conativa se sobrepõe à função fática.

Do ato à sonorização do afeto

Estamos no sexto mês da terapia. O mutismo dissociado de gritos paroxísticos e do ranger dos dentes foi sucedido por alguns [aaa] raivosos e sonoridades fortes. Os sons de [aaa], cuja produção habitual demanda que a língua esteja quase em repouso, são produzidos por Karl com a língua mantida fortemente tensionada. Minhas anotações da época não me permitem ser mais precisa, a não ser quanto ao fato de que, para o ouvinte, trata-se de uma sonoridade projetada agressivamente, e não de uma vocalização.

Essa produção sonora, no entanto, se diferencia do aspecto de controle contido no grito.

Em outra criança, que também apresentava aspectos paranoicos dominantes, encontrei essas mesmas produções de tipo [aaaa...]. Ela as acentuava com um "martelar" ritmado de seus sapatos, com o objetivo de invadir a cabeça e todo o cômodo.

Para Karl, por outro lado, me parecia ser o caso de um grito de guerra, propulsionando seu corpo para frente. Eu os qualificaria como "sensações reivindicativas" e "sensações retaliatórias" dirigidas a mim. Sentia-me identificada à sua mãe: incapaz de apaziguá-lo e de protegê-lo, mas, ainda assim, como se estivesse "amarrada" a ele.

Trata-se do primeiro som carregado de afeto emitido por Karl: um som de raiva, um som relacional endereçado a mim. A boca é reconhecida em seu funcionamento psíquico. Após ter experimentado longamente a continência de sua boca e da sala por meio de seus ataques "líquidos" (jatos de água mais ou menos firmes), Karl pode produzir séries de [aaaa] homólogos a ataques com jatos, até o ponto em que a raiva os transborda e ele recomeça a cuspir água.

A predominância da função mágica associada à função conativa parece ter funcionado como um recurso diante da dificuldade de constituir, para si mesmo, uma pele psíquica confiável. Vimos que o grito pode ser utilizado como uma forma eficiente de obter o que se quer, sem que se tenha em conta a realidade e o objeto. Porém, a função conativa, que se materializava nesses gritos tirânicos e imperativos, se revelou um entrave para a capacidade de produzir ligações entre a função expressiva, mobilizando a emoção, e a função representativa.

Por meio de comportamentos que seriam classicamente qualificados como autodestrutivos, Karl conseguia presentificar em ato e em sonoridade aquilo que se passava no nível de sua oralidade e de sua analidade. Pessoalmente, me incomoda utilizar os termos sadismo e masoquismo, pois não consigo perceber que, nesse caso, exista heterogeneidade. Conforme já apontei, Karl arrancava a pele de seus lábios, que estavam permanentemente rachados, sem expressão de dor. É provável que se tratasse de uma forma de atrelagem, com o objetivo de atenuar suas angústias. Minha incapacidade de encontrar meios para interromper esses gestos fazia-me questionar quem brutalizava quem por meio deles. Essa diferenciação de percepção e de interpretação é provavelmente necessária para que ocorram transformações interpessoais e interpulsionais.

Uma parte de mim, mais conectada ao pensamento teórico, pensava que, provavelmente, Karl colocava em ato suas sensações de arrancamentos múltiplos,[8] inelaboráveis, contra as quais ele se debatia com a ajuda da autossensualidade, se tomarmos o termo de Tustin,[9] ou com a ajuda de procedimentos autocalmantes, se tomarmos a terminologia dos psicossomaticistas. Antecipando-me um pouco quanto ao funcionamento geral de Karl, eu concordaria com a consideração, na linha de G. Szwec (1993), de que esses atos e produções sonoras são formas de busca traumatofílica visando reproduzir uma situação de desamparo inicial, em uma tentativa de ligação masoquista do traumatismo.

Com efeito, veremos que o trabalho de ligação terapêutica vai desvelar uma dor subjacente a esse grito agudo, que está por trás da alteração da tonalidade intransigente. Essa dor é evacuada pela raiva e pela tonicidade. Karl, então, começará a se confrontar com os afetos depressivos, produzindo um [O] com a boca amplamente aberta e arredondada.

A força das funções mágica e conativa e a pobreza da função expressiva manifestam o pouco acesso de Karl a suas emoções. Elas entravam o nascer do pensamento. No início da terapia, equações simbólicas inquietantes tornam difícil a utilização da boca para jogos articulatórios e para a constituição de proto-representações suaves, que abrem o caminho para futuras representações.

Tanto a baixa tolerância de Karl à frustração quanto a sua capacidade atual de confrontar a realidade, sem fuga para um mundo sem emoções nem pensamento, indicam a força da função conativa.

---

8 Sua necessidade permanente de estar em contato com sua mãe e de ser segurado por ela durante toda a noite são da mesma ordem.

9 Geralmente, prefiro falar em autossensorialidade, mas, aqui, o aspecto sensual do investimento da dor provavelmente não está de todo ausente.

Com a produção de um "aaaa" raivoso, passamos de atos concretos, corporais, à expressão de afetos sonorizados (aqui, agressivos) e mais psiquizados. Passamos a produções já expressivas, que sinalizam a raiva, mesmo que ainda sejam verdadeiramente sobrecarregadas pelas injunções imperativas (função conativa) a serviço de injunções mágicas (o mundo deve se conformar àquilo que eu quero), o que se opõe à função representativa.

Matéria sonora, uma coloração da clivagem das sensorialidades

O aprendizado da linguagem é massivamente ligado à oralidade, mas também associado à analidade em seu aspecto discriminativo, de escansão e de controle.

Na patologia, o que é experimentado como um jogo de ligações múltiplas entre os órgãos e as proto-representações a eles associadas pode produzir medos massivos e mobilizar a criança de uma forma particular (fuga, inibição, angústia...).

Com Ève, o trabalho terapêutico me pareceu poder ser decomposto em três movimentos:

- o primeiro centrado nos "objetos da boca";
- no segundo, necessita-se de um descentramento quanto a esses objetos;
- no terceiro, em uma retomada dos dois movimentos anteriores, reelaboram-se os conflitos subjacentes, transformando os atores desse teatro bucal.

Paradoxalmente, no primeiro movimento, Ève se utilizava muito pouco de sua boca, que parecia estar desativada e sem expressão, exceto nas produções sonoras monocórdicas, confusas, aglutinadas e sem escansão que mencionei antes. Ève estava, então, frequentemente em uma posição adesiva, e suas formas de relação com o objeto eram pouco existentes (a sensorialidade parecia predominar) ou era como se estivessem em equivalência, como nas equações simbólicas de Segal (1957, 1981).

No segundo momento, por meio de deslocamentos sucessivos, Ève aborda angústias massivas ligadas aos "objetos da sua boca".

Essas angústias ligadas à oralidade podem ser externalizadas e trabalhadas, de forma descentrada, sobre objetos propostos pelo enquadre na sua terapia. Objetos duros como o cubo, o garfo, a colher e o prato serão investidos e colocados em relação com os objetos duros da boca (os dentes e a língua, um objeto que tem um estatuto mais complexo), bem como com seus dedos (com exceção do polegar), parte da sua mão que havia sido evitada até então. Uma espécie de equivalência entre os dentes e os dedos se impõe, confirmada pela descoberta, na sala de espera, de histórias em quadrinhos da série "Crados", com adesivos que eram colecionados pelas crianças da época.

Ève se interessa e se inquieta com duas imagens em particular:

- em uma, vê-se um personagem com a boca aberta e com seus dedos atravessando as mandíbulas, surgindo de dentro da boca como dentes;
- a segunda imagem também contempla a boca, e nela pode ser percebido um personagem que coloca a língua para fora e observa perplexo a queda de um cubo de gelo que havia atravessado um buraco em sua língua.

A língua, os dentes e o contato visual são, nesse período, fortemente evitados. Ève desconfia de seus dentes, a ponto de evitar mastigar e de associá-los a um personagem crocodilo. Sua garganta também a intriga, e durante algum tempo estará em equivalência ou em equação simbólica (Segal, 1964) com o aspirador, o qual, segundo a mãe, deixa-a bastante inquieta. Um início de simbolização é identificável. Paralelamente, a matéria sonora se transforma e se torna mais ritmada. O interior do objeto e o interior de si estão a caminho de uma constituição. Os processos de projeção e de introjeção estão atuando. Vimos que esses processos faltam nas crianças autistas.

No segundo e no terceiro anos da terapia de Ève, são abordadas a violência de suas clivagens e a sua parte invejosa e ávida, com um medo mínimo da retaliação e menos temor de me danificar ou de danificar a si própria. Ela pode retomar as experiências ligadas aos objetos de sua boca e reelaborá-las. No nível linguageiro, aparecem cliques consonantais como "ptptpt" e mais consonantes nas palavras, ainda que ela frequentemente evite consoantes surdas plosivas. As palavras se diferenciam e aparece uma linguagem estruturada gramaticalmente, bem como alguns verbos conjugados e os pronomes pessoais "eu" e "tu".

E quanto a Karl?

No início de sua terapia, ele não entra na relação, range seus dentes e é muito onipotente. No nível de sua analidade, ele controla suas fezes por dias e não tolera utilizar o penico infantil. Ele faz xixi e cocô apenas quando sua mãe coloca uma fralda nele. Sua boca fica hermeticamente fechada, como uma barricada. Ele não a utiliza para nenhum tipo de exploração.

O período contemplado por esse trabalho foi marcado, na dinâmica de seu tratamento, por três tempos caracterizados por modificações notáveis na qualidade da transferência.

Nos primeiros meses, os aspectos paranoicos da personalidade de Karl são extremamente dominantes, eu sou percebida como potencialmente perigosa e angústias claustrofóbicas são massivas. A sala de terapia aparenta ser perigosa, e seu estado de vigilância nunca diminui. Ele range seus dentes significativamente. De início, isso ocorre durante toda a sessão. Depois, parece-me que o ranger dos dentes surge quando ele tenta controlar sua raiva e sua inquietude. Extremamente controlador e onipotente, Karl gostaria de poder decidir por conta própria o início e o fim das sessões. Como não permito, isso o deixa furioso. Entretanto, apesar de seus gritos, corridas pela sala e empurrões na porta, ele nunca passou ao ato violentamente contra mim. Após alguns meses, conseguiu tolerar e aceitar a instalação do enquadre.

Em um segundo momento, Karl se atrela a um objeto de maneira possivelmente contrafóbica: um carrinho de Smurf. Nesse momento, ele parecia se manter atrelado a mim a distância. Inicialmente, esse Smurf é "explorado" de forma autística: ele me parecia fascinado pelos olhos do personagem, aos quais os seus olhos se mantinham colados. Ele podia ver seu próprio reflexo nos parafusos cromados, cuja imagem se dispersava com o movimento das rodas. Ao mesmo tempo que isso ocorre, ele me sinaliza sua busca por um olhar materno, que não quer e/ou não pode contê-lo. Suas contemplações são acompanhadas de momentos de correrias abruptas pela sala, dando uma ou duas voltas. Por vezes, ele interrompe a sua corrida e dá pequenos pulinhos. Esse Smurf o organiza, condensa um conjunto de sensações (visuais e tácteis), angústias sensoriais (de queda, de sustentação, de explosão em reflexos múltiplos) e, talvez, emoções (aspecto enrijecido e inexpressivo do Smurf). Ele me parece permitir, na minha proximidade, um primeiro agrupamento das sensorialidades e uma redução na hipertonicidade de seu corpo.

No terceiro tempo, uma transferência mais positiva se instala e Karl aceita a relação, particularmente na troca de sonoridades carregadas de emoções diversas. O riso aparece. A qualidade da relação se transforma, o interesse pelos livros – mais frequentemente sob a forma de uma atrelagem – toma o lugar do interesse pelo Smurf. Mas Karl permanece muito frágil, sobretudo quanto às suas capacidades de produção verbal, que são extremamente raras, pouco repetitivas e pouco exploratórias, visto que a exploração implica a aceitação da mudança e da separação do idêntico. Não obstante, para Karl, toda separação é sentida como um abandono, uma rejeição, uma ferida que o faz reagir, durante algum tempo, com um mutismo que é, simultaneamente, vingativo e protetor.

As poucas produções possíveis para Karl são raras e têm caráter expulsivo. Sua boca permanece fechada, como seu ânus. Há uma confusão entre o acima e o abaixo, uma espécie de "perversão" de um pelo outro. A apreensão de ser penetrado e de penetrar é, no primeiro plano, o que atrapalha qualquer incorporação e qualquer excorporação que não seja violentamente expulsiva. Seus órgãos são carregados de agressividade: a língua, os dentes e os lábios parecem estar em uma equação simbólica com o objeto-mamilo persecutório e intrusivo. Devastada, sua boca é inutilizável para a inter-relação e, por conta das angústias paranoides massivas, não permite contemplar uma sensorialidade diversificada para construir uma representação do objeto. As zonas de passagem (boca, garganta, trato digestivo, ânus) não são utilizadas para a ligação, mas para a retenção e a expulsão: mericismo, cuspes bruscos de água ou de sons, constipação. A matéria sonora que passa por essas vias sinistras, e até mesmo perigosas, desperta traços mnésicos sensório-emocionais desagradáveis e angustiantes, o que faz dela mesma um objeto persecutório.

Mesmo quando sua risada aparece, ela é, de início, áspera e dolorosa. Ela não flui, e se assemelha mais a arrancamentos de partes da sua garganta.

Nenhum ritmo linguageiro (que necessitaria da interiorização das funções linguageiras, do desejo de comunicar-se, da intricação das funções linguageiras ligadas à comunicação corporal) é possível. Tendo em vista que nosso trabalho terapêutico teve de ser interrompido por questões de ordem prática, não sei qual poderia ter sido a sua evolução. De todo modo, ainda que Karl estivesse muito diferente quanto ao seu modo de ser (maior tolerância à frustração, mais comportamentos lúdicos) e ao investimento de seus objetos (mãe, irmão, terapeuta...), que ele compreendesse muito bem o que lhe era dito e que ele pudesse perceber-se sob outra perspectiva (rindo quando seu irmão o imitava, por exemplo), ele não havia adentrado inteiramente a linguagem oral, como Ève o fez.

Os primeiros sons para expressar e representar

Canções: primeiros ecos expressivos de emoções desconhecidas

Ève emitia sons musicais que, contrariamente aos "mmmm" monocórdicos, tinham textura: o ar era mantido fortemente. Por outro lado, as palavras pareciam achatadas, amalgamadas, fusionadas e sem escansão alguma, tornando-se, assim, irreconhecíveis. As duas melodias que cantarolamos durante os primeiros anos de terapia foram [nininina] ("Vive la rose et le lilás"[10]) e [ozuazo] ("La Fontaine aux oiseaux"[11]).

Extremamente explícitas quanto aos seus conteúdos, essas duas canções falam sobre separação, perda e ruptura. No entanto, seus respectivos envelopes, seus ritmos alegres e jubilosos contrastam com o seu conteúdo linguageiro. Essa oposição, que corresponde às principais angústias de Ève, me pareceu ser indicativa da sua

---

[10] "Viva a rosa e o lilás", trecho da canção francesa do século XVIII "Vive la rose" (ver Capítulo 6) [N.T.].

[11] "A fonte dos pássaros" [N.T.].

forma de utilizar a música. Longe de tornar a mensagem da canção mais explícita, a forma como Ève utilizava a musicalidade sonora parasitava a possibilidade de compreensão do afeto e da mensagem. A função expressiva parecia ter sido desvirtuada de uma maneira quase maníaca. Assim como sua mãe negava seus momentos de colapso depressivo por meio da busca por eficiência, Ève camuflava suas angústias de queda, de arrancamento e de separação por trás da música leve.

Dessa forma, enquanto simultaneamente vivia e desativava, na sua boca, a ilusão de onipotência e a depressão, Ève me parecia apresentar modalidades de identificação a sua mãe, em uma tentativa de negação de seus afetos depressivos. Nessa situação, eu também a sentia tomada por um duplo movimento, bastante comparável àquele mobilizado em sua estereotipia das mãos, que se afastavam conforme se aproximavam de sua boca. A música permitia que Ève se aproximasse da sua própria música interior ao mesmo tempo que a negava. Assim, ela atenuava os ritmos externos e relacionais, mas também a necessidade de adaptação e o sofrimento pela separação impostos por eles.

A função expressiva da canção permitia que Ève mantivesse suas angústias à distância, abordando-as, porém, de um modo possivelmente mais intuitivo quando comparado a uma verdadeira compreensão do conteúdo da letra. Contudo, graças ao toca-discos e a sugestões da mãe, havia uma seleção de músicas entre as quais escolher. Com a compreensão precedendo a palavra, Ève parecia ter encontrado uma forma de expressar suas próprias dificuldades e sua própria tristeza, graças a um procedimento que se aproximava do amálgama camuflado composto por queixas-reivindicações.

No início, a música me parecia funcionar mais como um conteúdo auxiliar, uma "segunda pele", que como um meio de expressar seus afetos.[12] Nesse caso, a função conativa também exercia um papel importante, por conta do imperativo da continuidade da música – produzida na boca ou obtida repetitivamente pelo toca-discos; imperativo que decorre da necessidade constante de reafirmação e da *insegurança do vínculo com o objeto.*

Não obstante, o registro da função expressiva está claramente presente sob uma modalidade invertida. As letras das canções puderam ser trabalhadas e organizadas em fantasias, particularmente a fantasia de ser abandonada, de não ser amada. Ainda que as canções não me fossem endereçadas diretamente, elas ajudavam Ève a sinalizar-me sua tolerância a procurar e utilizar um apoio externo para expressar suas emoções. Como isso ocorria por meio de uma música, contida em discos comprados por sua mãe, percebo aí o início de uma tolerância à dependência (Q do vínculo[13] de *response-ability*). A expressão emocional e o conteúdo dessas canções rapidamente se unem à comunicação orientada ao outro. Assim, após os meus comentários quanto ao conteúdo linguageiro de uma canção, o seu título passa a acompanhar os momentos nos quais a sessão se encerra, as férias [nininina labesə[14]], sinalizando seu medo em ser deixada, abandonada, mas também o vínculo objetal (deixada pelo seu "amor"). Essa separação – certamente dolorosa, mas repleta de reencontros – se diferencia do desaparecimento ao ser engolido, associado ao objeto aspirador.

Por meio de seu investimento na canção, Ève pôde aceitar a música escolhida por sua mãe; música carregada *pulsionalmente* por ela mesma quando, esgotada pela demanda constante de repetição, a mãe delega sua própria música vocal e sua função calmante ao

---

[12] Essa forma de atribuir uma anterioridade a um processo em relação a outro é, provavelmente, absurda, mas me ajudava a organizar meu pensamento e a colocá-lo em ordem.

[13] Q de questionamento; ver Capítulo 5.

[14] Trata-se de uma canção que começa com "meu amor me deixa" ("*mon ami me délaisse*"), que ela associa ao comportamento de colocar o seu casaco ("*la veste*") para ir embora.

toca-discos. Uma forma de vínculo *response-ability* ocorria entre as duas. Todavia, para Ève, por diversas razões relacionadas a ela e à perda de um primeiro filho por essa mãe isolada socialmente, o –D do vínculo se expressa pelos ataques à separação e à diferenciação, sendo substituído pela confusão entre os limites e a ruptura.

Aliás, outras produções sonoras se impõem com força durante a sessão: trata-se de inúmeras palavras, blocos de palavras retomadas em eco, múltiplas vezes. Essas produções ecolálicas não se revelaram desprovidas de sentido. Assim, após uma interpretação que a toca, Ève produz séries de [sepabosepabosesepabosesepabo...], seguidas de [əpərpaəpərpaəpərpa...] ("não é bonito",[15] e "não chore" ou "não tenha medo"[16]).

Trata-se de uma espécie de encantação mágica (função mágica da linguagem) para se proteger do medo e da tristeza. Ève parece tomar consciência das emoções associadas ao som-frase "não é bonito". Ao mesmo tempo, ela também destrinça parcialmente essas emoções, para que possa se aproximar de si mesma e de seus afetos sem deixar de se sustentar e de se "consolar", fechando-se e não correndo o risco da depressão. Trata-se, conforme veremos, de sequências de palavras que tentam lutar contra a separação e os afetos a ela associados. Essas palavras amontoadas me pareceram uma "ecolalia expressiva".

Blocos de palavras e palavras vocalizadas: para lutar contra a separação e para senti-la

A quarta forma de criação sonora que se desenvolve com a emergência do conflito ligado à separação e à perda é da ordem de

---

[15] No original, *c'est pas beau* [N.T.].

[16] No original, *ne pleure pas* ou *pas peur* [N.T.].

uma série interminável de palavras semelhantes, estendidas, deformadas e repetidas em uma justaposição quase imediata. Trata-se, também, de "palavras amontoadas", sem ritmo nem escansão, mas portadoras de uma ruptura melódica que sugere uma queda.

Essas palavras amontoadas eram extraídas de palavras que a mãe utilizava para acalmar Ève, que as repetia, deformando-as de forma ecolálica. É o caso de [duuuuuusəəəəəəmâduuuuuusəəəəəəmâ-duuuuuusəəəəəəmâduuuuuusəəəəəəmâ-duu...]. Nessa sequência musical, as duas vogais da palavra "*doucement*" (suavemente) eram extremamente alongadas. Ouvia-se, sobretudo, o "ouououou..." e o "eeeeeeeee".

Tendo em vista a duração das duas vogais, eu sentia como se estivesse sendo alertada pela brevidade do "-ment" e pela queda potencial que ele constituía. Como em uma tentativa de evacuar a sensação de queda mobilizada, Ève repetia interminavelmente essa mesma "palavra", até o ponto em que eu perdia sua significação.

Essa produção sonora me lembrava de uma outra criança, Damien, acompanhado em grupo, ao mesmo tempo que contrastava com as produções sonoras dele. Ele havia sido tomado por uma repetição incessante, composta de diversas sequências gestuais e vocais. Tratava-se, inicialmente, do ato de cair de um móvel, com os pés juntos e o corpo enrijecido (o gozo parecia residir no encontro brutal de seus pés com o chão). Essas quedas eram seguidas do encontro, também brutal, de suas mãos, uma contra a outra, e da emissão do som [oooooooe]. Após uma interpretação de sua necessidade de se segurar para não sentir como se caísse, como se fosse deixado, Damien uniu longamente suas duas mãos, entrelaçando os dedos. Nessa mesma sessão, surgiu a palavra "mamãe". Os longos sons [oooooo], seguidos do [e] brutal, pareciam muitos próximos de experiências corporais que, uma vez livres de seu enclausuramento mecânico, também podiam ser sentidas, integradas, psiquizadas e transformadas em palavras carregadas simbolicamente. As angústias ligadas às vivências de ruptura e de queda se atualizavam por meio de sensações e afetos, e eram simbolizadas em torno de um objeto investido.

Ève utiliza a ruptura melódica em uma expressividade pessoal que sinaliza sua angústia de queda. Ela ilustrava, assim, suas tentativas de "agarramento" e o "deixar cair" que ela não conseguia anular defensivamente.

Para Ève, a palavra "suavemente", que surge em momentos nos quais a mãe tenta consolá-la, é portadora de sua presença atenciosa. Mas sua repetição em eco a faz perder o seu valor comunicativo simbólico, transformando-a em um ruído expressivo. É claro que, nessa produção, a função representativa da linguagem aflora. Dessa forma, Ève parece, ao mesmo tempo, atrelar-se imperativamente ao objeto e negar a necessidade do outro. Em uma sonoridade endereçada, ela insere, simultaneamente, sua vivência emocional e suas sensações sensoriais e anula esse esboço de comunicação com o ruído da repetição.

Esses "blocos de palavras" serão seguidos de palavras estendidas, um breve fragmento de vocalizações que se desdobram como se preenchessem o vazio deixado pela ausência de repetição. Essa modificação sinaliza sua nova capacidade de experimentar sua angústia de queda. Aqui, as vogais também se estendem interminavelmente, mas a sonoridade final é interrompida brutalmente, sem que haja eco. Isso leva a uma produção sonora de tipo [duuuusəəəmâ].

As tonalidades longas e a ruptura que se segue ilustram as experiências corporais, dessa vez assumidas sem tentativa – aliás inútil – de negação da angústia de queda. Ela começa a reconhecer e dar início à separação, apesar de estereotipias surgirem em alguns momentos de forte angústia.

Essas belas descobertas linguísticas sinalizam, simultaneamente, as tentativas de exploração por parte de Ève (em parte ignoradas por ela própria) de suas angústias e a busca e a aceitação de um objeto que possa ajudá-la a pensá-las. Essas palavras não tinham mais como função impedir o pensamento ou fugir da sensação e do afeto, e sim experimentá-los e comunicá-los. Elas remetem aos primeiros passos balbuciantes de uma criança pequena e são massivamente carregadas de expressividade.

As "palavras siamesas": sentir e expressar o vínculo com o objeto

Enquanto as "palavras amontoadas" mantinham uma espécie de domínio sobre a mente, algo diferente ocorria com as palavras emparelhadas, nas quais dois elementos estavam colados, fazendo--me pensar em uma dupla de palavras "siamesas". Elas me pareciam abrir caminho à reflexividade e estar carregadas de especularidade.

A "palavra siamesa", primeiro enunciado bipolar, apareceu para mim como uma ponte para as palavras, uma abertura ao pensamento que também manifesta o duplo movimento do desejo de se individuar e de permanecer colado. Eu a percebi como estando provavelmente mais ligada às angústias de separação e ao risco de perda de um objeto investido que está em falta, enquanto as palavras estendidas manifestariam, de forma quase homológica, angústias mais primordiais, do tipo angústia de queda e de arrancamento.

No nosso trabalho, essas palavras siamesas, palavras em duplo, foram ligadas a uma série de associações agidas sobre as duas partes da casinha da Fisher-Price, reunidas pelo seu eixo central: sobre as suas metades idênticas, quando aberta, e sobre as duas partes unidas. O trabalho de G. Haag (1985) sobre a interiorização quase corporal do vínculo mãe-criança graças à ligação sólida e vertical de um objeto de pano de fundo (Grotstein, 2000) e, no *après-coup* dessa pesquisa, o trabalho de R. Roussillon (2002) me ajudaram a pensar a necessidade da dimensão do duplo, até mesmo na construção da linguagem.

Essas palavras siamesas, palavras semelhantes, grudadas uma na outra, pouco a pouco se revelaram um aspecto da relação transferencial-contratransferencial, como uma tentativa de espelhamento no outro para dar início a uma reunificação de si. O trabalho de R. Roussillon sobre a homossexualidade primária em duplo expressa toda essa complexidade processual.

Quanto a essa nova criação, é importante destacar o quanto essas crianças são inventivas nas suas tentativas de transmitir e de elaborar suas angústias. Ève ainda se mantinha um pouco colada às verbalizações maternas, antes de ousar, na terapia, deixar-se levar em direção às palavras isoladas, algo que ocorre graças à interiorização do objeto investido positivamente.

Prazer fonogustativo da relação oral e da fala

O longo trabalho realizado com Ève e a confiança de base que finalmente se estabeleceu parecem ter-lhe permitido superar as primeiras separações de férias sem que fosse invadida por sentimentos devastadores de perda e de raiva.

Assim, após essa ausência com um fundo de presença, Ève retorna com criações verbais pessoais.

As "sensações" *corporais* permanecem massivamente presentes e certos objetos continuam sendo evitados, mas a segurança introjetada pelo nosso vínculo permite o acesso à ambivalência dos sentimentos detectados nela. Os processos de incorporação e de introjeção favorecem a organização de vínculos intrapsíquicos. Criações linguageiras ilustram a diversidade de sentimentos que estão em jogo ao mesmo tempo e a ambivalência nascente. É isso que Ève chamará, com exatidão, de "*salafrui*" ("salada de frutas"[17]), a partir da canção de Henri Salvador. Trata-se de uma mistura de emoções, de sensações, retomadas a partir de palavras de uma canção do repertório materno e de palavras presentes no nosso trabalho terapêutico.

As palavras isoladas, sinal de tolerância à separação e de acesso à polissemia da linguagem

As canções de Ève que eu utilizava para as minhas interpretações serão rapidamente preenchidas de funções representativas; pouco a pouco, elas se impõem como uma espécie de etiquetagem de tipos de situações. Assim, ela me chama de "Cadete Roussel" nos momentos em que me percebe como um pai pouco confiável.

As palavras, sobretudo quando são ameaçadoras, permanecem quase desprovidas de sua ossatura consonântica durante muito tempo. A palavra "aspirador", por exemplo, de início era pronunciada como [aiaƏr] ou [aiatƏr]. Certas consonantes específicas permanecerão longamente excluídas ou deformadas por uma pronúncia: trata-se, sobretudo, do [k] e do [g]. Ela diz "tata" em vez de "caca" e "*farçon*" em vez de "*garçon*", em uma espécie de jogo sonoro das suas confusões sexuais.

Por outro lado, após mais de três anos de trabalho conjunto, ainda que os evitamentos continuem existindo parcialmente, a decupagem silábica pode ser acentuada de forma não convencional para expressar a raiva. Ela tolera a separação entre as palavras e

[17] No original, *salade de fruits* [N.T.].

teme menos sua agressividade, mobilizada de forma expressiva na escansão. Assim, ela me chamará de "*tat/a/bouilla*" (*caca bouilla*). Aqui, é possível escutar os dois [t] colocados em ressonância e o estalar da língua associado à raiva e ao desdém. Acrescentam-se a isso as associações possíveis entre "*tata*", amputado ou separado do [a] pequeno, e [*pata bouilla*], vertente libidinizada de "*caca bouilla*", duas vogais refletidas nas sessões anteriores. Vemos que estamos mais próximos de uma linguagem infantil aberta à polissemia.

Após três anos e meio de terapia, o [k] aparece de vez em quando, mas ele ainda é frequentemente substituído pelo [t]: "*estola*" (escola), "está *tebrado*" (quebrado), "*sitadépitans*" ("*si tu as des piquants*"[18]). Porém, ela consegue dizer "Caroline" ou "caca"...

Aparecem associações de ideias: ela canta "Trois jeunes tambours"[19], cujo início é, na versão dela, "bosque jovem tambor"[20], título que ela liga com "vamos passear no bosque"[21], e que se refere ao medo de sua voracidade decorrente da rivalidade que se instaura frente às outras crianças que fazem terapia comigo. Conotações edipianas aparecem e a diferença de gerações se coloca: "a filha de...".

A flexibilidade adquirida em seu funcionamento psíquico se revela com o aparecimento de um lapso: na sala de espera, ela me designa, com uma boa pronúncia, "o pequeno garoto"; na sessão, entretanto, ela comete o lapso: "*les farçons*", em uma ligação que produz confusão entre as garotas (*filles*) e os garotos (*garçons*) e, provavelmente, com uma conotação zombeteira e invejosa.

18 "Se você tem espinhos" [N.T.].

19 "Três jovens tocadores de tambor" [N.T.].

20 No original, "*bois jeune bois*" [N.T.].

21 "Promenons-nous dans les bois", cantiga infantil francesa [N.T.].

Comunicar pela linguagem

Comunicar por meio da linguagem demanda uma integração das funções imperativa, de apelo e representativa, utilizando os recursos da função expressiva.

Primeiras produções de sonoridades suaves

Por volta do sexto mês de terapia, os afetos de Karl começam a se modular com suas produções sonoras. Ao mesmo tempo, na escola, ele utiliza a pintura e traz algumas dessas produções, que sua mãe me mostra com orgulho. Os primeiros desenhos são monocromáticos, em tons de marrom e preto. Depois, essas cores se misturarão, abrindo espaço a cores cada vez mais diversificadas, como se Karl se abrisse a uma gama mais ampla de afetos e o olhar que ele dirigisse ao mundo se modificasse, sendo menos rígido e menos angustiante.

Paralelamente, aparecem comportamentos mais lúdicos e sorrisos. Risadas leves irrompem de sua boca. A tonalidade das sessões é mais suave, e por vezes até mesmo terna. Ele esboça movimentos de aproximação na minha direção, confia em mim para guardar partes suas que são macias (como um pompom que caiu de seu suéter). Ele vocaliza, pela primeira vez de fato, "aaaa" e "abm", ligação de uma vogal e de consoantes bilabiais, frequentemente utilizadas em momentos de bem-estar por crianças pequenas. Essas sonoridades, próximas do balbucio, colocam em movimento, com suavidade, os órgãos da boca (lábios, língua), estabelecendo contatos e separações suaves.

Sinto-me comovida com a sua voz baixa escutada pela primeira vez. Ela ressoa bem, como a voz de uma criança sem problemas. Nem muito aguda, nem muito grave. A bela voz de um garotinho de quatro anos.

Para Karl, a função expressiva aparece quando, em nível transferencial, eu sou menos ameaçadora, e quando ele pode aceitar a proximidade, a ajuda, a relação. Seus afetos se sonorizam com suavidade e se colorem de forma variada, como seus desenhos e sua vinculação à sua mãe. A função conativa parasita menos a sua capacidade de experimentar.

Nesse período, o enquadre terapêutico é aceito, respeitado: ele me aguarda na sala de espera, não pega os brinquedos que não são seus, não tenta ir embora antes do fim da sessão. Um ritual se instala com a sua mãe: ao final das sessões, com uma aparência evocativa, ele a espera chegar com um brioche, que corta delicadamente com seus dedos antes de levá-lo à boca.

O som [iiiiii], entre o choro e o riso

As associações simbólicas produzidas em torno do som [i] são frequentemente associadas às coisas pequenas, infantis (Chastaing, 1958, 1964; Fonagy, 1983).

Karl parece associá-lo à rivalidade com meus potenciais filhos; rivalidade referida ao encontro fortuito com outra criança e ao seu questionamento, que precede esse encontro, quanto aos meus outros bebês. Essa produção sonora aguda reaparece em uma sessão, um longo tempo depois, em uma situação na qual uma rivalidade mais edipiana é vivida: rivalidade com o personagem Bernardo, companheiro da camundonga Bianca, à qual eu sou associada.

Ele vocaliza um [iiii] pontiagudo e pressiona o seu queixo contra os espaços vazios deixados entre seus dedos entrelaçados.

O aspecto penetrante do som sinaliza a tristeza e o choro, que ainda é impossível. Eu sinto esse [i] prolongado como pertencente, ao mesmo tempo, aos registros do riso e do choro. Ele tem caráter agudo e pungente, e eu o associo à dor pungente da rivalidade.

Ele observa intensamente uma imagem, contida na revista que tem um desenho do Mickey na capa. Em seguida, ele joga a revista no chão, com raiva. Percebo que é a imagem de um dragão, que coloca a sua língua para fora, e do Pato Donald, vestido como um cavaleiro armado de uma espada. Da espada saem três cabeças de águias com bicos pontudos, que o atacam.

O caráter pontiagudo desse som, associado ao caráter pontiagudo dos lábios estendidos e unidos para a produção sonora, parece, conforme já vimos, simbolicamente carregado de associações espinhosas e persecutórias, de confrontações violentas e perigosas.

Passamos, então, de uma vogal aberta palatal não arredondada [a] a uma vogal fechada palatal não arredondada [i].

Para Karl, é possível começar a utilizar mais livremente seus lábios. Mesmo assim, ele os mantém frequentemente tensos.

O som [ooooo] e o afeto depressivo tolerado

Antes que a emissão desse [o] contínuo seja possível, surge a expressão silenciosa de uma boca redonda e aberta, semelhante à expressão de espanto ou como se ele tentasse emitir uma produção sonora[22] ainda impossível. É como se o vazio visual estivesse em eco do vazio sonoro.

Karl emite, pela primeira vez, um longo [ooooo], suave e queixoso, após ter permanecido com a boca aberta, em uma expressão muda diante do orifício da sua mamadeira sem o bico.

[22] Isso foi observado por Trevarthen no desenvolvimento normal. Segundo ele, desde o segundo mês, a criança apresenta uma forma quase rudimentar de palavra constituída por movimentos dos lábios e da língua, com ou sem vocalizações.

Após ter introduzido seu polegar (homólogo ao seio) na boca para tampar o espaço deixado pelo bico da mamadeira e após tê-la preenchido com líquido, ele emite, pela primeira vez, essa vocalização longa [ooooo], que eu sinto ser quase tautológica de seu desolamento diante do buraco escancarado da mamadeira separada do bico.

Notei, então, que ele bebia diretamente da garrafa da mamadeira, "o buraco da boca contra o buraco da garrafa". Também fui tocada por um sentimento de arrancamentos múltiplos, mutiladores, que tornavam muito difícil a organização de uma homossexualidade primária em duplicata, a fim de que uma certa continuidade do ser pudesse, enfim, se instalar.

O [oooo] queixoso, de qualidade muito diferente de suas produções sonoras precedentes, sinaliza que ele não mantinha mais um controle tônico, mas uma tolerância a essa forma mais passiva de esvaziamento lento do ar. Esse som é emitido quando a mamadeira e o seu bico estão cheios, mas separados. Ele parece tomar consciência dessa separação e de sua dificuldade em reunir as duas partes da mamadeira novamente. Mas ele pode beber o conteúdo da mamadeira (sem encostar seus lábios no bico) sem cuspi-lo. Sua retomada de esperança no vínculo parece favorecer a expressão de desgosto. Sonorizam-se o início de uma inquietação quanto ao objeto de alimentação e o desejo de preencher-se com boas coisas.

Encontrei esse mesmo movimento duplo em um outro menino em momento de desmutização. Em identificações projetivas massivas, era costume dele arrancar o bico de todas as mamadeiras com os seus dentes, violentamente (algo que Karl não faz). Quando sua relação contratransferencial foi sentida como menos persecutória, ele efetuou a mesma mímica de estiramento dos lábios que Karl. Essa mímica se aproxima do que é visto em personagens de desenhos animados quando querem obter um beijo ardentemente desejado, e deixa passar um som de [oooo] longo, suave e queixoso, dirigido à garrafa de água que, desta vez, ele não tratou mal.

Retornemos a Karl. Nesse mesmo período, ele enterra com frequência o seu rosto no centro das almofadas colocadas sobre o divã, em uma forma de pressão violentamente terna.

Aqui, vemos um conjunto de comportamentos com abertura a sensações das quais, até então, ele fugia angustiadamente. Ele, que também se "reconsolidava" com pequenos saltos enquanto afundava seus pés no tapete e que mergulhava o seu rosto inteiro nas almofadas, em uma fuga carregada de pulsionalidade agressivamente terna. Paralelamente, sua boca se distendeu, permitindo oposições de abertura, que sinalizam os primórdios das descondensações dos afetos que o invadem. Sinto uma espécie de revitalização dos afetos e dos órgãos bucais.

O [oooo] parece ser, para Karl, uma forma intermediária entre as expressões sonoras, carregadas de afetos, e as criações verbais, mais representativas. Ele já toma consciência da perda de um objeto parcial e tem uma maior aceitação dos afetos depressivos.

As sonoridades glóticas: expulsão de objetos persecutórios

Essas sonoridades, que vão aparecer após as sonoridades suaves, são as raras sonoridades apresentadas regularmente nas produções sonoras de Karl. Elas se parecem com golpes da glote (oclusivas glotais), expulsando objetos incômodos do interior. Trata-se de [k] bruscos, não melódicos. Karl passa a emiti-las pouco tempo após as bilabiais. Citado por I. Fonagy, H. Tischler afirma a existência de uma relação recíproca entre a produção de sons qualificados por Fonagy como "adocicados", [l], [m] e [j], ou das consoantes "duras" [k], [g] e [t], e os estados de conforto de um bebê. Os primeiros corresponderiam a um bem-estar geral e as segundas (sobretudo se tratarmos de oclusivas laríngeas), a um desconforto, um mal-estar global. Essas primeiras produções de fonemas no bebê seriam sonoridades de tipo expressivo.

Parece que, para Karl, foi necessário primeiramente experimentar os aspectos sensoriais suaves, a introjeção de um objeto sentido como apto a receber e transformar as projeções, antes que ele ousasse se permitir a expressão sonorizada dos conflitos em questão. Podemos nos perguntar se isso não explicaria, ao menos parcialmente, o fato de que certas crianças autistas, que designaríamos "dóceis" e que estão pouco situadas no plano da expulsão (ou totalmente fora dele), podem organizar uma linguagem, ainda que seja particular.

No caso de Karl, na sequência dessas produções sonoras suaves, rapidamente aparece um outro som, constituído da associação de duas consoantes redobradas [ktkt]. Esse som é utilizado em momentos de raiva, durante os quais o seu corpo, com grande tonicidade, salta e atravessa continuamente o espaço da sala como uma flecha.

Percebo a desconcertante analogia entre a associação desses dois fonemas por ele expelidos e a projeção violenta de seu corpo no espaço da sala. Os dois são fortemente carregados de inclinações agressivas. Ao escutar o "estalo" da associação dessas duas oclusivas surdas, tenho o sentimento de que se trata de objetos projetados na sala, talvez até mesmo devido à qualidade das oclusivas (que é a de recortar o fluxo sonoro em pequenos pedaços). No caso de Ève e de crianças pequenas, encontramos uma duplicação das sílabas, sobretudo nos termos que designam os pais. Aqui, contudo, essa reduplicação consonântica, que evita a musicalidade das vogais, é muito particular. Vimos que S. Ferenczi (1927-1939, pp. 446-456) considera o hiperfuncionamento dos músculos esfincterianos da glote como uma espécie de atentado simbólico. Aqui, homicídio e suicídio parecem se confundir, por causa das confusões ainda existentes entre si e o outro, o dentro e o fora, confusões intensificadas a partir do momento em que a boca se abre.

Dentre essas oclusivas surdas, Karl utiliza as mais "duras": [t] e, sobretudo, [k]. Essas emissões e expulsões, exploradas com a ajuda das sonoridades [kt], são fortemente ritmadas pelo choque da língua contra ou entre os dentes e pela dispersão de pequenos jatos de saliva.

O "vocabulário" de Karl, ainda que muito restrito, era muito rico na utilização de oclusivas surdas, cujo traço característico é interromper brutalmente e completamente a fonação, impedindo a vibração das cordas vocais.

Para fins ilustrativos, passo a enumerá-las. Trata-se de [kt], [tk], [t] e [k] isolados, aos quais serão acrescentadas novas produções, que associam todas as vogais e os afetos explorados às consoantes oclusivas surdas [t] [k]: [tikomaaamaaa], [atakakka], [ktakta], [ookse], [ka], [eke], [attouk], [attak], [douk], [kaka], [krrr], [ko], [tak]. É como se escutássemos as trocas de xingamentos entre o sr. e a sra. Smith e as variações dos xingamentos de *A cantora careca* de Ionesco: "*caca-toès – cacade – cascade de cacade*".

Uma grande confusão, que pode ser encontrada nos sons empregados, reina em Karl, entre as zonas superior e inferior. A boca é utilizada em brincadeiras com a água para projeções uretrais: jatos potentes de água na sala. Na produção sonora, muitas vezes tenho o sentimento de que o leite e outras substâncias corporais, os afetos, as palavras e os pensamentos estão em estreita equivalência. Isso não ajuda na produção sonora, pois Karl é confrontado o tempo todo com seus *conflitos sádico-orais/sádico-anais.*

Entretanto, conforme os conflitos são abordados, Karl começa a poder modular a sua voz, o que demonstra uma maior maleabilidade para associar as vogais, como já mencionei anteriormente.

Os logátomos:[23] *sonoridades expressivas carregadas de proto-representações e representações*

Karl apresenta uma tentativa de psiquização da distância adequada entre: penetração intrusiva, expulsão, tentativa de controle e busca de uma outra forma de penetração, próxima da internalização. Ele sente a necessidade de aproximar a sua mesa e a sua cadeira da minha escrivaninha, de estabelecer um contato.

Iniciam-se as explorações de seu próprio corpo: boca cheia/boca vazia, mãos coladas, palma contra palma/mãos separadas, pernas cruzadas/descruzadas, língua passando de uma bochecha à outra.

Ele mentaliza melhor a possibilidade de se separar sem perder as partes de si, bem como a possibilidade de manter sua capacidade de confiar. Experiências inicialmente conduzidas por elementos do enquadre terapêutico: fazer a lingueta do trinco da porta entrar e sair do buraco múltiplas vezes, observando-a muito atentamente. Em seguida, ele prossegue com o próprio corpo, em experiências de colagem/descolagem da língua no céu da boca. Trata-se do início de sensações ritmadas, que remetem ao que pode ser pensado em termos de encontros/separações, mas também de acima/abaixo, aspecto masculino/feminino.

Esses cliques da língua, considerando que implicam colagem, separação e recolagem, me parecem sinalizar uma retomada de esperança na continuidade possível da experiência vivida comigo, para além dos conflitos suscitados pela rivalidade, pela raiva e pelo medo de represálias, de ser deixado, largado, abandonado. Eu começo a ser apreendida por Karl como um objeto confiável o bastante para me

[23] Sílabas ou sequência de sílabas consideradas pseudopalavras fonologicamente possíveis, formadas de sílabas idênticas.

manter presente e psiquicamente intacta, apesar de suas projeções e de suas tentativas de controle.

Nessa dinâmica interna de retomada do risco da relação carregada afetivamente, Karl tenta reelaborar seus vínculos, em particular com as zonas de passagem entre a boca, a garganta e o ânus. Essa exploração já era anunciada pelo seu interesse pelos limites da sala, explorados corporalmente.

Nesse momento, sua boca aparece como um espaço menos perigoso, capaz de conter, selecionar e produzir sons variados, evocadores de suas emoções. Passaremos dos gritos aos sussurros.

Tem início um "jogo" entre nós: eu sussurro as minhas interpretações, o que o faz rir. Ele se torna um parceiro ativo desse jogo: vem em minha direção e me dirige a sua orelha em um estado de excitação alegre, para que eu "introduza" nela uma intepretação ou para que eu sussurre, em eco, o som que ele acaba de produzir. No nível do que ocorre na transferência, a tristeza e a ternura são perceptíveis.

De acordo com o que diz sua mãe, Karl teria começado a falar por volta de um ano de idade: em casa, "maman" e "tétou", enquanto na escola teria dito "espera"[24] e "dá"[25] e, na creche, "afunda"[26]. Na terapia, porém, as primeiras palavras que ele enuncia serão criações pessoais, que não fazem parte do vocabulário convencional.

As diversas criações verbais utilizadas por Karl nos fazem pensar nos logátomos criados por E. Sapir (1929a), palavras inventadas com a intenção de testar seus aspectos evocativos. Elas vão associar modulações vocais diversas, intimamente associadas a sensações-afetos ligadas a elas.

---

[24] Em francês, *attends* [N.T.].

[25] Em francês, *donne* [N.T.].

[26] Em francês, *ça coulle* [N.T.].

Essas "criações verbais", por vezes únicas, presentes em uma sessão e depois desaparecendo por longos períodos, pouco a pouco passam a se repetir na denominação constante dos objetos do mundo e das sensações internas. Palavras oriundas da linguagem comum também vão sendo utilizadas gradualmente, como um modo de comunicação entre nós. Deixar o seu mundo interior aparecer e deixar o pensamento viver se torna algo menos assustador.

A aparição das primeiras "palavras" data da exploração mais maleável da sua boca e, no espaço terapêutico, da exploração afetiva daquilo que liga e separa: o fio do telefone, o aquecedor ligado na tomada.

O tapete pequeno, o qual, conforme já mencionei, era evitado por ele de maneira quase fóbica, passa a ser utilizado em uma espécie de experiência epistemofílica: Karl caminha por cima dele e se interessa pelos sulcos deixados pelo seu pé, que pressiona esse tapete macio. Já sabemos quais são, para ele, as conotações ligadas às sensações duras/macias. Há um movimento de fuga da sala, ligado aos seus afetos contraditórios. Disso resultam sons carregados de afetos e de sensações diversas: [t] e [k] seguidos de um [maaaaa], e de uma junção de tudo, em sua primeira descoberta léxico-emocional: [tikomaaaamaaa].

[tikomaaaamaaa] é uma mistura complexa de "emoções acústicas" diversas. O [tk] (clique, o que ele utilizava em momentos de angústia paranoide) é associado às vogais [i] e [o]. Nessas vogais, percebemos disparidade e complementaridade ligadas à tomada de consciência da perda do seio e às tentativas de incorporação e introjeção.

A esse conjunto associa-se, intimamente e sem ruptura prosódica, o [maaamaaa] estendido como um choro, um apelo. A qualidade complexa desse [tikomaaamaaa] permite a troca de olhares face a face e a instauração de um espaço, com uma espécie de configuração concreta do que está dentro e fora do nosso espaço de trabalho e dos diferentes espaços que o constituem. Os objetos não são mais tratados sem consideração: o copo, lançado no chão porque estava vazio, é apanhado novamente e até mesmo reutilizado para beber água.

Karl consegue estabelecer uma interação vocal suave comigo e endereçar-me um sussurro, respondendo-me. Mas a ternura o assusta ou mobiliza novamente a sua raiva. Produções muito expressivas surgem quando ele se coloca em contato comigo de maneira branda e tenra: [atakakkka][27].

Enquanto comento o que estou sentindo – ou seja, esses sons de ataque como uma metralhadora, mas também a tristeza dolorosa de Karl e seu desejo de ser embalado, segurado firmemente –, eu o sinto muito carinhoso. Ele me olha atentamente e segura o meu braço, como uma criança pequena sem problemas faria com a sua mãe, em um gestual terno.

A seguir, outro exemplo de criação de palavras que ligam de forma íntima sensação-afeto-representação.

Após sessões repletas de emoções depressivas, durante as quais Karl explora a fiabilidade da possibilidade de continência psíquica que sou capaz de oferecer-lhe, mas também as cicatrizes deixadas pelo trânsito difícil e que ele não aceita, ele retoma a exploração do cubo de fundo duplo, no qual aparecem e desaparecem pequenas pérolas. Deitado no divã, ele faz as pérolas aparecerem e desaparecerem, girando o cubo e insistindo que elas desapareçam. Ele se levanta, solta um pequeno grito de raiva e se desloca pela sala com rapidez.

Comento os seus comportamentos anteriores, as suas descobertas do início da sessão, após a separação do final de semana, a sua necessidade de controlar as separações e os reencontros, associando-os às aparições e desaparições das pérolas.

---

[27] A escolha por transcrever [k] e não [c] certamente confirma a minha vivência transferencial: o ataque é fortemente sinalizado.

Ele volta a se deitar no divã e recomeça a “trabalhar” com o cubo, posicionando-o, com os braços estendidos, acima da sua cabeça para ver as pérolas caírem e escutar o pequeno ruído que fazem. Ele sorri. Ele abaixa os braços e, desta vez, coloca a sua cabeça acima do cubo. Ele faz as pérolas penetrarem novamente a lâmina de plástico. Ao mesmo tempo, seus dois pés se juntam com uma certa força, começando pelas extremidades. Ele observa uma casinha da Fisher-Price.

Ele recomeça a fazer as pérolas aparecerem e desaparecerem, e esfrega o seu rosto contra uma almofada grande (isso se assemelha ao movimento de cavar).

Ele fecha seus olhos e, em seguida, encosta sua bochecha no cubo, fazendo um suave barulho: [pofpayou].

Ele posiciona os seus lábios contra a superfície transparente, e volta a fazer as pequenas pérolas penetrarem e saírem; ele coça a cabeça.

Sinto nele uma espécie de perplexidade.

Toda essa problemática da fiabilidade da continência psíquica materna será reformulada nesse belo achado verbal: [pofpayu]. Conforme vimos, ele cria esse “termo” enquanto explora novamente o cubo de fundo duplo, fazendo aparecerem e desaparecerem as pequenas pérolas e interrompendo, de tempos em tempos, essa atividade para enterrar a sua cabeça em uma almofada. Percebemos os múltiplos desaparecimentos que estão em questão.

Na produção [pofpayu], escuta-se claramente, e ao mesmo tempo, a queda contida no “pof” e a elevação do som, como se fosse uma interrogação, “par où?”[28]. Ele coça novamente a cabeça, perplexo. A sonoridade desse conjunto palavra-frase é musical. Eu escuto uma interrogação.

[28] “Por onde” [N.T.].

Durante essa sessão, ele manifesta, em múltiplas ocasiões, uma espécie de espanto por ter ideias, tocando a sua cabeça de diversas maneiras.

[Pofpayu] parece-me ser outra vertente de [tikomaaamaaa]. A primeira orientada por uma busca epistemofílica, enquanto a segunda remete à emoção de tristeza, assumida em conjunto com a esperança pelo retorno. Deve-se assumir a tristeza antes de poder levantar a questão: para onde vão aqueles que nos deixam? Dessa vez eu sinto uma proximidade maior com o jogo do carretel, revisitado por A. Konicheckis em 1985.

Para Karl, o trabalho com o Smurf[29] e com as pérolas me parece decompor dois movimentos do trabalho de experiência: de início, ele é tomado pelo objeto e, em seguida, por uma experimentação do objeto, experimentado simultaneamente àquilo que a experiência produz para ele. Esse conjunto favorece a expressão da perplexidade do pensamento. Percebemos que está em ação um descolamento do objeto, um trabalho de identificação adesiva que não é mais da ordem da colagem defensiva, mas que é capaz de integrar novas experiências.

Vemos que esse movimento de busca interna favorece a criação de logátomos de sensorialidade sonora expressiva, repletos de proto-representações e representações.

Ligação das funções expressivas e representativas para criar as primeiras denominações constantes de um mesmo objeto

Conforme já sinalizei, Karl raramente apresenta repetições.

[29] Não seria esse nome um logátomo em si? Teria isso contribuído para a escolha de Karl?

No entanto, há uma exceção notável: a sílaba [ka], carregada de expressividades que divergem de uma sessão a outra, tornando-se, pouco a pouco, representativa da situação em questão. Essa sílaba apareceu enquanto eu comentava uma imagem que ele observava ou quando apareciam os personagens do desenho animado *Bernardo e Bianca*, ao qual ele havia assistido alguns dias antes, na companhia de seu irmão mais velho.

Em uma revista, ele observa os desenhos das Tartarugas Ninja, as quais eu nomeio. Ele repete "Ni/Ja", marcando fortemente a cesura entre as duas partes da palavra. É provável que ele já conhecesse esse desenho animado[30] e tenha captado a ruptura-metamorfose dessa tartaruga, guerreira e gentil, com uma carapuça.

Depois de Karl ter me mostrado, apontando com o dedo, a imagem de Bernardo e Bianca (ele ignora o primeiro, pronunciando a sílaba final de Bianca[31]), eu trabalho as suas duas partes Ni/Ja, Bernardo/ Bianca, Karl/mamãe Boubli, mas também, em certos momentos, papai-mamãe. Em seguida, aparece uma série de comportamentos agressivos e tenros, dirigidos contra ele próprio e em minha direção.

[Ka!]. Desde então, é assim que Karl passa a me chamar, em um grito imperativo. Ele passa a modular pouco a pouco a sua entonação em função de seus afetos a cada momento. Essa modulação, inclusive, durante muito tempo servirá como uma troca lúdica entre nós dois, uma mistura de expressividade e de aspectos representativos convencionais.

Por vezes retomo suas entonações e as comento, propondo possibilidades variadas. Ele, por sua vez, as reproduz.

---

[30] Neste período, ele gosta muito de se refugiar com o seu irmão, seis anos mais velho, para assistir à televisão.

[31] "*Bian*" se assemelha muito à pronúncia infantil de *blanc* ("branco"). Mais tarde, ele associará "ka" ao marrom do chocolate Nutella.

Ele manifesta um grande prazer com essas trocas, e solicita-as frequentemente. Com um olhar brincalhão, Karl entra na sala me interpelando: [ka?]. Essa denominação, que aos poucos é menos carregada de raiva, "descontamina", por tabela, as palavras "mamãe" ou "mama", as quais ele passa a empregar com frequência quando está em casa. Parece-me que, durante muito tempo, o [ka] remetia a uma vertente atacante e persecutória do materno, enquanto o "*mamaman*" remetia a uma outra vertente, idealizada.

A aparição do [ka] nos momentos reivindicativos da relação transferencial me parece ser o inverso do [ma] de mamãe, a dimensão mascarada da posição depressiva.

Depois, o [ka] se preencheu com uma complexidade de afetos. O objeto persecutório maternante e a boca foram parcialmente "descontaminados". Eu o escutava, cada vez mais, como um jogo entre o terno e o atacante. Era um pouco como se ele me houvesse nomeado "minha tesourinha"[32], visto que eu o incomodava com meus comentários interpretativos.

Alguns meses depois do início desse trabalho com o [ka], chego a uma sessão com um corte de cabelo curto. Karl, que parecia não ter percebido nada na sala de espera, começa a rir a partir do momento que a porta se fecha. Ele tampa as orelhas, como se me olhar fosse algo insustentável. Ele me interpela, dizendo [ko!].

Seria [ko] "semelhante e não semelhante" a [ka], segundo a formulação de G. Haag? Noto que, ao som expulsivo [k], acrescenta-se o [o], associado à perda. Nas "associações" que se seguem (a partir dos gibis que ele traz consigo para a sala de terapia), o [ko] remete às imagens de uma criança e de um cão pequeno, que morde. Estaria Karl se perguntando que papel ele desempenhou nessa espécie de castração, na qual eu perderia a minha força e as minhas capacidades

[32] No original, *mon petit pince-oreilles*, como é chamado em francês o inseto *Forficula auricularia* [N.T.].

de mentalização? Enquanto eu o ajudo a compreender uma experiência importante, Karl passa por trás de mim e toca os meus cabelos, como se estivesse espantado com o fato de que eu ainda estivesse funcionando. Após o trabalho das sessões precedentes e o "choque" dos meus cabelos cortados, ele parece ter sido mobilizado a pensar e falar sobre essa nova situação. Isso ocorre graças à confiança primitiva previamente estabelecida. O que teria ocorrido se eu tivesse cortado os meus cabelos cedo demais? Por mais que essa questão me pareça absurda, a modalidade de funcionamento de Karl me fez pensar nela. Será que isso seria percebido por ele como uma confirmação agida da impossibilidade de qualquer trabalho e de seu grande perigo? Ocorreria uma repetição traumática devida a uma "passagem ao ato" contratransferencial? De todo modo, pouco a pouco, a palavra parece menos massivamente investida sob um modo anal. O bolo fecal, uma espécie de "barragem para os 'orifícios', modo pré-mental sob o qual essas crianças experienciam a perda e a falta", segundo F. Tustin (1982, p. 77), parece menos indispensável enquanto meio de autoagarramento.

Vemos o aparecimento de novos sons, cada vez mais numerosos. Karl tem prazer – como uma criança muito pequena – em preencher a boca, experimentando-os e estabelecendo trocas de olhares alegres e de cumplicidade. Assim, ele faz rolar os [r] em [tarrr] e sibilar os [s] em [issssou], do famoso Picsou[33]. Fiquei surpresa em ver que, nesse momento, ele evitava a consoante [k], até então muito frequente em suas produções sonoras. Estaria Karl me dizendo algo sobre a sua ternura por esse conhecido personagem dos desenhos animados aos quais ele assistia, personagem próximo a ele em sua analidade?

O [k] passa a ser reexperimentado, mas de um modo leve, que não irritava a garganta: [takekokotkot]. As palavras são frequentemente retomadas em eco por mim e, na sequência, pelo próprio Karl. Isso faz

[33] Tio Patinhas [N.T.].

pensar nas palavras amontoadas e nas palavras siamesas, as últimas se associando umas às outras (mas, no caso de Ève, sem um parceiro).

Inicialmente graças a minhas repetições e, em seguida, a repetições do próprio Karl, essa ecoização é, sem dúvidas, um momento essencial para a possibilidade de abertura à linguagem. Sem ela, nada me parece possível. As vogais longas quase não aparecem mais isoladas e as consoantes não são mais utilizadas sozinhas sob uma forma de ataque. O emprego do clique consonântico [ktkt] também desaparece. No entanto, continua sendo carregado de muita agressividade, o que é sinalizado pelo fato de que, quando Karl tenta dar beijos, ele o faz sem sonorização, evitando-a. O clique consonântico de tipo aspirar-soltar, provavelmente ainda muito ligado à relação ao seio, é evitado. Para as pessoas comuns, o recalcamento felizmente incide sobre esse ponto. Se pensássemos no movimento de sucção dos bebês quando encostássemos os lábios nas bochechas de amigos, seriam raros os "beijinhos" nos cumprimentos. Para Karl, tudo isso pertence ao registro do inconsciente, o que o deixa desconfortável nessas gestualidades sociais ritualizadas. Contudo, seu progresso é notável: conforme já mencionei, a tonalidade da sua voz é mais suave, mais musical, sendo por vezes travessa ou carinhosa. Por meio das brincadeiras de sussurrar que foram instauradas, ele redescobre outras modulações verbais possíveis. Durante a sessão, utiliza palavras que escutou em outras ocasiões, empregando-as durante a sessão de maneira apropriada, algo que não ocorria anteriormente. Em um momento de irritação, ele exclama [oyur] e [onard]. Dada a situação e a tonalidade de sua voz, decifro facilmente "*au secours*"[34] e "*connard*"[35]. Entretanto, fico surpresa ao notar que aqui também há evitamento do som [k] no início das palavras. Tratar-se-ia de uma tentativa de atenuação de sua agressividade, por conta da preocupação com o objeto de sua fúria?

[34] "Socorro" [N.T.].

[35] "Imbecil" [N.T.].

Aliás, Karl se torna cada vez mais consciente da lacuna entre o seu palavreado e a comunicação linguageira comum. Sua mãe me relata que ele se interessa muito por uma propaganda de televisão na qual macacos falam sem utilizar palavras verdadeiras. Eles produzem sons que, graças à sonoridade empregada, assemelham-se musicalmente a emissões sonoras próximas que ele produz. Isso o faz rir bastante. Quando seu irmão mais velho as imita, ele explode em gargalhadas.

Um início de reflexividade se instala. Karl se torna mais sensível à tristeza e ao humor, podendo se interessar pelo código comum da linguagem e utilizá-lo em uma tentativa de comunicação. Há interesse da sua parte, e não um "comportamento verbal" retaliativo de destruição. Ele tenta se ajustar à escola, aos comportamentos das outras crianças. Quando a professora o solicita durante um momento da aula em que as crianças tomam a palavra, ele aceita falar e enuncia todas as palavras que conhece. Aliás, segundo sua mãe, a escola teria aceitado abaixar as calças dele para que se sentasse no vaso sanitário, mesmo sem evacuar.

Mas Karl permanece frágil. A rejeição que sofre por parte da escola, devida às dificuldades emocionais da professora (a qual, no entanto, diz reconhecer o progresso alcançado), faz Karl regredir no âmbito da linguagem, quase retornando ao mutismo. Ainda que o conjunto dos seus comportamentos continue a progredir, esse período dura quase um ano. As aquisições, todavia, não foram perdidas. Saindo do mutismo, Karl continua a associar duas sílabas: ele pode denominar, por exemplo, "Tintin", personagem da série de livros da qual ele gosta muito. Ele o diz em uma tonalidade forte, semelhante ao grito. Por outro lado, quando ele diz a palavra "dê", ele tende a sussurrar. A imperatividade de suas demandas anteriores parece ter sido contrainvestida. A função conativa cede lugar à função representativa. Sua compreensão se revela boa, conforme sinalizado pelo seu comportamento, adaptado ao que lhe é dito.

Fecundação mútua das funções linguageiras

O som é um material que tampa os buracos, um material quase táctil, que conserva. Para os bebês e para as crianças com dificuldades no desenvolvimento, o som tem função de *continente auxiliar.*

Porém, para falar, também deve haver espaços de silêncio. O silêncio é indispensável na cadeia falada e na música, como assinalado pela obra de arte conceitual *4'33"*, do compositor John Cage. Com Ève, nos situamos no excesso e, com Karl, na insuficiência.

No que diz respeito às funções da linguagem, é possível pensar que, enquanto o "conativo" do bebê (anterior à diferenciação si/não si e à perda da "onipotência normal") é da ordem do apelo e adquire essa função apenas quando escutado, o "conativo" de Karl e de Ève, no início do tratamento, é repleto de identificações projetivas. As crianças que operam com identificações projetivas massivas buscam invadir o outro, em vez de chamá-lo, pedir a sua ajuda e o seu apoio.

Enquanto o conativo do bebê é da ordem da incorporação, o de Karl é de ordem projetiva. A predominância da função conativa marca a dificuldade em tolerar a emergência dos afetos. Essa função sinaliza que o essencial reside no controle do objeto, mas também das partes de si que são consideradas perigosas. As defesas paranoides dominantes entravam toda e qualquer aliança produtiva entre as funções expressiva e representativa.

Em todas essas crianças frágeis e onipotentes, as funções conativa e mágica estão ligadas. Assim, quando Ève reage a uma interpretação por meio de uma repetição encantatória de [sepabosepabosepabo], essa reação seria quase da ordem de uma injunção mágica. É uma maneira de tentar anular o que se é, uma busca de poder, por meio da ação das palavras, sobre o outro e o mundo... É provável que, ao mesmo tempo, isso sirva para abafar aquilo que foi escutado. É também por esse motivo que a música vocal é praticamente homóloga ao que se sente. É apenas com a emergência dos afetos, sonorizados com a ajuda da função expressiva, que a delimitação entre si e outro é mais clara e a função representativa pode se desenvolver. Aqui, não se trata de etapas cronológicas, visto que, para o bebê, conforme vimos, essas funções se desenvolvem de forma quase concomitante. Todavia, essas "etapas" são perceptíveis quando a função conativa manifesta as dificuldades da criança em acessar seus afetos de forma flexível e diferenciada.

A função conativa é ligada à necessidade de controle. Quando presente massivamente, ela não permite uma aliança produtiva com as funções representativa e expressiva, pois o acesso à emoção é necessário à emergência das proto-representações.

Resumidamente, concluo que, para a produção da linguagem, as três funções essenciais – funções conativa, expressiva e representativa – são indissociáveis umas das outras. Suas relações evoluem com o desenvolvimento da linguagem e em função das situações vividas no nível intrapsíquico e inter-relacional.

Do ponto de vista evolutivo, é provável que a função de apelo seja uma derivação diferenciada da função expressiva, e que a função representativa se constitua a partir das funções expressiva e de apelo.

A função representativa faz um apelo constante à função expressiva e dela incorpora, entre outros, os aspectos melódicos. A massividade da função conativa sinaliza a objetificação das palavras, a predominância do mágico e da descontextualização difícil, enquanto a aparição da função lúdica aponta para a emergência da reflexividade.

Na patologia, mostrei que as crianças sem palavras, cujo material terapêutico analisei, apresentam falhas ou distorções quanto à aplicação de uma, duas ou de todas as três funções necessárias e suficientes para a constituição da linguagem: representação, expressão e apelo. Parece que o "sensorial" e o motor constituem os organizadores prioritários na construção das proto-representações e do mundo interno, descrevendo e analisando a forma como as crianças tratam as estimulações bucais. Elas não deixam de experimentar esses estímulos, ainda que algumas crianças pareçam desenvolver sistemas de inibição anestesiantes.

A maleabilidade da "coalescência entre órgão sensível e fenômeno experimentado", que define as proto-representações em constante desenvolvimento, opõe-se à rigidez compulsiva e ao antidesenvolvimento da atrelagem e/ou do arrancamento do objeto, presentes no mundo das representações internas dessas crianças.

Uma aceitação progressiva do enquadre terapêutico e a sua integração subsequente (a qual implica ritmos, objetalização e progressiva subjetivação) ajudaram no desenvolvimento da emissão de "matérias sonoras" ritmadas, temporalizadas, repletas de primeiras representações marcadas por afetos.

Contudo, esse trabalho pressupõe que tenha sido possível tecer, em um primeiro momento, vínculos iniciais com essas crianças que rejeitam investimentos relacionais ou se encontram impossibilitadas de realizá-los. Se a resposta do objeto é indispensável para que se alcance um acabamento pulsional, conforme mostraram D. Winnicott e R. Roussillon, essa resposta deve, ainda, ser investida pulsionalmente. Em algumas ocorrências clínicas, como indicado por A. Green (1993), um trabalho de desobjetalização e de negativação não permite ao objeto responder e interpretar o aspecto mensageiro da pulsão (ver o conceito de *response-ability*). Uma pulsão sem objeto, e que não é mais nutrida pelas trocas com o objeto, degrada-se. Há então uma ruptura entre a pulsão e o objeto incapaz de interpretar as mensagens. De acordo com o que desenvolveu J.-C. Elbez,[36] nessas ocorrências, não podemos mais falar em inadequação do objeto ou inadequação da resposta sem que nos interessemos pela natureza pulsional que está em jogo.

---

[36] Seminário do Grupo de Estudos Clínicos e Psicopatológicos do Desenvolvimento (GECP) de 4 de maio de 2009, em Aix-en-Provence.

8. Processos autísticos e criatividade

As modalidades de funcionamento de um sujeito na abordagem psicanalítica não podem ser pensadas como uma continuidade, como demonstrou magistralmente A. Green em seu estudo sobre a temporalidade psíquica (2000), no qual podemos destacar expressões fortes como "tempo fragmentado", "funcionamento transcrônico", "coabitação das correntes temporais sucessivas", "heterogeneidade diacrônica"... Toda pessoa, mesmo que bem corroborada, recorre a modalidades de pensamento mágico, a passagens pelo comportamento etc. sem que seja possível resumir esses apelos a "ressurgências" de funcionamentos primários, regressões a modalidades de funcionamento anteriores.

Certas concordâncias são identificáveis entre os processos em jogo no trabalho defensivo de desconstrução linguageira estudado no autismo e na psicose e certas empreitadas de desconstrução linguageira presentes no teatro, no canto, na poesia. Essas concordâncias podem nos ajudar a entender melhor nossa heterogeneidade de funcionamento ao longo de toda a nossa vida e certos processos inerentes tanto à patologia quanto ao *processo criativo*.

É com essa disposição que vou me debruçar sobre a criação artística, modalidade de funcionamento que associa estreitamente as capacidades de sublimação aos funcionamentos fundamentais, os primeiros de nosso ser mais profundo; processos que mobilizam, ao mesmo tempo, a sensorialidade, a sensualidade, o ritmo, o movimento e os afetos no ato de criação.

Não se trata, de maneira alguma, de fazer psicanálise aplicada. Conforme dito por Freud (1930, p. 29), "a psicanálise não tem muito a dizer sobre a beleza". No entanto, me parece adequado refletir, como analista, não sobre "a beleza", mas sobre certos processos de criação, em particular aqueles ligados à linguagem, a seus fundamentos primários, bem como aos processos criativos que mobilizam sensorialidades e processos primários. Assim, conforme já assinalei, me perguntei o que me fez associar interiormente as produções de oclusivas surdas de Karl, impedindo a vibração das cordas vocais – [atakakka] e [ktakta] –, às trocas de injúrias escolhidas por Ionesco em *A cantora careca*: "*cacatoès – cascade de cacades*".

Por que certos autores, como Beckett – de quem conhecemos a complexa relação com sua mãe –, sentem a necessidade de se extrair de suas línguas maternas para criar, como fez Wolfson (1970) em "O esquizo e as línguas"? J. Montague (1969) nota que Beckett se une a Joyce no exato momento em que este declara estar "no limite do idioma inglês" e que é apenas em francês que, em Molloy (1948), Beckett pode falar de sua "sede de labiais".

A ideia emprestada de Chomsky (1969) é a de que, fundamentalmente, as formas físicas da linguagem, sua estrutura de superfície e a organização superficial de unidades que determinam a interpretação fonética, desvelando sentido e afeto, são ricas em potencialidade de análise:

> *Observamos que o estudo do aspecto criador que comporta a utilização da língua se desenvolve a partir da hipótese de que os processos linguísticos e mentais são virtualmente idênticos; a linguagem fornece os primeiros meios tanto à livre expressão do pensamento e do sentimento, quanto ao funcionamento da imaginação criadora. (Chomsky, 1969, p. 60)*

Criatividade, sensorialidade e desconstrução da linguagem

Meu questionamento quanto ao "teatro da boca" (Meltzer, 1985a, 1985b) representa uma primeira etapa de internalização e de pensamento e uma primeira etapa de um discurso interno e de comunicação externa, e foi em parte elaborado a partir de um estudo clínico não publicado de M. Rhode, comentado por D. Meltzer. Ele integra as primeiras vocalizações a objetos que participam do jogo bucal, jogo com sons integrados a objetos na boca, utilizados na manipulação imaginária.

M. Rhode (1997) avança nesse sentido. Aqui um fragmento de uma observação traduzida do inglês a respeito de sonoridades emitidas por um menino pequeno em sua relação com sua primeira babá:

> *Ela costumava brincar com o lábio superior [de Thomas] quando ele fazia vocalises, fazendo-o produzir os sons ¬b-b-b e, após sua partida, foi possível ver o próprio Thomas fazer a mesma coisa, com a expressão de um olhar interior, como se ele estivesse se lembrando dela. (Rhode, 1997, p. 44)*

Seu artigo é mobilizado pelo mesmo movimento de pensamento que experimentei durante minha pesquisa com crianças autistas e psicóticas (1995), e que sinaliza o quanto os adultos presentes são capazes de se deixar afetar por essas produções sonoras.

Não seria esse o próprio material da poesia, essa musicalidade sonora que suscita afetos, emoções, fazendo nascer em nós um sentimento de comunhão, de comunicação profunda?

Foi sob essa ótica que, com M. Despinoy (1992, 1993), me questionei quanto aos níveis de linguagem presentes na poesia. Partimos de um texto de Meltzer (1986), que desenvolve a ideia de que, filogenética e ontogeneticamente, haveria duas modalidades de funcionamento na elaboração da linguagem. A primeira, segundo a expressão de Chomsky, é qualificada de "gramática profunda", baseada no canto e na dança. A ideia seria verificar se o primeiro nível de linguagem (tentativa de comunicação de estados de espírito favorecendo, por meio de movimentos de canto e dança, uma ação sobre o mundo externo e interno), que, como vimos, precede e permite a instalação do código linguageiro, se manteria como um pano de fundo em toda comunicação linguageira, mesmo a mais sofisticada.

Esse processo se confirmou na poesia, na qual o som e o conteúdo linguístico são de importância considerável, conforme demonstram muito bem os recitativos e as memorizações infantis e religiosas, nos quais o conteúdo muitas vezes desaparece em detrimento do continente. A hipótese era a de que as qualidades formais do texto seriam muito próximas dessas experiências primitivas dos bebês e das desorganizações linguageiras naquilo que elas remetem a esse primeiro nível de linguagem pelo ritmo, pelas sonoridades, pela prosódia. Sob essa ótica, as qualidades sensuais do texto (sons, ritmos, cores) fazem eco a experiências sensuais primitivas, em particular os ritmos transmitidos pelos vínculos com a mãe e as modulações e ecoizações ritmadas. Esse nível formal do texto entra em conflito (ou em ressonância) com os aspectos lexicais do texto, tanto no nível consciente quanto inconsciente.

Os poemas fonéticos dos novos realistas como François Dufrêne e Mimmo Rotella e os poemas cantados de Kurt Schwitters[1] exploram esse primeiro nível de linguagem em uma busca autística, podendo ser associados aos logátomos experimentados por Sapir. Um trecho do que Kurt Schwitters escreve em seus comentários:

> *Os elementos da arte poética são as letras, as sílabas, as palavras, as frases. O sentido só é importante quando valorizado do mesmo modo que esses fatores. Confronto sentido e não sentido. Prefiro o não sentido, mas essa é uma questão totalmente pessoal. (Schwitters, 1920, p. 57)*

No *après-coup* da escolha da citação, me sinto tocada ao encontrar uma organização da sucessão sonora comparável àquela que foi organizada por Karl: passagem do [o] depressivo às tonalidades mais complexas carregadas de raivas suaves e em busca de expressão.

No teatro, Valère Novarina (1989) vai na mesma direção em uma carta aos atores. Essa carta se situa em um manuscrito, cujo título remete estranhamente ao conceito de Meltzer de "teatro da boca", visto que é intitulado "O teatro das palavras". Ele declara que:

> *Boca, ânus. Esfíncter. Músculos redondos que fecham nosso tubo. A abertura e o fecho da palavra. Ataque certeiro (dos dentes, dos lábios, da boca musculosa), final certeiro (ar cortado). Parada certeira. Mastigar e comer o texto. O espectador cego deve ouvir a mordida*

1 Para dar uma ideia, aqui um trecho: "Oooooooooooooooooooooooooooo,/ Dll rrrrrr beeeee bö,/ Dll rrrrrr beeeee bö fümms bö/ Dll rrrrrr beeeee bö fümms bö wô/ beeeee bö fümms bö wô tää".

> *e a deglutição, se perguntar o que está sendo comido ali, no palco. Que que eles comem? Eles se comem?... Pedaços de texto devem ser mordidos, maldosamente atacados pelos comedores (lábios, dentes); outros pedaços devem ser logo tragados, deglutidos, engolidos, aspirados, absorvidos.... Não adianta bancar o inteligente, tem é que botar os ventres, os dentes, as mandíbulas pra trabalhar. (Novarina, 1989, p. 1)*

Descobri, com espanto, os processos e as angústias que atormentam certas crianças que têm dificuldade de usar sua boca como espaço lúdico organizador de primeiras representações. Podemos encontrar equações simbólicas entre os lábios, dentes; as angústias de Ève quanto ao aspirador e ao buraco de sua traqueia (se nos situarmos no nível somático), de sua garganta (se já estivermos no psíquico-corporal).

Na esteira de Novarina, outros criadores querem devolver à voz sua potência de vibração como meio de acesso a uma percepção cinestésica de si. Assim, Laurent Colomb (1999), autor dramático e diretor, escreve *Akasafaradal*, polílogo para um ator no qual encontramos, misturadas a palavras, produções sonoras muito comparáveis àquelas do poeta Kurt Schwitters (1920).

Para suscitar emoções afetivas, o poeta dispõe de uma linguagem analógica que aparece na forma do texto e na sua dicção; linguagem analógica que convoca os primeiros modos de comunicação sonora da criança. Ela é portadora de emoções estéticas, mas também de pulsionalidade. A arquitetura que a associa ao código lexical, modo de formulação da fantasia, mobiliza a emoção estética.

Certos poetas recorrem ao apaziguamento suscitado pela construção, enquanto outros, ao contrário, mobilizam os processos de desconstrução. Assim, as dimensões dos textos poéticos colocam em jogo certas propriedades do mundo psíquico interno, em particular porque a criação precisa de acesso aos processos primários – a criatividade mantém estreitas relações com o caos do processo primário (Ehrenzweig, 1967) –, por vezes por meio da desconstrução ou da destrutividade (a atividade de dilaceração de pôsteres dos novos realistas encontra correspondências na decupagem de sons de certos poemas fonéticos).

O que se busca, com a necessidade de predominância de uma função ou de outra de acordo com o efeito almejado, é a fecundação mútua das funções linguageiras. Levando essa dinâmica ao extremo, certos poetas surrealistas, sobretudo na poesia sonora, acabam abandonando o código lexical para utilizarem apenas elementos formais.

Ghislaine Midot (2001), poetisa contemporânea, fala da poesia em termos de "inflamação da mucosidade do sentido", de "sopro engripado dos outros na própria língua". O momento de criação parece-lhe fazer sobrevir aos afetos uma invasão sensorial, secretando representação:

> *No início, tristeza, inapetência; os membros são aproximados do centro de gravidade; as mucosas aparentes vermelhas; a pulsação é forte e pesada, segundo a força e o tipo do sujeito; a boca se torna quente, a salivação abundante, viscosa, escapando apesar dos esforços do indivíduo, que tenta retê-la por uma espécie de sucção; o processo é penoso. Sobre a língua e os lábios, reparamos em vesículas ideológicas ou flictenas de subjetivação, que variam em forma, em espessura e em número; essas vesículas rompidas deixam escapar um líquido seroso que invade a representação. O tecido subjacente permanece exposto; a mucosa idiolética que reveste a*

> *língua cai em pedaços, por vezes na sua totalidade. A salivação se torna abundante, o apetite nulo e a ruminação diferencial do sentido cessa.*

Esses exemplos confirmam que um dos registros do teatro e da poesia é sem dúvida o de desestruturar o registro linguageiro para se apoiar essencialmente nas suas qualidades formais e na sua música.

E quanto às canções, à ópera? Nelas encontramos certos procedimentos, presentes nas crianças ecolálicas, de alongamento extremo das vogais, de investimento das sensorialidades sonoras em suas qualidades tácteis e vibratórias, produzindo envolvimento, vivências de continuidade e de brutais descontinuidades encenadas. Foi o que permitiu que Ève se apoderasse desse material sonoro para pulsionalizar o que ainda era emoção não organizada.

Ao longo de viagens, notei que os cantos tradicionais africanos e asiáticos buscavam, como a ópera no ocidente, a produção do agudo (e até mesmo do subagudo) na voz das mulheres. Na nossa cultura, sabemos da nossa grande sensibilidade a esses movimentos nos quais as cantoras conseguem produzir *vocalises* que se elevam, perdendo todo o sentido e não sendo nada além de sensações acústicas, provocando sensações auditivas e tácteis: calafrio, arrepio... e emoções, afetos. Esses *vocalises* aéreos frequentemente acabam se aproximando do grito; um grito carregado de afetos.

Estamos no registro de formas muito primitivas de produções vocais,[2] posicionadas entre o conativo e o expressivo, estilizadas pela cultura, transformadas pela arte. A materialidade sonora da voz é de grande importância, sua textura, seu timbre... Sem estar ausente, o representante passa para o segundo plano. A sensação acústica se sobrepõe ao texto, por vezes praticamente inaudível ou

[2] Pista possível para refletir quanto às alucinações auditivas: mais arcaico que o visual, o vetor da voz pode se tornar o lugar privilegiado da alucinação e da criação.

em uma língua estrangeira que não compreendemos. No entanto, o essencial, a comunicação dos estados de espírito e das emoções, nos atinge mesmo que fora dos códigos linguageiros lexicais.

Karoline Zaidline, cantora e professora de canto encarregada das aulas de musicologia na Universidade de Paris IV, improvisa glossolalias em manifestações artísticas diversas, como pintura e dança, buscando o acorde em espelhamento com o espetáculo ao qual se comunica. Segundo ela, "as glossolalias oferecem todo um material sonoro além das palavras para expressar nossa humanidade entre memória e esquecimento. Elas ajudam na criação, na transformação, na recriação..." (Zaidline, 1999, p. 28).

Estaríamos em um movimento de criação simultânea do objeto e de si, processo identitário fundamental em todas as idades da vida. É assim que P. Casement compreende que Beckett tenha necessidade de traduzir ele próprio os livros escritos em francês para o inglês, sua língua materna. "O percurso circular de Beckett não o conduz ao lugar de onde ele partiu, mas para onde ele não pôde estar anteriormente" (Casement, 1982, p. 41).

Trata-se de um percurso transformativo.

É isso que nos parece estar em jogo nas crianças que exploram sons; contanto que exista um público pronto a captá-los no momento que elas mesmas possam responder. Esse terceiro provavelmente está presente em todo escrito.

Sensações e formas na criação pictural

Toda experiência parte dos sentidos, o que inclui a experiência da arte. Ela se enraíza nos sentidos, retorna a eles para transformar nossas representações do mundo. Nesse caso, trata-se de um processo que precisa poder passar da sensação à percepção-criação.

Um processo comparável, também demandando uma certa forma de criatividade, é indispensável para os cegos operados que recuperam a visão. Após uma operação bem-sucedida, eles deparam com um mundo estrangeiro, o que mobiliza muita angústia e chega a ser insuportável para alguns. Isso cria intensas dificuldades de localização e de reconhecimento de objetos antes conhecidos por uma modalidade táctil.

Para organizar "o caos intenso das manchas coloridas" que a sua visão recuperada apenas havia confirmado, Anton Ehrenzweig (1967) diz ter se atido a seus antigos modelos tácteis. No sentido inverso do que ocorre no desenvolvimento da criança, que parte de uma visão sincrética para ir em direção a uma visão mais analítica, Anton Ehrenzweig foi à procura de formas, de padrões precisos, ao mesmo tempo que dizia que, para ele, a visão normal da realidade não se funda na interpretação de padrões, mas vai diretamente ao objeto visual, e não a formas abstratas. Como Temple Grandin (2006), ele considera que ter uma percepção muito analítica do mundo, em detrimento de uma visão sintética e sincrética, entrava as capacidades de percepção.

> *Na visão periférica, por exemplo, as formas normalmente escapam à atenção consciente. A visão despersonalizada tenderia a ter um campo periférico mais nítido, mas ela também tem menos relevo e, em certo sentido, menos realidade. Dessa forma, ganha-se em nitidez de detalhe e perde-se em realidade plástica. Eu sustentaria também que pode existir, na qualidade plástica do espaço pictural da pintura, o sinal consciente de uma ampla subestrutura inconsciente da visão; a repressão dos detalhes irrelevantes nos torna sensíveis a objetos intensamente plásticos, desprovidos de contorno*

> *definido. Essa plasticidade distorcida contribui ainda mais para a eficácia da visão que a decifração de formas e de padrões precisos. (Ehrenzweig, 1987, p. 49)*

É muito provável que algo comparável esteja em questão no nível da audição e da fala quando a música está ausente. Perdemos o sentido do que se diz, assim como perdemos o sentido do que se vê. O trabalho do terapeuta de crianças com grandes dificuldades no desenvolvimento demanda, provavelmente, apelar a recursos específicos de tolerância ao caos interior a fim de seguir passo a passo a visão analítica que as crianças autistas dirigem ao mundo, para que seja possível, na sequência, fazer emergir a ordem oculta[3] por detrás do caótico. Foi isso que provavelmente me levou a tomar notas muito precisas cujo sentido não captei muito bem no momento. Não seria também isso que é demandado, como trabalho psíquico, dos espectadores de muitos dos espetáculos contemporâneos, insuportáveis para alguns?

Para desconstruir o mundo certos criadores, na pintura cubista, por exemplo, utilizam aspectos das modalidades representacionais presentes na patologia:

> *A visão analítica, então, apenas obstruiria o reconhecimento dos objetos, visto que o mínimo movimento de um objeto pode afetar profundamente a forma abstrata de seus detalhes. O nariz humano, por exemplo, parece um triângulo quando visto de perfil e algo sem forma quando visto de frente. Esses dois aspectos nada têm em comum. No entanto, facilmente reconhecemos um rosto que vimos de perfil quando ele se apresenta de frente para nós. (Ehrenzweig, 1967, p. 50)*

---

[3] No original, *l'ordre caché*, fazendo referência ao título de Anton Ehrenzweig (1987), "A ordem oculta da arte" [N.T.].

Se nosso primeiro conhecimento tivesse sido analítico e não sintético, seria extremamente difícil reconhecer[4] objetos. Por outro lado, certos processos inatos são de uma extrema sofisticação.

> *Se podemos facilmente deixar de levar em conta as constantes mudanças e perdas no detalhe abstrato, isso deve ser atribuído a uma misteriosa apreensão sincrética da forma global, que pode ser hipersensível aos traços individuais ao mesmo tempo que ignora o padrão abstrato insignificante. Dessa forma, é errado falar de uma visão primitiva da criança, incapaz de analisar uma forma abstrata; trata-se, na verdade, de uma faculdade superior perfeitamente adaptada ao reconhecimento instantâneo de objetos individuais. (Ehrenzweig, 1967, p. 51)*

É muito cativante perceber que, segundo A. Pierre (2003), na criação pictural, deve-se associar "a língua das linhas e a língua dos gestos". Contudo, nas crianças, vimos o quanto esse conjunto sensorial-motor-auditivo-vocal se situa em uma extrema intricação, tanto na normalidade quanto na patologia. Em um texto intitulado "A língua das linhas e dos gestos", Arnaud Pierre propõe considerar a linguagem visual (linguagem pictural que inclui as linhas e suas gestualidades) como sendo dotada de uma expressividade própria. Ele fala da gramática não verbal na qual as linhas podem continuar a encarnar conotações antropomórficas em referência às diferentes posições do corpo humano no espaço. Elas materializam direções, se tornam gestos e sustentam imagens motoras e dinâmicas. Elas provocam movimentos carregados de emoção no observador. Elas então acompanham e convocam essas emoções e traduzem significações psicológicas e morais.

---

[4] É o que provavelmente torna mais difícil a organização de representações nas crianças autistas, por razões etiológicas ainda por definir.

Segundo o autor, para František Kupka, a vertical é "solene", ela contém "toda a imponência do estático"; ao mesmo tempo, ela designa "a aspiração da alma", mas dá a impressão de ascensão ou de descida em função das linhas oblíquas suscetíveis de cruzá-la; estas significarão "tristeza ou alegria com base no fato de serem concêntricas ou expansivas em relação à perpendicular ao horizonte"; a horizontal, por sua vez, suscitará a "ideia de imobilidade", de coisas deitadas, sossegadas, lentas, uma ideia de repouso, de horizonte, de caminho que se estende.

Percorrendo esse texto, tive o sentimento de ouvir, como em eco, em uma outra voz, a hipótese de base de I. Fonagy, que assinala a frequência dos termos metafóricos associados à fonação nas gramáticas de todas as línguas: os sons da linguagem aparecem como objetos coloridos, grandes, pequenos, leves, pesados, duros ou macios, secos, úmidos, transparentes, opacos...

No mesmo artigo de 2003, A. Pierre considera que não há nenhum desses movimentos picturais que não seja, na verdade, uma reação ideomotora; todos são sempre manifestações do pensamento mais íntimo, pois as ideias não seriam nada além de movimentos virtuais que se cumprem na consciência.

O trabalho de G. Haag sobre o desenho não figurativo das crianças autistas me parece estar situado em uma perspectiva comparável de reflexão.

Foi partindo de ideias análogas, considerando os movimentos ideomotores como carregados de expressividade, de possíveis representâncias, que permaneci atenta à forma como essas crianças utilizavam seus corpos no espaço, e seus corpos como espaço. Minhas pesquisas atuais continuam se apoiando na ideia de que a atividade motora, bem como o conjunto de sensações que ela gera, é, em sua globalidade, portadora de mensagens inconscientes e talvez, para os terapeutas, reveladora de conflitos subjacentes.

É essa modalidade de pensamento que parece dar vida à maioria dos pintores abstratos, conforme analisado por Julie Ramos (2008). Segundo ela, a aparição da noção de timbre instrumental está no centro da analogia entre cor e música, verificada por Runge desde 1807. Quando trabalha na publicação de um tratado das cores para o uso de pintores, Runge propõe uma similitude entre a natureza do timbre e a qualidade imaterial (não mais pigmentar) das cores naturais, veiculada particularmente pela sua transparência, seu grau de luminosidade, mas também por suas ressonâncias afetivas. Delacroix também descobre, nos "reflexos auditivos" da harmonia musical, uma impulsão a explorar as ressonâncias óticas e psíquicas da resolução das cores. A teoria da difusão do som e da luz desenvolvida no século XIX por Thomas Young e Hermann Von Helmholtz, bem como os trabalhos desse último sobre a ótica e a acústica fisiológica influenciam não apenas o conhecimento dos fenômenos, mas o estudo de sua recepção. Seus trabalhos foram, por vezes, interpretados no sentido de um monismo da vibração que consumou a ruptura com uma percepção concebida como registro passivo do real em benefício de uma participação criadora de sensações visuais e auditivas.

A sinestesia é um fato objetivável, sendo detectada em um a cada 200 sujeitos. Essa proporção é sete vezes maior nos artistas. Essa faculdade (ou anomalia) tem relação com a função metaforizante. Essas associações são agora interpretadas em referência às aptidões sinestésicas, muito frequentemente encontradas nos artistas.

O termo "sinestesia" foi criado nos anos 1860 para designar a experiência simultânea de duas modalidades sensoriais (mais frequentemente sons e cores) por certos sujeitos. Após ter sido considerada uma bizarrice psíquica durante um século, essa aptidão atualmente é objeto de múltiplos trabalhos neuropsicológicos. Ela provavelmente existe em graus diversos em um grande número de sujeitos, e pode ser relacionada à gênese das metáforas. D. Meltzer (1985) refletiu sobre seu teatro da boca na análise do caso de um jovem rapaz que percebia uma cor associada a todo objeto colocado na boca. F. Marty (1998, p. 223) sublinha que, para Rimbaud (1871), A é preto, E branco, I vermelho, U verde, O azul... O. Sacks (1996), neurologista, nos fala de um pintor que, após um acidente, perde o reconhecimento das cores e suas aptidões sinestésicas anteriores.

> *A música, curiosamente, também lhe parecia prejudicada, porque antes desfrutara de uma sinestesia extremamente intensa, de forma que diferentes tons se traduziam de imediato em cores, fazendo com que experimentasse toda música ao mesmo tempo como um rico tumulto de cores interiores. Com a perda de sua capacidade de produzi-las, perdera também essa experiência – seu "órgão-de-cor" interno fora desativado e agora ele ouvia música sem qualquer acompanhamento visual; com a perda de sua contraparte cromática essencial, a música estava agora radicalmente empobrecida. (Sacks, 1995/2006, p. 13)*[5]

A questão das atrelagens sensórias também é muito debatida nas pesquisas de artistas contemporâneos sobre a experiência sensorial. Esse mergulho em níveis de organização psíquica mais primários demanda tolerar deixar nosso funcionamento secundarizado; mas, contrariamente ao autista, que permanece "grudado" nesse excesso de realidade e tem dificuldade de reunir suas sensações em uma percepção consensual, o artista retranscreve as vibrações sonoras e visuais em uma construção que mobiliza sensorialidade, emoção e pensamento. Parece-me que podemos deparar com o que declara T. Grandin (1986, p. 158), quando se dá conta de que, à medida que

---

[5] Sacks, O. (1995). *Um antropólogo em Marte.* Sete histórias paradoxais. Tradução de Bernardo Carvalho. São Paulo: Companhia das Letras, 2006.

suas angústias se desvanecem, o seu pensamento se secundariza e a sua percepção do ambiente se modifica.

Em seu livro intitulado *Beauty, Life and Death*[6], diante das angústias do movimento, daquilo que se move, Hanns Sachs se dedica particularmente ao aspecto aterrorizante da beleza; ele diz que a dificuldade não consiste em compreender a beleza, mas em suportá-la. Ele relaciona esse terror à serenidade da obra de arte perfeita. É o que ele chama de elemento estático: ele é sereno por parecer invariável, eterno. Ele é aterrorizante porque sua invariabilidade eterna é a expressão do instinto de morte, sendo o elemento estático oposto à vida e à mudança (Segal, 1969).

Atrelagens luminosas e desestruturação espacial

Sabemos que o espaço e o tempo se constroem e se transformam em função de nossos afetos e de nossa organização cultural e social. A ausência de projeção no autismo parece sinalizar que eles têm pouco ou nenhum acesso a um mundo tridimensional.

Como visitante do museu de arte moderna de Bilbao e do museu d'Orsay, surpreendi-me com a capacidade de certos artistas de nos mergulharem em um mundo sensorial no qual perdemos nossas referências. Eles transformam, com a ajuda dos ritmos coloridos, nossa percepção do ambiente e nossos parâmetros estáticos.

No museu Guggenheim Bilbao, em uma exposição em novembro de 2003, o visitante deixa parcialmente o esplêndido salão principal para adentrar uma alcova delimitada por um portal constituído por diversas colunas de alguns centímetros de altura, sobre as quais fluem letras luminosas azuis e vermelhas, semelhantes a slogans

---

[6] Em tradução livre, *A beleza, a vida e a morte* [N.T.].

publicitários.[7] Após passar por esses finos feixes luminosos, o visitante entra em uma alcova dentro da qual as letras parecem ter uma outra cor. Na passagem de um ambiente ao outro, sentimos uma vertigem, angústias de queda. Isso me fez pensar nas angústias massivas das crianças que acompanhei na passagem de um espaço a outro, na impossibilidade, para certas crianças, de passar de uma zona clara a uma zona escura, como se existisse um precipício entre os dois. T. Grandin (2006) também fala dessas sensações perturbadoras ligadas aos contrastes luminosos muito fortes. Uma adulta, ex-criança autista, me disse que, quando um cômodo se tornou extremamente claro sem advertência prévia, ela teve o sentimento de que o teto caía brutalmente.

Eu me perguntava se sensações comparáveis não seriam sentidas no coma, o que explicaria o conhecimento empírico que leva a abafar sons e luzes nesses locais.

Uma outra experiência comparável, no museu d'Orsay, novamente numa passagem de um ambiente a outro. Para entrar na exposição "Nas origens da abstração", deve-se passar pelo "habitáculo de luz que Ann Janssens instalou na entrada da exposição que permite ao público entrar literalmente na cor pura.[8] Ela instaura, logo de início, uma experiência sensorial, uma aventura para os olhos que continua ao longo de toda a exposição".[9]

Esse habitáculo, intitulado "Vermelho 106, Azul 132", é uma vibração colorida provocada por 180 projetores munidos de filtros coloridos que refletem a luz, em movimentos muito rápidos e regulares, sobre a superfície de um mural branco fosco. Nessa experiência, o "visitante" se sente tomado pela luz em um banho

[7] Infelizmente não me recordo do nome do artista que criou essa instalação.

[8] Lembramos o que diz Peter, uma criança autista em um movimento de defesa autística diante da separação com Tustin (1981, p. 170): "Estou dentro da cor amarela".

[9] Pascal Rousseau, curador da exposição no museu d'Orsay.

de cor, no qual perde um pouco o sentido dos contornos e se sente movido internamente pelo ritmo das pulsações luminosas, a ponto de ter uma ligeira vertigem. Essa experiência altamente estimulante provavelmente desencadearia convulsões em alguém que sofre de epilepsia. O objetivo parece ser o de marcar uma continuidade entre esse banho de cor e as pesquisas realizadas por pintores como Kandinsky, Picabia, a corrente dos sincromistas estadunidenses que tentavam eliminar os limites da tela e nos levar à fusão com a sensação emitida pelo quadro.

Pascal Rousseau, curador da exposição no museu d'Orsay, lembra também que, para Goethe, em seu livro *Doutrina das cores* (1810), "a forma não aparece *a priori*, mas é criada progressivamente no contraste entre o preto e o branco, o claro e o escuro, de onde emerge a cor. Essa ideia de que a cor preexiste à forma será decisiva na história da abstração".

Na minha tese de doutoramento sobre o autismo, o fato de que, para a criança, o ritmo e a prosódia da língua precedem e servem de matriz para os elementos lexicais também foi decisivo para a apreensão de sons produzidos pelas crianças autistas e psicóticas.

Nesse banho de cores, a questão que se coloca é a seguinte: qual é o poder do olho de distinguir cores e formas em um universo que os físicos consideram um caleidoscópio caprichoso? Como nossa mente organiza isso tudo? A mesma questão se coloca para o mundo do som e dos ruídos.

O "mundo do autismo" me pareceu extremamente heurístico para a compreensão de múltiplos processos que entravam a capacidade de pensar e de organizar uma comunicação, em particular oral. Como olhar o mundo não pela lente de uma teoria, mas através dos olhos de cada criança, de cada indivíduo, com a ajuda do que ela sabe nos transmitir se escutarmos e se observarmos com uma atenção criativa?

Em seu artigo sobre o papel da ilusão na formação do símbolo, Marion Milner (1979, 5-6, p. 848) postula que o êxtase expressaria a experiência emocional associada à descoberta do substituto do objeto que somos levados a buscar por causa do terror suscitado pelo objeto primitivo, bem como pela sua perda. Apoiados pela experiência emocional extática, grandes criadores são capazes de tolerar o deslizamento para a escuridão, a perda do objeto, em direção a seu núcleo autista e, para alguns deles, até o branco do nirvana, da a-pulsionalidade, da morte. Fui muito tocada e surpreendida pelas ideias de uma pintora, Aurélie Nemours, que declarou, em uma entrevista à France Culture (em 22 de março de 2000), ter passado do preto ao branco durante um período. Com grande delicadeza, ela expressa sua experiência de perda de estrutura. Ela associa a isso desorganizações somáticas importantes e a tomada de decisão, para a sua sobrevivência, de colocar um fim a esse período de branco, tamanho o seu medo de morrer em decorrência disso.

Marion Milner considera empobrecedor utilizar "apenas conceitos como os de introjeção e projeção, o que pressupõe a existência do organismo dentro de seus limites, em um mundo de outros organismos com limites" (1979, p. 861).

Esse ponto de vista limitaria a iluminação criativa, próxima dos estados de comunhão de jovens crianças para as quais o mundo exterior não tem verdadeiramente uma existência externa. Tendo em conta suas especificidades, a criança ex-autista talvez seja a mais capaz de tratar o mundo como um objeto de criação, de fazer dele uma "realidade autocriada", caso encontre um "meio" maleável.

Tustin e Meltzer parecem estar de acordo quanto à constatação de que essas crianças, quando saem do autismo, parecem manifestar potencialidades artísticas. A respeito dos traços, Tustin faz referência ao espaço de criação que dá origem ao *squiggle* (rabisco), ainda que os traços da criança autista não possam se inscrever sobre um papel com um lápis, não podendo ainda fazer parte de uma troca. Eles geralmente fazem parte de seu corpo, sendo manipuláveis e controláveis. As notações aritméticas e as letras do alfabeto utilizadas de forma comparável por certas crianças também podem ser trabalhadas de maneira análoga: "Esses traços não possuem a qualidade simbólica que teriam se fossem utilizados de uma maneira mais normal. Os traços autísticos são proto-objetos, proto-imagens, sendo, assim, pré-simbólicos" (1985, p. 26).

A necessidade interna de criação de obras de arte às vezes parece corresponder às experiências de exploração dos contornos de buracos negros na psique. Os espaços brancos parecem, por sua vez, conforme sinalizado por Aurélie Nemours, remeter às desorganizações somáticas mais que às psíquicas.

É nesse vínculo tão estreito entre o normal (ou mesmo o criativo) e o patológico que devemos caminhar para que possamos reconsiderar, sob ângulos diferentes, as particularidades das atividades de pensar, falar, adquirir conhecimentos, bem como as modalidades dessa aquisição. A síndrome autística refletida de forma dinâmica parece poder ser utilizada como um arquétipo que pode nos ajudar a reexplorar, aprofundar e descobrir, sob uma nova perspectiva, a natureza da comunicação primária e suas vicissitudes. Espero que este trabalho ajude a desmontar a face demasiado construída e inteligível da linguagem, abrindo a novos horizontes, a uma forma de plurilinguismo adaptado às patologias com as quais trabalhamos.

Referências

Allen G., Courchesne E. (2006). Differential effects of developmental cerebellar abnormalities on cognitive and motor functions in the cerebellum : an FMRI study of autisme, *American Journal of Psychiatry,* 160, p. 262-273.

Anzieu D. (1981). *Le Corps de l'œuvre*, Paris, Payot.

Anzieu D. (1985). *Le Moi-Peau*, Paris, Dunod.

Anzieu D. (1987). Les signifiants formels et le moi peau, in Anzieu D. *et al., Les Enveloppes psychiques,* Paris, Dunod, p. 1-22.

Anzieu D. (1993), *Les contenants de pensée*, Paris, Dunod.

Aragon L. (1965). C'est si peu dire que je t'aime, in *Le Fou d'Elsa,* Paris, Gallimard.

Aulagnier P. (1975). *La Violence de l'interprétation : du pictogramme à l'énoncé*, Paris, PUF.

Aulagnier P. (1982). Condamné à investir, *Nouvelle Revue de psychanalyse* 25, p. 309-330.

Baranger M., Baranger W. (1969). *Problemas del campo psicoanalitico,* Buenos Aires, Kargieman.

Baron-Cohen S. (1985). The autistic child's theory of mind : a case of specific developemental délai, *Journal of Child Psychology and Psychiatry, 30,* p. 285-297.

Beckett S. (1991). Molloy, Paris, Éd. de Minuit.

Bergman P., Escalona S. (1949). Unusual Sensitivities in Very Young, *Children. Psychoanalytic Study of the Child*, 4, p. 333-352.

Bergeret J. (1984). *La Violence fondamentale*, Paris, Dunod.

Berquez G. (1983). *L'Autisme infantile,* Paris, PUF.

Bettelheim B. (1967). *La Forteresse vide*, Paris, Gallimard.

Bick E. (1968). L'expérience de la peau dans les relations précoces, in Meltzer D. *Exploration dans le monde de l'autisme,* Paris, Payot.

Bick E. (1896). Futher cinsiderations on the fonction of de skin, in the early objects relations, *British Journal of Psychotherapy,* 2, 4, p. 292-301.

Bion W.R. (1962). *Aux sources de l'expérience,* Paris, PUF.

Bion W.R. (1970). *L'Attention et l'Interprétation. Une approche scientifique de la compréhension intuitive en psychanalyse et dans les groupes,* Paris, Payot, 1990.

Boisson- Bardies (de) B. (1982). Les bébés babillent-ils dans leur langue maternelle ?, *La Recherche* 13/129, p. 102-104.

Boisson- Bardies (de) B. (2003). *Le langage qu'est-ce que c'est ?*, Paris, Odile Jacob.

Bollas C. (1989). L'objet transformationnel, *Revue française de psychanalyse*, n° 4, p. 1181-1199.

Boubli M. (1993). Les mots dans la bouche, in Anzieu D., *Les Contenants de pensée,* Paris, Dunod, p. 127-143.

Boubli M. (2001). De l'émotionnalité orale au langage poétique, *Journal de la psychanalyse de l'enfant*, n° 29, p. 89-112.

Boubli M. (2002). Auto-sensualité, procédés autocalmants et créativité, in Boubli M., Konicheckis A., *Clinique psychanalytique de la sensorialité*, Paris, Dunod, p. 59-94.

Boubli M. (2003). L'identité adhésive à l'adolescence, réaction au second choc esthétique ?, *Adolescence*, 23,1, p. 51-65.

Boubli M. (2007). Matière sensori-motrice et prémices de la réflexivité, *Bulletin de la Société psychanalytique de Paris*, 83, 67-74.

Boubli M. (2009*b*). *Entre rupture et continuum, l'écho et la répétition, comme modalité de transmission*, Paris, Mille et un Bébés (à paraître).

Boubli M., Efrat D. (2006). La parentalité : un processus, hors confusion des langues, favorisant la croissance psychique, *Adolescence*, 24,1, p. 51-67.

Boubli M., Efrat D. (2009*a*). Une modalité de lien précoce et son devenir : le lien de response-ability, *Le Divan familial*, 22.

Boubli M., Elbez J.-C. (2008*a*). Un modèle de transpulsionnalité : la mère annihilante, *Revue française de psychanalyse,* t. LXXII, n° 5, p. 1543-1549

Boubli M., Elbez J.-C. (2009). Répétition, remémoration et élaboration psychique à l'adolescence, *Psychiatrie de l'enfant et de l'adolescent.*

Braten S. (1988). *Intersubjective Communication and Emotion in Early Ontogeny,* Cambridge, Cambridge University Press.

Brauschweig D., Fain M. (1975). *La Nuit, le Jour : essai psychanalytique sur le fonctionnement mental,* Paris, PUF, 1975.

Bruner J.-S. (1983*a*). *Comment les enfants apprennent à parler ?*, Paris, Retz.

Bruner J.-S. (1983*b*). *Le Développement de l'enfant. Savoir faire, savoir dire*, Paris, PUF.

Buyssens E. (1967). *La Communication et l'Articulation linguistique*, Paris, PUF.

Casement P. (1982). Beckett's relationship to his mother-tangue, *International Review of Psycho-Analysis, 9,* p. 35-44.

Chastaing M. (1958). Le symbolisme des voyelles, *Journal de Psychologie normale et pathologique,* 55, p 1403-1423.

Chastaing M. (1964*a*). L'opposition des consonnes "sourdes" aux consonnes "sonores" a-t-elle une valeur symbolique ?, *Vie et langage*, 147, p 367-370.

Chastaing M. (1964*b*). Nouvelles recherche sur le symbolisme des voyelles, in *Journal de psychologie normale et pathologique*, 61, p. 75-88.

Chomsky N. (1969) *La Linguistique cartésienne,* Paris, Le Seuil,

Ciccone A., Mellier D. (2007). *Le Bébé et le Temps*, Paris, Dunod.

Ciotti F. (1984). L'observateur comme contenant : observation et participation à la relation d'une mère psychotique et de son enfant, exposé à Rome, août 1984.

Colomb L. (1999). Akasafaradal didascalies vocales au théâtre. Les champs de la voix, *Art et thérapie,* n° 68-69, p. 22-24.

Cosnier J., Brossard A. (1984). *La Communication non verbale*, Neuchâtel, Delachaux et Niestlé.

Cross T., Morris J. (1981). Linguistic Feedback and Maternel Speech : Comparisons of Mothers Addressing Infants, One Year Old and Two Years Old, *First langage*, 1.

Courchesne E., Townsend J., *et al.* (1994) Impairment in Shifting Attention, in *Autistic and Cerebellar Patients, Behavioural Neuroscience*, 108, p. 848-865.

Cupa D. (2007). *Tendresse et cruauté*, Paris, Dunod.

Danon Boileau L. (2006). La force du langage, intervention au 67e congrès des psychanalystes de langue française.

David C. (1985). À propos de la représentance de l'affect, *Revue française de psychanalyse*, 49, Paris, PUF, p. 797-805.

Davitz J.R., Davitz L.J. (1974). The communication of feelings by content-free speech, in S. Weitz, *Non Verbal Communication*, New York, Londres, Oxford Press.

Dawson G., Adams A. (1984). Imitation and social responsiveness, *Autistic Children in Journal of Abnormal Child Psychology*, vol. 12, n° 2, p. 209-225.

Delion P. (2000). *L'Enfant autiste, le Bébé et le Sémiotique*, Paris, PUF, coll. Le fil rouge.

Delion P., Golse B. (2006). Problématiques actuelles, in *Autisme : état des lieux et horizons*, Paris, PUF, coll. Le fil rouge.

De M'Uzan M. (1970). Le même et l'identique, Revue française de psychanalyse, n° 3, vol. 34.

Depretto M., Davies M. *et al.* (2006). Understanding emotions in others. Mirror neuron dysfunctionin children with autism spectrum disorder, *Nature Neuroscience*, 9, p. 30-58.

Despert J.L. (1978). *La Schizophrénie*, Paris, PUF.

Despinoy M. (2002). Sensations et perceptions dans la clinique psychanalytique, in *Clinique psychanalytique de la sensorialité*, Paris, Dunod, p. 5-26.

Despinoy M., Boubli M. (1992). Literary creation and aesthetic conflict, in *Literature and Psychoanalysis*, I, Lisbonne, F. Fereira Éd., p. 61-65.

Despinoy M., Boubli M. (1993) Les jeux multidimensionnels du texte. In : *Literature and Psychoanalysis*, I. Lisboa : F. Fereira Ed., p. 35-42.

Dumas J. (2007). *Psychopathologie de l'enfant et de l'adolescent*, Bruxelles, De Boeck.

Efrat-Boubli D. (2005). *Response-ability and Response-inability Within the Therapeutic Relationship*, thèse de psychologie, soutenue en juin 2005 à New York.

Ehrenzweig A. (1967). *L'Ordre caché de l'art*, Paris, Gallimard, 1987.

Fain M. (1992). La vie opératoire et les potentialités de névrose traumatique, *Revue française de psychosomatique*, n° 2, Paris, PUF.

Ferenczi S. (1927-1933). *œuvres complètes, Psychanalyse*, t. IV, Paris, Payot.

Fonagy I. (1970). Les bases pulsionnelles de la phonation, *Revue française de psychanalyse*, 34, p. 101-137.

Fonagy I. (1971). Les bases pulsionnelles de la phonation, II, *Revue française de psychanalyse*, 35, p. 542-591.

Fonagy I. (1979). À propos de la genèse de la langue infantile, *Lingua*, 30, p. 31-71.

Fonagy I. (1983). *La Vive Voix*, Paris, Payot, 1991.

Fraiberg S. (1999). Une approche psychanalytique des perturbations de la relation mère-nourrisson, in *Fantômes dans la chambre d'enfants : évaluation et thérapie des perturbations de la santé mentale du nourrisson*, Paris, PUF, p. 245-292.

Freud A., Burlingham D. (1947). *Infant without Families. Case against Residential Nurseries*, Londres, International Universities.

Freud S. (1891). *Contribution à la conception des aphasies*, Paris, PUF.

Freud S. (1909). Les premiers psychanalystes, *Minutes (II) de la Société psychanalytiques de Vienne* (du 7 octobre 1908 au 15 juin 1910), Paris, Gallimard, 1978.

Freud S. (1911*a*). Formulation sur les deux principes de l'advenir psychique 11-22, in *Œuvres complètes, 1911-1912. XI*, Paris, PUF.

Freud S. (1911*b*). Remarques psychanalytiques sur l'autobiographie d'un cas de Paranoïa, in *Cinq psychanalyses*, Paris, PUF.

Freud S. (1911*c*). Formulation sur les deux principes de l'advenir psychique 11-22, in Œuvres complètes, 1911-1912, XI, Paris, PUF.

Freud S. (1915). Pulsion et destin des pulsions, in *Métapsychologie. Œuvres complètes*, XIII, PUF, p. 161-185, 1988.

Freud S. (1920). Au delà du principe de plaisir, in *Essais de psychanalyse*, Paris, Payot, *OCF. P*, XV, 1996.

Freud S. (1923). Le moi et le ça, in *Essai de psychanalyse,* Paris, Payot, 1981.

Freud S. (1930). *Malaise dans la civilisation*, Paris, PUF.

Freud S. (1937). Construction dans l'analyse, in *Résultats, idées, problèmes*, Paris, PUF.

Freud S. (1938). *Abrégé de Psychanalyse*, Paris, PUF

Frith U. (1989). *L'Énigme de l'autisme*, Paris, Odile Jacob.

Foucault M. (1967). Des espaces autres, in *Dits et écrits*, vol. II, Paris, Gallimard, coll. Quatuor, 2001, p. 1571-1575.

Golse B. (2002). Attention, in De Mijolla, *Dictionnaire international de psychanalyse*. Paris, Calmann-Lévy.

Golse B. (2004). *Du corps à la pensée*, Paris, PUF.

Golse B. (2006). *L'Être-bébé*, Paris, PUF.

Golse B., Delion P. (2005). *Autisme, état des lieu,* Ramonville Saint-Agne, Érès.

Gori R. (1972). Wolfson, ou la parole comme objet. Études et recherches, *Mouvement psychiatrique,* 3, p. 20-26.

Grandin T. (1986). *Ma vie d'autiste*, Paris, Odile Jacob.

Grandin T. (2006). *L'Interprète des animaux*, Paris, Odile Jacob.

Green A. (1985). Réflexions libres sur la représentation de l'affect, *Revue française de psychanalyse,* 49, Paris, PUF, p. 773-788.

Green A. (1995). Le langage au sein de la théorie générale de la représentation, in Pinol-Douriez M., *Pulsions Représentations Langage*, Lausanne, Delachaux et Niestlé, p. 23-66.

Green A. (1993). *Le Rravail du négatif,* Paris, Éd. de Minuit

Green A. (2000). *Le Temps éclaté*, Paris, Éd. de Minuit.

Green A. (2005). *Autour de l'œuvre d'André Green : enjeux pour une psychanalyse contemporaine,* Paris, PUF.

Green A. (2007). Pulsions de destructions et maladies somatiques, *Revue française de psychosomatique*, n° 32, p. 45-70.

Grinberg L. (1994). Les affects à travers et au-delà des mots, *Actes du cinquième colloque du GECP.*

Grotstein J. (1981). *Splitting and Projective Identification*, New York, Jason Aronson, 1993.

Grotstein J. (2000). *Notes on Bion's Memory and Desire*, New York, Guilford.

Guignard F. (1985) L'évolution de la technique en analyse d'enfants in *Mélanie Klein aujourd'hui : hommage à l'occasion du centenaire de sa naissance*, Meyzieu, Césura, p. 55-66.

Haag G. (1985). La mère et le bébé dans les deux moitiés du corps, *Neuropsychiatrie de l'enfance*, 33 (2-3), p. 107-114.

Haag G. (1986). Adhésivité, identité adhésive, identification adhésive, *Gruppo*, 2, p. 110-116.

Haag M. (2002). *À propos et à partir de l'œuvre et de la personne d'Esther Bick*, vol. I, *La Méthode d'E. Bick pour l'observation régulière et prolongée du tout-petit au sein de sa famille*, auto-édition

Hobson R.P. (1993). The Intersubjective Domain : Approaches From Developmental Psychopathology, *Journal of the American Psychoanalytic Association*, 41, p. 167-192.

Hochmann J. (1990). L'autisme infantile. Déficit ou défense ?, *Soigner éduquer l'enfant autiste*, Paris, Masson, 33, 55.

Houzel D. (1987). Le monde tourbillonnaire de l'autisme, in *Lieux de l'enfance*, n° 3, p. 169-183.

Houzel D. (2002). Émotion, in de Mijolla, *Dictionnaire international de la psychanalyse*, Paris, Calmann-Lévy, p. 511.

Houzel D. (2007). Travailler avec les parents d'enfants autistes, *Le Soutien thérapeutique aux parents*, Paris, Dunod, p. 146-167.

Hyman S. (2008). A glimmer of light for neuropsychiatric disorder, *Nature*, 455, 7215, p. 890-893.

Ingram D. (1989). *First Language Acquisition*, Cambridge, Cambridge University Press.

Ijzendoorn M. *et al.* (2007). Parental Sensitivity and Attachment with Children with Autism Spectrum Disorder, *Child Development*, 78, 2, p. 597-608.

Jakobson R. (1939). Langage enfantin aphasie et lois générales de la structure phonétique, in *Essais de linguistique générale*, Paris, Éd. de Minuit, 1963.

Jakobson R. (1969). *Langage enfantin et aphasie*, Paris, Éditions de Minuit.

Kaës R. (2008). *Le Complexe fraternel*, Paris, Dunod.

Kanner L. (1943.) *Autistic Disturbances of Affective Contact*, in *Nervous Child*, vol. 2, New York, p. 217-250

Kanner L. (1990). Les troubles autistiques du contact affectif, *Neuropsychiatrie de l'enfance*, n° 38 (1-2), p. 65-84.

Kaplan E., Kaplan G. (1971). The pre-linguistic child, in Eliot J., *Human Development and Cognitive Processes*, New York, Holf, Rinehart & Winston.

Kestemberg E. (1984). Astrid ou homosexualité, identité, adolescence, *Cahiers du centre de psychanalyse et de psychothérapie*, 8.

King R., Noshpitz J. (1991). *Pathways of Growth. Essentials of Child Psychiatry*, vol. 2, *Pychopathology*, New York, John Wiley & Sons.

Klein M. (1935). Contribution à l'étude de la psychogénèse des états maniaco-dépressifs, in *Essais de psychanalyse* (avec la date erronée de 1934), Paris, Payot, p. 311-340

Klein M. (1957). *Envie et gratitude*, Paris, Gallimard.

Konicheckis A. (1985). Le jeu du Fort-Da ou de la transmission de la théorie psychanalytique, *Psychanalyse à l'Université*, 10, n° 40, p. 523-548.

Konicheckis A. (2008). *De génération en génération : la subjectivation et les liens précoces*, Paris, PUF.

Konopczynski G. (1986*a*). Le bébé prélinguistique et le rythme : pré-requis pour l'acquisition du langage, *Bulletin d'audiophonologie*, 2, p. 279-306.

Konopczynski G. (1986*b*). *Du prélangage au langage : acquisition de la structuration prosodique*, thèse de doctorat d'État, Strasbourg.

Konopczynski G. (1987). Perceptions des phénomènes mélodiques par le bébé : état de la question, in *Travaux de l'institut de phonétique de Strasbourg*, n° 19, p.117-175.

Konopczynski G. (1993). Le langage émergent, in Brusnel M.V., *Le Langage des bébés. Savons-nous l'entendre ?* Paris, J. Grancher.

Laplanche J. (1970). *Vie et mort en psychanalyse*, Paris, PUF.

Laplanche J. (1987). *Nouveaux Fondements pour la psychanalyse*, Paris, PUF.

Laplanche J., Pontalis J.-B. (1973). *Vocabulaire de Psychanalyse*, Paris, PUF.

Lewis M. (1936). *Infant Speech. A Study of the Beginning of Language*, Londres, New York, Harcourt and Brace, 1951.

Lichtenstein H. (1961). Identity and Sexuality : A Study of their Interrelationship, J*ournal of the American Psychoanalytic Association*, 9, p. 179-260.

Lichtenstein H. (1976). Le rôle du narcissisme dans l'émergence et le maintien d'une identité primaire, *Nouvelle Revue de psychanalyse*, 13.

Mahler M. (1952). On Child Psychosis and Schizophrenia, *Psychoanalytic Study of the Child, VII,* 286-305.

Mahler M. (1968). *Psychose infantile,* Paris, Payot.

Mahler M., Pine F., Bergman A. (1975). *La Naissance psychologique de l'être humain*, Paris, Payot.

Marcelli D. (1986). *Position autistique et naissance de la psyché*, Paris, PUF.

Marcelli D. (2000). *La Surprise. Chatouilles de l'âme*, Paris, Albin Michel.

Mellier D. (2005). *Les Bébés en détresse*, Paris, PUF.

Meltzer D. (1972). *Les Structures sexuelles de la vie psychique*, Paris, Payot.

Meltzer D. (1975). *Exploration dans le monde de l'autisme*, Paris, Payot.

Meltzer D. (1985*a*). Évolution du langage et espace interne, *Le Bulletin du Groupe d'études et de recherches psychanalytiques pour le développement de l'enfant et du nourrisson, 5*, p. 44-59

Meltzer D. (1985*b*). La perception de ses propres attributs et sa relation avec le développement du premier langage, *Le Bulletin du Groupe d'études et de recherches psychanalytiques pour le développement de l'enfant et du nourrisson, 4*, p. 45-49.

Meltzer D. (1985*c*). L'objet esthétique, *Revue française de psychanalyse, 5*, p. 1385-1389.

Meltzer D. (1986). *Studies In Extended Metapsychology*, Clunie Press, The Roland Harris Trust Library, 13.

Meltzer D. (1987). Le transfert esthétique dans le processus psychanalytique, *Journal de la psychanalyse de l'enfant*, 1993, 4, p. 178-181.

Meltzer D. (1988). *L'Appréhension de la beauté*, Larmor Plage, Éd. du Hublot.

Middot G. (2001). *La poésie est un virus*, Paris, Tapin.

Milner M. (1974). *Les Mains du dieu Vivant. Compte rendu d'un traitement*, Paris, Gallimard.

Milner M. (1979). Le rôle de l'illusion dans la formation du symbole, *Revue française de psychanalyse*, 5-6, p. 841-874.

Montague J. (1969). Beckett, inconnu et inconnaissable, *Magazine littéraire*, n° 35.

Nadel J., Peze A. (1992). Communication productive et communication en écho : un an d'évolution chez un enfant autiste, *Neuropsychiatrie de l'enfance*, 40, 10, p. 553-558.

Novarina V. (1989). *Le Théâtre des paroles*, Alençon, POL.

Ogden TH. (1997). Reverie and interprétation, in *Psychoanalytic Quarterly*, LXVI,

Papousek M. et H., Bornstein M.H. (1985). The naturalistic vocal environment of youg infants : on the significance of homogeneity and variability of parental speech, in Field T.M., Fox N. : *Social Preception in Infants*, Norwood, New York, Ablex.

Perez-Sanchez M. (1981). L'observation des bébés, *Les relations émotionnelles dans la première année de la vie*, Paris, Clancier-Guénaud, 1986.

Piaget J., Inhelder B. (1966). *La Psychologie de l'enfant*, Paris, PUF, coll. Que Sais-je.

Pierre A. (2003). Kupka : voir plus loin et plus profond, in *L'œil*, Paris, ADAGP.

Piñol-Douriez M. (1984). *Bébé agi – bébé actif*, Paris, PUF.

Piñol-Douriez M. (1986). Aimer, connaître, in *Pulsion et connaissance*, Actes du 1er colloque du GECP, Aix-en-Provence, 7-11.

Piñol-Douriez M. (1995). *Pulsions représentations langage*, Lausanne, Delachaux et Niestlé.

Prizant B. (1983). Language Acquisition and communicative behaviour in *Autism : Toward an Understanding of the Whole of it Journal of Speech and Hearing Disorders*, 48, 296-307.

Racamier P.C. (1979). La maternalité psychotique, *De la psychanalyse en psychiatrie. Études psychopathologiques*, Paris, Payot.

Ramos J. (2000). Nostalgie de l'unité. Paysage et musique dans la peinture de P.O. Runge et C.D. Friedrich, *Aesthética*, PU Rennes.

Ribas D. (2008). Projeter une question de vie ou de mort psychique in *Figures de la projection, Monographies et débats de psychanalyse*, Paris, PUF.

Ribas D. (2002). Chronique de l'intrication et de la désintrication, *Revue française de psychanalyse*, 5, p. 1689-1770.

Ribas D. (1997). *L'Énigme des enfants autistes*, Paris, Hachette Littérature.

Ribas D. (2008). Projeter : question de vie ou de mort psychique, in *Figures de la projection, Monographies et débats de la Revue française de psychanalyse*, p. 167-182.

Rosolato G. (1984). Le signifiant de démarcation et la communication non verbale, in Anzieu D., *Art et fantasme* ?, Seyssel, Champ Vallon.

Rossi M. (1977). L'intonation et la troisième articulation, *Bulletin de la Société linguistique de Paris*, 72, p. 55-68.

Roussillon R. (2002). L'homosexualité primaire et le partage des affects, in Mellier D., *Vie émotionnelle et souffrance du bébé*, Paris, Dunod, p. 73-89.

Roussillon R. (2004). L'intersubjectivité et la fonction messagère de la pulsion, *Psychiatrie française Intersubjectivité 2*, 36, 2, p. 45-54.

Roussillon R. (2007). La réalité psychique de la subjectivité et son histoire, in *Manuel de psychologie et de psychopathologie clinique générale*, Paris, Masson, p. 3-218.

Rutter M., Schopler E. (1978). *L'Autisme*, Paris, PUF

Sacks O. (1996). *Un anthropologue sur Mars*, Paris, Le Seuil, coll. Point, 2003

Searles H. (1965) *L'Effort pour rendre l'autre fou*, Paris, Gallimard, 1977.

Segal H. (1964). *Introduction à l'œuvre de Melanie Kein,* Paris, PUF, 1969.

Segal H. (1981). *Délire et créativité*, Paris, Éd. des Femmes.

Shapiro T. (2000). Autism and the Psychoanalyst, *Psychoanalytic Inquiry*, 20, 3, 648-659.

Smadja C. (1993). À propos de procédés autocalmants du moi, *Revue française de psychosomatique*, p. 9-26.

Smadja C. (2001). *La Vie opératoire. Études psychanalytiques*, Paris, PUF.

Schwitters K. (1920). L'Ursonate, revue *Merz*, n° 24.

Spitz R. (1945), Hospitalism : An Inquiry into the Genesis of Psychiatric Conditions in Early Childhood, *The Psychoanalytic Study of the Child*, I, 53-74.

Spitz R. (1946), Anaclitic Depression : An Inquiry into the Genesis of Psychiatric Conditions in Early Childhood, *The Psychoanalytic Study of the Child*, II, 313-342.

Spitz R. (1955). The Primal Cavity. A Contribution to the Genesis of Perception and Its Role for Psychoanalytic Theory, *The Psychoanalytic Study of the Child 10*, New York, International Universities Press, p. 215-240.

Spitz R. (1968). *De la naissance à la parole*, Paris, PUF

Stern D. (1977). *Mère-enfant, les premières relations*, Paris, P. Mardaga.

Stern D. (1985). *Le Monde interpersonnel du nourrisson*, Paris, PUF.

Szwec G. (1993). Les procédés autocalmants par la recherche de l'excitation. Les galériens volontaires, *Revue française de psychosomatique*, p. 27-51.

Tarkos C. (1998). *Caisses*, Paris, POL.

Tausk V. (1919). De la genèse de "l'appareil à influencer", in *Figures de la projection, Monographies et débats de psychanalyse*, 2008, p. 225-239.

Tomasello M. (2003). *Constructing a Language*, Cambridge, Harvard University Press.

Trevarthen C. (1974). Conversation with a two-month-old, *New-Scientist*, 2, 230-235.

Trevarthen C. *et al.* (1998). *Children with Autism*, Londres, Jessica Kingsley Publishers.

Tustin F. (1977). *Autisme et psychose de l'enfant*, Paris, Le Seuil.

Tustin F. (1984). Autistic Shapes, *International Review of Psychoanalysis, 11*, 279-290.

Tustin F. (1980). Les objets autistiques, trad. fr. Crochette, 1985. *Lieux de l'Enfance, 3,* 199-220.

Tustin F. (1981). *Les États autistiques chez l'Enfant*, Paris, Le Seuil. 1986.

Tustin F. (1984*a*). Les formes autistiques, *Lieux de l'enfance*, 3, p. 221-246.

Tustin F. (*1984b*). Améliorer les états autistiques, *Lieux de l'enfance*, 3, p. 15-34.

Tustin F. (1985). Les formes autistiques, *Le Bulletin du groupe d'études et de recherches psychanalytiques pour le développement de l'enfant et du nourrisson*, 3, p. 17-31.

Tustin F. (1986). *Le Trou noir de la psyché*, Paris, Le Seuil.

Tustin F. (1991). Vues nouvelles sur l'autisme psycho génétique, *Journal de la psychanalyse de l'enfant,* 17, 279-293.

Tustin F. (1994). The perpetuation of an error, *Journal of Child Psychotherapy, 20, 1,* 3.23.

Wallon H. (1938). *La Vie mentale*, Paris, Éditions sociales.

Winnicott D.W. (1951-1953). Objets transitionnels et phénomènes transitionnels, in *De la pédiatrie à la psychanalyse*, Paris, Payot.

Winnicott D.W. (1960). Distorsion du moi en fonction du vrai et du faux self, in *Processus de maturation chez l'enfant*, Paris, Payot, p. 115-132.

Winnicott D.W. (1977). *La Petite Piggle, Traitement Psychanalytique d'une petite Fille*, Paris, Payot.

Wolff P.H. (1969). The natural history of cryping and other vocalisations in early infancy, in *Determinants of Infant Behaviour, 4*, London, Methuen-Coltd, p. 81-109.

Wolfson L. (1970). *Le schizo et les langues*, Paris, Gallimard, 1982.

Wyatt G. (1969). *La relation mère-enfant et l'acquisition du langage*, Bruxelles, Pierre Mardaga.

Zeskind P.S., Lester B.M. (1978). Acoustic features and auditory perceptions of the cries of newborns with prenatal and perinatal complications, *Child Development, 49*, 580-589.

Zaidline K. (1999). Les champs de la voix, *Art et thérapie*, 68-69, p. 25-28.

GRÁFICA PAYM
Tel. [11] 4392-3344
paym@graficapaym.com.br